新文科建设教材
管理科学与工程系列

ENGINEERING ECONOMICS

工程技术经济学

王兆华 张斌 王博 丁月婷◎编著

清華大学出版社
北京

内容简介

本书系统介绍了工程技术经济学的基本理论、分析方法和应用实践等，通过经典理论与现代实践结合，融入工程项目碳排放核算与环境评价等新内容，以适应新时期资源环境可持续发展需求。本书每章设置了学习目标和思考题，辅以引导案例、拓展案例以及相关互联网资源，以便读者更好地掌握章节内容与知识、理解工程技术经济学的实践活动。

本书理论与实践并重，既可以作为经济管理各专业本科生和硕博研究生的课程教材，亦可以作为工程项目技术经济从业人士的案头参考书。

图书在版编目 (CIP) 数据

工程技术经济学 / 王兆华等编著 . -- 北京 : 清华大学出版社 , 2025. 3.

(新文科建设教材). -- ISBN 978-7-302-68783-2

Ⅰ . F407.937

中国国家版本馆 CIP 数据核字第 2025DC4065 号

责任编辑： 胡　月

封面设计： 李召霞

版式设计： 方加青

责任校对： 王荣静

责任印制： 宋　林

出版发行： 清华大学出版社

网　　址： https://www.tup.com.cn，https://www.wqxuetang.com

地　　址： 北京清华大学学研大厦 A 座　　**邮　　编：** 100084

社 总 机： 010-83470000　　**邮　　购：** 010-62786544

投稿与读者服务： 010-62776969，c-service@tup.tsinghua.edu.cn

质 量 反 馈： 010-62772015，zhiliang@tup.tsinghua.edu.cn

印 装 者： 三河市龙大印装有限公司

经　　销： 全国新华书店

开　　本： 185mm×260mm　　**印　　张：** 13　　**字　　数：** 275 千字

版　　次： 2025 年 5 月第 1 版　　**印　　次：** 2025 年 5 月第 1 次印刷

定　　价： 49.00 元

产品编号：106799-01

前　言

最初，工程师一般只对工程的设计、建造，以及使用等方面的技术问题负责，很少考虑工程的经济问题。后来，随着技术的不断进步和全球经济的持续发展，工程项目变得日益复杂和多元化，这就要求工程管理者不仅要理解技术的复杂性，还要掌握经济效益分析的能力。工程技术经济学作为一门技术知识与经济理论相交叉的学科，为新时期的工程管理问题提供了新的视角。

工程技术经济学主要回答这类问题：为什么要建这个工程？为什么要以这种方式建这个工程？比如，我们准备建设一座办公大楼，首先分析在经济上是否可行，其次需要充分考虑多个因素，从选址到运营都需要进行细致的规划和管理。一般来说，可供选择的方案是很多的，但是每种方案所需的投资和所能产生的经济效益，可能存在很大差别，这就要用工程技术经济学的分析方法进行比较，分析的目的是用有限的资金，高效地完成工程任务，获得最佳经济效益。

为适应新时期的资源环境可持续发展需求，响应国家“碳达峰”“碳中和”重大战略决策，本书还将在工程项目评价中考虑社会环境效益，增加工程项目碳排放核算与环境分析的内容。这时，在建设办公大楼的项目中，除了传统的技术经济分析以外，还将考虑建筑物在不同阶段可能产生的碳排放，对建材生产、建筑施工与建筑运行等阶段的碳排放进行核算，并对建设工程全过程及环境的影响进行评价，扩展了现有工程技术经济学的适用边界，兼具科学性和实践性。这也是本书区别于市场同类书籍的独特创新之处。

本书是高等院校“工程技术经济”课程的专业教材，在满足经济管理专业本科生和研究生学习需求的同时，也可为工程技术和经济管理领域的专业人士提供参考。本书的每个章节都将经典理论与现代实践相结合，为读者提供具有时代意义的知识和方法，并通过实例分析和案例研究，使理论内容更加生动和贴近实际，帮助读者更好地理解和应用工程技术经济学的知识。

本书由北京理工大学王兆华教授、张斌教授、王博教授、丁月婷副教授共同编著，由王兆华设计框架、拟定大纲，对全书进行统稿与最终定稿。另外，感谢北京理工大学博士生杨志颖、徐淑玲、师涵、刘蕾、辛清瑶同学对资料收集与文字整理工作所付出的努力。

本书内容是在多个项目研究的基础上形成（项目编号：72321002），同时，本书的出版得到了北京理工大学“‘十四五’规划教材”项目的支持，在此表示感谢。工程技术经济学中的碳排放核算与分析问题是一个新的研究领域，尚未形成系统的理论体系，相关实践也在不断探索与发展。由于作者水平有限，本书难免存在疏忽与不当之处，恳请读者批评指正。

王兆华

2025 年 3 月

目　录

第一章

工程技术经济学导论

当今世界，科技发展日新月异，各国也极为重视高新技术的开发和产业化，工程项目也越来越显示出对科技进步的依赖性。然而，先进的技术虽能提升生产效率，但往往成本高昂，且高度依赖应用环境（包括政治、社会和经济等方面）。而工程技术经济学就是一门研究、分析和评价技术（包括技术政策、技术措施、技术方案等）的经济性问题，实现技术与经济有机结合的应用性经济学科。

本章主要介绍工程技术经济学的相关概念、产生与发展过程，分析工程技术经济学的研究对象、范围和特点，指出工程技术经济学今后的发展方向和历史使命。

【学习目标】

1. 价值目标：通过本章学习，学生能够深刻认识到，工程技术经济学对保障工程项目建设乃至推动社会经济发展都发挥着重要的作用。

2. 知识目标：了解技术经济学和工程技术经济学的含义；熟悉工程技术经济学的发展历史；掌握工程技术经济学的发展方向与未来趋势。

3. 能力目标：掌握工程技术经济学的理论结构与学科体系。

【引导案例】

哈密 50 兆瓦熔盐塔式光热发电站的技术突破与可持续能源承诺

国网新疆电科院顺利完成哈密 50 兆瓦熔盐塔式光热发电站机组的最后一项涉网试验——自动发电控制（AGC）试验，标志着该电站已具备正式转入商业运行能力。一面面定日镜驻守在戈壁深处，将荒漠装扮成“银色向日葵田”。沙漠、戈壁，高山、深海，正成为节能降碳的主战场，也是中国人追风逐日的重要舞台。“风光”产业的技术升级，促使中国清洁新能源产业可持续发展。风能、水能、太阳能等清洁能源被转换为源源不断的电能，点亮万家灯火，履行“碳达峰”“碳中和”的庄严承诺。

哈密 50 兆瓦熔盐塔式光热发电站位于新疆哈密市伊吾县，是国家首批光热发电示范项目，也是新疆首个光热发电项目，于 2021 年 9 月 27 日实现全容量发电。为推动哈密 50 兆瓦熔盐塔式光热发电站顺利转入商业运行，国网新疆电科院先后完成机组进相运行、自动电压控制（AVC）、一次调频、AGC 等涉网试验，提供专业技术支撑和技术服务。同样是利用太阳光发电，但与光伏发电通过光伏板将太阳能直接转化为电能不同，光热电站是将光能转变为热能后再转化为电能。相比其他可再生能源发电技术，光热发电最大的优势是可以进行长时储能、24 小时连续发电。光热发电站就像一个“充电宝”，光线充足时能充电，光线不足时也能放电。白天利用太阳光加热熔盐等介质吸收热能发电，同时储存多余的热能，等到夜晚、阴雨天等光线不足的时候，存储的热能可以继续支持电站发电，从而达到 24 小时不间断供电。在光伏、风电等新能源产业中，光热发电也具有连续、稳定输出的优点，是未来解决新能源并网消纳的一大优势，也让我国在发展光伏、风电等清洁能源时多了一种调配手段。哈密 50 兆瓦熔盐塔式光热发电站安装了 14500 面定日镜，围绕着吸热塔排列，每面镜子都能像“向日葵”一样“追随”太阳转动角度，统一将阳光反射到中心位置的吸热塔顶部。塔中的熔盐吸收热量后成为高温熔盐，温度达到 560℃，高温熔盐再经过热交换器与水换热，产生高温高压蒸汽推动汽轮机组实现发电。哈密塔式光热发电项目投产后，每年发电量达 1.98 亿度，可供 24 万人一整年的生活用电，每年可节约标准煤炭 6.19 万吨，减排二氧化碳 15.48 万吨，实现了污染物零排放。

案例思考：

试着从经济、社会和生态等角度分析哈密光热发电站的价值以及技术经济在发电站工程上的体现。

资料来源：http://m.news.cn/2022-10/07c_1129054502.htm.

拓展视频

《大国基石》：“追风逐日”

第一节　工程技术经济学的相关概念

一、技术经济学

技术经济学是当代技术发展和社会经济发展密切结合的产物，是一门研究技术领域的经济问题和经济规律，探索技术与经济相互作用和影响，寻求技术与经济最佳结合的应用型科学。具体来说，技术经济学是对为达到某种预定的目的而可能采用的各项不同的技术政策、技术方案、技术措施的经济效果，进行客观的计算、分析、比较和评价，从而选择技术上先进、经济上合理的最优方案的科学。

总体而言，要想准确把握技术经济学的含义，需要掌握以下三个方面的内容。

1. 技术经济学研究技术发展的内在规律及其经济效果问题

技术是以满足人类的需求为目的，根据实践经验或科学原理所创造和发明的各种物质手段及经验、方法、技能的总称。从广义上而言，技术是指把科学知识、技术能力和物质手段等要素结合起来所形成的一个改造自然的运动系统。技术从表现形态上来看，可以分成体现为机器、设备、基础设施等生产条件和工作条件的物质技术，以及体现为工艺、方法、程序、经验、信息、技巧和管理能力的非物质技术两类。不论是物质技术还是非物质技术，都是以科学知识为基础，且具备内在的发展规律。技术经济学要解决的问题之一，就是研究、认识这些规律并按照规律办事。

技术在经济实践中的应用，直接涉及生产活动中的各种资源投入（包括各种厂房、设备、原材料、能源等有形要素，以及各种知识、技能的劳动力的消耗及占用等无形要素）和相应的产出（包括各种产品和劳务）。在一定的时期内，人们在社会生产活动中可使用的资源是有限的。从一定程度上来说，技术本身也属于资源的范畴，相对于人们的需求而言，资源无论是在数量上还是品质上都是稀缺的。因此，如何在各种技术的使用过程中有效地利用这些资源，满足人们不断增长的物质文化需求，获得最大的经济效果是技术经济学重点关注的问题。

技术的经济效果研究在我国可以追溯到20世纪50年代。50年代初期，我国引进苏联先进的科学技术的同时，在规划和建设各个重点项目时也引进了技术经济分析的方法。正是对技术经济效果的重视，保证了“一五”计划的顺利完成并取得了较好的经济效益。50年代的实践充分展示了技术经济分析的巨大实用价值，也使得许多工程技术人员认识到技术工作必须讲求技术经济效果。

2. 技术经济学关注技术与经济的相互关系，探讨技术与经济协调发展的途径

技术与经济是相互促进的两个方面，二者的关系十分密切。一方面，经济的发展必

须依靠一定的技术手段。技术的进步是推动经济发展的强大动力，历史的发展不止一次地验证了这样的观点。人类历史的每一次飞跃发展无不伴随着技术的巨大进步，18 世纪末开始的工业革命，使得生产效率较手工劳动提高了 4 倍。自 20 世纪以来，科学技术的迅猛发展促进社会生产力获得极大的解放，科技改变了生活，也带来了经济的飞速发展。另一方面，技术的产生也需要经济发展的支持。任何技术的应用，都伴随着各种人力和物力资源的大量投入，都需要一定的经济系统的支持。回顾技术进步的历程不难发现，技术总是在一定的社会经济条件下产生和发展的，经济发展是技术进步的基础。没有封建经济关系的存在，农业技术就不会从刀耕火种发展成牛耕马犁；没有资本经济关系的存在，工业生产技术就不会从简单的手工作坊发展成大机器生产；没有现代经济关系的存在，科技就难以成为第一生产力。因此，技术的进步受到经济条件的制约，只有当经济发展到一定水平时，相应的技术才会进一步应用和发展。

技术与经济之间相互促进又相互制约的密切关系，使得研究技术与经济的协调发展，探讨如何用技术进步来推动经济发展成为技术经济学的重要研究内容。在这一领域中，技术与经济的协调发展包括两层含义。第一层含义是在特定的经济环境条件下，选择什么样的技术去实现特定的目标。技术的选择要视经济实力而行，不能脱离实际。技术选择影响的广泛性和深远性将影响到整个国民经济的发展和社会进步。例如，在中国的“双碳”目标背景下，中国的电力行业应大力推动可再生能源的发展，电力行业优先发展火电、水电以及相关的技术推广将最终影响着整个国家经济、技术和社会的发展。第二层含义是协调的目的是发展，要防止“故步自封，不敢使用先进技术”的倾向。在处理技术与经济的关系时，发展是核心问题。

3. 技术经济学研究如何通过技术创新促进技术进步，从而推动经济增长

经济增长的概念是指在一国范围内，年生产的商品和劳务的增长，通常用国民收入或国民生产总值的增长来表示。增加投入要素、增加投资、增加劳动力的投入都可以带来经济的增长，但是，各国的经济历史发展历程也表明，经济增长的速度与科学技术的发展也有着密切的关系。通过技术进步，提高单位投入资源产出量（如劳动生产率）也可以推动经济的发展。显然，单纯依靠增加要素投入实现经济增长是有限的，而技术进步对经济增长的促进作用是无限的。

技术创新是一个永恒的话题，是技术进步中最活跃的因素。技术创新就是将科学知识与技术发展应用于生产活动，并在市场上实现其价值的一系列活动。作为生产要素的组合，技术创新是科学技术转化为生产力的实际过程。它包括新产品的生产，新技术、新工艺在生产过程中的应用，新资源的开发以及新市场的开辟等。技术创新是通过科技开发、生产、流通和消费四个环节组成的完整系统，实现其促进经济增长的作用。其中，生产和流通这两个环节是关键，如果缺少这两个环节，创新结果将停留在实验室层

面，就不能转换成社会生产力，进而无法推动经济的发展。纵观各国的发展实践经验，经济发达的地区都有活跃的技术创新。通过不断的技术进步，促进了新产业的诞生和传统产业的改造，为经济注入新的活力。因此，技术经济学不仅要解决技术与经济的关系问题，更重要的是，要在一定的经济条件下，推动技术创新，通过技术创新，实现经济的增长与飞跃，周而复始，实现良性循环。

二、工程技术经济学

“工程”一词最早起源于拉丁语，意为“创造”。《中国大百科全书》对工程的定义为利用自然原理应用于生产实践所形成的各学科，如土木工程、机械工程等。工程从不同的理解角度来看，可以分为广义工程和狭义工程。广义工程主要指的是工程的社会属性，如“希望工程”“西部开发助学工程”等；狭义工程指的是具体的生产过程，如“三峡工程”“水利工程”等，这一类活动主要是指针对物质对象的、与生产实践密切联系的活动。总体而言，工程是集成了一系列科学知识和技术手段，并将其转化为生产力的实施阶段，其目的在于利用和改造自然来为人类服务。

工程技术经济学是以最终完成工程产品的各种技术活动为对象，以经济学理论和技术经济学方法为基础，研究产品开发设计，生产经营及使用管理过程中的经济规律、经济效果和技术经济关系的应用学科。工程技术经济学是技术经济学原理和方法在工程学科领域中的运用与发展。按照工程生产部门的不同，工程技术经济学可以分为农田水利、建筑、交通运输等多个不同的分支。以国民经济中的各个部门、各个行业及生产过程中的各个环节提出的技术经济问题为研究对象。一个项目能被人们接受，需要满足两个条件：一是技术上可行，二是经济上合理。技术上不可行的工程是不可能建成的，因为人们没有掌握其建设的内部规律。然而，如果一个项目只谈技术可行性而忽略经济合理性，则与项目建设的原始目的背道而驰。为了最大程度地满足市场和社会的需求，实现工程技术为经济服务的目的，我们应该在资源有限的条件下，探索工程技术与经济的最佳结合点，获得投入产出的最大效益。

与技术经济学相比，工程技术经济学有很多不同之处。技术是以发明为核心的活动，是人们改造世界的方法、技巧和技能，任何技术方法都必须具备“可重复性”，而不能是一次性的。工程则是社会的需求，任何工程项目都是一次性的、个体性的，即独一无二的。当一个工程项目完成后，跟活动脱离的项目就不能再作为工程而存在了。工程技术经济的核心问题是如何提高工程项目的经济效益，包括生产的经济效果。

尽管工程和技术之间存在明显的差异，但它们并不是截然相反的，而是密切相关的。首先，技术和经济的发展都是为了满足人们日益增长的物质和文化需要，都是人们在认识世界过程中为了更好地生活而进行的改造世界的活动。其次，技术的发展是工程的基础，工程是技术的体现。要想完成一个工程项目，技术是必不可少的一部分，一个项目的实施与技术密不可分。例如，三峡工程在实施的过程中离不开水利技术、材料技术、计算机技术等技术手段的支持。在实施生物基因工程的过程中，也需要计算机技术、生物技术，以及各种电子技术。总而言之，工程和技术的发展相辅相成。如何充分利用有限的资源，探讨工程项目的技术先进性和经济合理性，增强工程技术的经济效益，是工程技术经济学要回答的问题。

第二节　工程技术经济学的研究脉络

一、工程技术经济学的产生和发展

（一）国外工程技术经济学的形成与发展

19 世纪以前，科学技术的发展速度缓慢，对社会经济发展的推动不是很显著。那时技术和经济是两个相对独立的概念，人们主要关心的是生产和施工中的技术问题。1800 年以后，伴随着科学技术的飞速发展，以蒸汽机为代表的新技术的发展和推广改变了世界。美国工程师亨利 · 汤纳和亨利 · 麦克卡尔夫最早将技术和经济结合在一起，他们在 1886 年美国机械工程师学会年会上发表了两篇论文，分别为《作为经济学家的工程师》和《工场程序系统的会计制度》，提出要把经济关注提升到与技术同等重要的地位。1887 年，美国铁路工程师惠灵顿（A. M. Wellington）在其专著《铁路布局的经济理论》（*The Economic Theory of Railway Location*）一书中提出了工程利息的概念，第一次把项目投资同经济分析结合起来，并对工程经济下了第一个简明的定义——“一门少花钱多办事的艺术”，从而开创了工程领域的经济评价方法。

在惠灵顿思想的影响下，后来的工程学家和经济学家对工程技术经济学的发展起到重要的推动作用。20 世纪初，斯坦福大学教授菲什（J. C. L. Fish）出版了第一部直接冠以《工程经济学》（*Engineering Economics*）（1915 年第一版，1923 年第二版）名称的著述。他将投资模型与证券市场联系起来，分析内容包括投资、利率、初始费用与运营费用、商业与商业统计、估价与预测、工程报告等。与此同时，古德曼（O. B. Goldman）在《财务工程》（*Financial Engineering*）一书中，第一次提出把复利公式应用于投资方案评价，他指出工程师在评估工程项目的过程中，要考虑到成本的制约，而使得工程项目达到最大的经济性。他对当时工程技术问题中不考虑成本的做法提出了批评和质疑，将工程学中的经济性问题提高到了学术研究的高度。

然而真正使工程经济学成为一门系统化科学的则是格兰特（E. L. Grant）教授。他在1930年发表了被誉为“工程经济学经典之作”的《工程经济原理》。格兰特教授不仅在该书中剖析了古典工程经济的局限性，还以复利计算为基础，讨论了判别因子和短期评价的重要性以及资本长期投资的一般方法，首创了工程经济的评价理论和原则。他的许多理论贡献获得了社会认同，故被誉为“工程经济学之父”。

至此，经过100多年的曲折发展，一门独立的、系统化的工程技术经济学终于形成。

（二）我国工程技术经济学的形成与发展

1. 开创发展阶段

在我国，工程技术经济学的发展可以追溯到新中国成立初期，当时工科院校开设了“工业经济组织与计划”专业课程。这门课程主要研究企业经济活动的系统管理，课程主要目的是针对企业的经济效益进行理论分析和技术管理。20世纪50年代之后，我国积极学习和借鉴苏联的技术经济分析和论证方法，对不同工程建设项目从规划、选址、设计、施工到竣工验收的各环节进行了技术分析。正是因为进行了技术经济论证，重视经济效果问题，使得我国“一五”时期建设的项目大多具有良好的经济效益。客观事实表明，在大规模的项目工程中进行经济效益分析是十分必要的，保证了项目的顺利进行和经济效益的获得。20世纪60年代初期，我国第一次提出“调整、巩固、充实、提高”的八字方针，大量科技工作者在文章中提出经济建设必须讲求经济效益，要在工程项目中加强经济效果的研究。同期，我国制定的第二部科学技术发展规划《1963—1972年科学技术发展规划》明确指出，任何科技工作，必须既有技术上的优越性，又有经济上的合理性。一直到20世纪60年代中期，工程技术经济学的研究始终是工科大学高年级学生的必修课。

2. 全面发展阶段

1983年，国家计划委员会发文，规定将工程投资项目可行性分析正式列入基建程序，这使得对技术经济人才的培养和专业化教育达到了顶峰。这一时期，随着我国的经济体制转变为社会主义市场经济，技术经济学的发展引入了大量的西方工程经济学的理论和方法。具体包括：影子价格、时间价值等概念；内部收益率、全要素生产率等指标；可行性研究、后评价、技术评价、概率分析等方法；技术创新、技术进步、技术扩散等理论。这些理论和方法的引入推动了工程经济学的蓬勃发展。

计划经济向市场经济的转变，是工程技术理论获得新生的动力。在市场经济时代，技术经济学突破了传统企业的边界，成长为一种当前经济发展需求下的新兴理论。工程技术经济学是以技术管理和技术创新为目标的应用经济学理论，作为一门新兴的学科，工程技术经济学伴随着市场经济建设的步伐在发展，随着市场经济的繁荣而繁荣。这印证了工程技术经济学最深层的含义在于工程技术表现在经济上的理论需求。

二、工程技术经济学的研究对象和特点

工程技术经济学的研究对象可以概括为以下几个问题。

（1）究竟为什么要干这个工程？

（2）为什么要现在干这个工程？

（3）为什么要以这种方式干这个工程？

其中第一个问题可以延伸为：能否以另外一种方式干这个工程？现在项目是否应该扩大、缩小或报废？现行标准和生产流程是否要加以修改？第二个问题可以延伸为：现在是按超过要求的最高生产能力来建设，还是仅用足够的生产能力来满足最终的需要？投资的费用及其他条件是否有利于现在的工程？第三个问题可以延伸为：有没有其他可行的方式？哪种方式更经济？

这些问题是人们在工程技术经济学中经常遇到的，工程技术经济学的研究对象就是找到解决这些问题的方法和途径。工程技术经济学问题的延伸产生了新的工程经济分析的方法，丰富了工程经济学的内容。工程经济学研究的对象是工程领域的经济问题和经济规律，特别是工程技术领域的投资和经济效益的关系。

因此，区别于其他相关学科，工程技术经济学具有如下特点。

（一）立体性

从自身的内容构成上来说，工程技术经济学是由工程技术学科、经济学科及管理学科相互交叉结合而形成的综合性边缘学科，是一门学科采用另一门学科的理论和方法，或设计各学科的不同内容“整合”而形成的新学科，因此它具有边缘学科的特点。从研究的范围来讲，工程技术经济学的研究涵盖了工程建设经济活动中所有领域，既涉及微观企业（包括产品、设备等），又涉及中观企业、宏观制度等各个层次。从时间的角度来看，涉及工程建设项目的前期、中期和后期各个阶段。从研究的方法来看，任何技术经济问题都是由若干因素组成的有机整体。当进行方案决策时，需要从整个系统的技术经济效果出发，求得技术方案在全过程的整体最优化。因此，系统观点和系统分析方法是工程技术经济学研究中非常重要的观点和方法。

（二）实用性

工程技术经济学之所以具有强大的生命力，在于其实用性。具体体现在以下几个方面。

1. 工程技术经济学是为了适应生产实践的需要全面产生和发展起来的

随着社会生产的发展和进步，人们在选取可行的工程技术方案时面临着多种选择，这就需要对不同的方案进行比较、分析，从而挑选出最为经济可行的技术方案，工程技术经济学便应运而生。它的产生和发展是为了挑选合适的工程技术方案，适应生产实践发展的需要。

2. 工程技术经济学的研究成果指导和影响着实践工作

工程技术经济学研究的课题、分析的方法都来源于生产建设实践，并紧密结合生产技术和经济学理论进行，而它的分析和研究成果又都直接用于并指导生产实践。无论是重大方针政策的制定还是具体工程项目的决策，都与技术经济研究成果密切相关，任何一项重大工程项目的决策或具体技术的应用，也都要经过实践的检验才能得以施行。

3. 预测性

工程技术分析活动一般都是在事件发生之前进行，对即将实现的技术政策、措施、方案进行预先的分析和评价评优。例如，一项新的工程项目的开展或一项新的技术方案的采用，通常需要经过一段时间的研究和评估，才能最终付诸实施。因此工程技术经济学具有预测性，通过技术的经济预测，技术方案更加接近实际，尽量减少决策失误。此外，工程经济的预测性需要尽可能准确地预见某一经济事件的发展趋向和前景，充分掌握各种必要的信息资料，尽量避免由于决策失误而造成经济损失。预见性包含一定的假设和近似性。它只能要求对某项工程或某一个方案的分析结果尽可能地接近实际，而不能要求其绝对准确。总而言之，工程技术经济学不仅要对经济发展的历史经验及其事件进行总结，以验证过去通过技术经济分析作出的决策是否正确，还要对未来社会经济的增长与发展、科学技术的进步进行准确可靠的预测。因此，工程技术经济学具有预测性的特点。

4. 社会性

工程技术经济学的具体内容由于国家和地区的社会制度、经济体制、经济发展水平以及社会经济结构等方面存在着差异，因而其具体实践也会有很多不同。因此，工程技术经济学具有社会性的特点。不同国家和地区的经济发展的具体情况不同，资源条件各异，为满足同一经济目标所采用的合理技术方案也不尽相同。受到具体的社会制度和国情的影响，工程技术经济学的实践不能照搬照抄国外的做法。因此，在我国工程技术经济学建立的过程中，必须充分考虑我国社会主义的基本国情、资源禀赋。同时我国幅员辽阔，各地区的经济发展水平也存在很大的差异。在进行技术经济分析时，必须因地制宜。由此可见，技术经济学具有明显的社会属性。

第三节　工程技术经济学的研究内容

一、工程技术经济学的研究范围

工程技术经济学的研究范围十分广泛，凡是有技术活动的地方，都存在着相应的经济效果问题，这是技术经济学所涉及的范围。

从横向来看，无论工业、农业、商业、旅游业、科研和文教都有自身的各种技术工作或应用各种相关的技术政策、技术规划的经济效果问题。更具体地，工程技术经济学可以按照不同的工程生产部门进行划分，如农田水利、建筑、交通等不同行业。这些不同方面以国民经济各个部门、各个行业以及生产过程的各个环节，提出来的技术经济问题为研究对象，探讨其中相关的经济问题。

从纵向来看，工程技术经济学所涉及的范围包括宏观、中观和微观各个领域的科学发展中的经济问题。宏观工程技术经济学主要涉及工程项目中的全局性和战略性问题，如科技战略、科技政策、科技规划，生产力的合理布局和转移及其实证分析，投资方向和投资选择，能源开发与供应、生产与运输、节约与替代。而技术方案、技术措施等选择属于微观的经济决策问题，具体而言包括需求分析和规模确定，厂址的选择和论证，产品方向的确定和演示，技术设备的选择、使用和更新分析，原料路线的选择，新技术、新工艺的经济效果分析，新产品开发的演示和评估等。

二、工程技术经济分析的主要内容与方法

工程技术经济的核心问题是如何提高工程项目的经济效益，包括生产的经济效果。按照工程项目的生产流程划分，工程技术经济可以分为建设前期的工程项目可行性研究阶段，建设期的勘测、规划、设计、施工阶段以及工程产品的交付使用阶段。按照不同工程项目生产的程序，各个阶段的技术经济问题存在很大的差异。下面将分别描述不同阶段的技术经济问题。

（一）工程项目的可行性研究阶段

工程项目可行性研究从有限的资源出发，从技术和经济两个层面探讨即将建设的项目的可行性。可行性研究构成了技术经济及管理学科的重要内涵，所有的工程项目在决策前都必须经过周密的技术经济论证。例如，投资规划、厂址选择、技术方案选择、资金筹措等，可行性分析都会在可供选择的诸多方案中，选择技术上先进可行、经济上合

理有效的最优方案。从市场、资源、技术、劳动组织、资金等各方面确定项目的可行性。因此，技术经济预测、技术方案经济分析、项目经济评价等方面的内容和方法均属于工程项目可行性研究阶段的范畴。

现有的可行性分析主要侧重于“前期的预测”，是对即将投产项目的“可能值”和“期望值”的计算。而缺乏对于项目投产后的真实效果的分析。实际上，为了确保工程项目的实际可行和生产经验的积累，可行性分析应该从贯穿于“投资前、投资中、生产中”三个阶段，调整为“投资前、投资中、生产中、生产后”四个阶段，针对项目建成后的实际的经济效益进行实地研究。

（二）工程勘测设计与施工技术经济

工程勘测设计中所包含的内容是指勘测和设计技术方案的比较和选择。工程勘测设计方案在国民经济建设中占有很大的比重。每年我国用于基本建设的投资有几十万亿元，勘测设计的经济性决定了总体项目设计的经济性。以建筑工程为例，单体建筑工程的平、立、剖面的选择，建筑内部结构的设计，以及对工程设计中采用的建筑制品、构配件进行技术经济分析，这都属于勘测和设计经济的范畴。

施工技术经济主要是指施工过程中存在的经济性问题。由于施工的过程中会耗费大量的人力、物力、财力，因此合理地解决施工过程中的经济问题，对节省工程物资、降低施工成本以及缩短施工周期都有积极作用。例如，在不同的施工设计中，应当进行多种方案的技术经济比较。施工过程中采取的各类技术设备，使用的各类技术手段，机械化、半机械化的技术方案等，都应该在技术可行、经济合理的原则下，解决技术和经济两者之间存在的矛盾问题，找到最佳的施工方案。

（三）工程项目使用阶段的技术经济问题

工程项目使用阶段的技术经济问题主要是指工程维修与更新两大方面。在工程项目设计方案的经济评价中，应全面考虑项目的全寿命费用，即工程使用经常性费用部分。工程在交付使用前的一次性投资和使用阶段的经常费之间是相互影响、密切相关的。一般来说，工程项目的使用费是工程造价的好几倍。因此，确定适当的建筑标准，选择适用的建筑材料、制品，提高设计水平，促使建筑工程达到一定的质量水平，就有可能相应地降低工程使用期的经常费。由此可见，工程项目全寿命费用最小的方案才是最优的设计方案。工程项目完工后形成的固定资产在使用一定年限后，由于磨损以及经济上的原因，使固定资产不能继续使用。为了满足生产和使用的需要，必须考虑大修及更新问题。因此，项目改、扩建的经济分析及设备更新的经济分析亦是工程项目使用阶段技术经济研究的主要内容。

针对如何提高工程项目的经济效益这一核心问题，工程技术经济研究的主要目的是提供一个量化的方法来评估和比较不同的工程项目，为作出更佳的经济决策提供依据。具体来说，工程技术经济的主要研究方法有以下几种。

1. 系统分析法

工程技术经济学采用的是系统分析的思维和工作方法。以系统为对象，把要分析研究的内容作用于一个共同目标，将互相联系又互相影响的单元组成一个有机整体，研究时要着眼于总体，建立系统分析模型，以最优化方法求得系统的最佳结果。力求更加系统、周密地分析问题的各个方面、各个因素，取得更加科学的分析结果。

2. 不确定分析法

在工程项目投资的过程中，需要对影响项目建设和技术方案实施的效果进行计算和分析。不同项目方案的投资额、成本、产品价格等因素又有很大的不同，因此需要用到不确定分析法研究相应的投资经济效果会如何发生变化。当因素的变化在一定的可掌控范围时，可以采用敏感性和盈亏分析法；当因素的变化遵循统计规律时，可以采用概率分析的方法；当因素的变化既无范围又无规律时，可以采取不确定性准则分析的方法。

3. 优化规划法

优化规划法是将有限的资源合理地分配到各项活动中去的方法，通过这种方法，使得总体的效益达到最优。具体而言，包括一组线性约束条件的线性规划、涉及多级决策过程的动态规划，除此之外还包括非线性规划、几何规划、整数规划、大系统优化等。

4. 投入产出法

投入产出的分析方法主要涉及宏观的经济理论指导。在一定的经济理论基础上，应用数学和电子计算机，研究经济系统中整体投入与整体产出的关系和方法。投入产出方法在制订经济战略规划、计划和产业分析、生产函数的计算方面有着广泛的应用。

三、工程技术经济学与其他学科的关系

（一）工程技术经济学与西方经济学

工程技术经济学是西方经济学的重要组成部分。两个学科研究问题的出发点、分析问题的方法具有很强的一致性。例如，工程技术经济学中考虑到资源的稀缺性和资源的最佳配置，是工程技术经济学解决问题的依据和追求的目标。同时西方经济学中的效用、利润、成本、收益、供给和需求等同样也是工程技术经济学追求的目标。西方经济学研究的“生产什么”“生产多少”等问题，也是工程技术经济学要回答的问题。总体而言，西方经济学是工程技术经济学的理论基础，工程技术经济学是西方经济学的理论延伸。

（二）工程技术经济学与技术经济学

工程技术经济学与技术经济学既有很多共同特性又有不同之处。技术经济学是一门兼顾技术与经济学的边缘学科，是研究技术和经济的相互关系，以及如何统一的学科。在实际的操作过程中，通过技术方案的选择，经济效果的评估，从而获得最佳的方案。这与工程技术经济学是一致的。但二者又存在很多不同之处，工程技术经济的核心问题是如何提高工程项目的经济效益，包括生产的经济效果，主要关注工程项目方面。工程技术经济学是技术经济学原理和方法在工程学科领域中的运用与发展。

（三）工程技术经济学与投资项目评估学

投资项目评估学是遵循着国家和有关部门颁布的政策、法规等，在可行性研究的基础上，从项目、国民经济、社会角度出发，由相关机构对即将建设项目的必要性、建设条件、经济效益和社会效益等进行全面的评价，对项目的总体情况进行分析论证的学科。

四、工程技术经济学的未来研究方向

工程技术经济学是在经济学的理论基础上以技术管理及技术创新的经济价值为研究对象的一门新的应用经济学科。技术因素在经济分析中的影响和作用越来越受到人们的重视，它已成为经济学理论发展中的一个不可或缺的要素。伴随着信息化、智能化等新兴技术的应用，未来的工程技术经济学将有以下几个研究方向。

（1）工程技术发展态势评价。包括工程技术发展阶段及差距评价、领先国家工程技术发展评价、我国工程技术发展态势评价等。

（2）战略性国家经济安全评价理论与方法。包括战略性资源供需情景分析、战略性资源国家经济安全评价指标体系与测算方法等。

（3）工程技术绿色开发评价理论与方法。以各种工程技术开发与社会、经济、环境协调发展为出发点，分析工程利用现状和存在的主要生态环境问题，系统研究各种工程绿色开发的技术和评价体系，资源综合利用、废弃地生态恢复和生态建设等评价理论与方法。

（4）工程信息化、智能化过程中所涉及的技术经济问题。在未来的工程技术开发中，以开采环境数字化、采掘装备智能化、生产过程遥控化、信息传输网络化和经营管理信息化为基本内涵，以安全、高效、经济、环保为目标的集约化、规模化的未来环保绿色工程，即信息化、智能化采矿，其中所涉及的技术经济问题均需要在原有的理论与方法体系上进一步发展与创新。

【思考题】

1. 简述工程和技术的基本含义及二者的关系。

2. 试述工程技术经济学的发展历史，未来趋势与展望。

3. 列举国内外重大工程建设项目成功和失败的例子各两个，并分析其成功和失败的主要原因。

4. 举例说明经济因素是怎样促进或制约新技术、新商业模式发展的。

5. 工程技术经济学有哪些主要的研究方法？各有什么特点？

即测即练

【拓展案例】

中国大国工程的时代成就与科技创新突破

在党中央、国务院的正确领导下，“嫦娥”落月、“天问”探火、神舟飞天、高铁奔驰、C919 首飞、南水北调、“西电东送”……从南海之滨到北国雪原，从东部沿海到西北内陆，一个个重大工程相继问世，一项项发展成就硕果累累，汇聚成一幅波澜壮阔的时代画卷。一路行来，大国工程的每一次突破、每一步跨越都体现了中国工程建设的雄厚实力，彰显了中国精神和中国力量，更充分揭示了习近平新时代中国特色社会主义思想的实践伟力和我国社会主义制度集中力量办大事的独特优势。更加高效地配置科技创新的力量资源、更加有力地强化跨学科领域的协同攻关，在重点领域、前沿技术方面，迅速形成竞争优势、争取战略主动，是关键核心技术攻关新型举国体制下社会主义制度集中力量办大事的显著优势。

发挥集中力量办大事的制度优势，电网企业组织建立了国产化技术攻关小组，攻克了聚光集热系统调试重大技术瓶颈，解决吸热器和熔盐管道系统凝堵等关键问题，优化了熔盐系统、伴热控制系统，消除了吸热器防护等影响设备安全运行的重大隐患，为项目顺利完成 240 小时连续稳定运行打下了坚实的基础。再一次彰显了中国能源建设的实力和担当，通过项目建设和国产化技术攻关，实现了在太阳能热产业领域的科技创新突破，为推动国家太阳能热发电技术产业化发展作出了积极贡献。

崇山峻岭竖起巍巍铁塔，悬崖深涧架起悬索大桥，茫茫戈壁建成光伏电站……一个个重大工程拔地而起，传递着民生温度，不断提升人民群众的获得感、幸福感、安全感，印证着在党中央的正确领导下，我国要充分发挥社会主义制度的优越性，必须把实现好、维护好、发展好最广大人民根本利益作为一切工作的出发点和落脚点，更加自觉地使改革发展成果更多更公平地惠及全体人民。

案例思考：

1. 哈密工程项目的可行性如何，有哪些潜在的风险，能否克服？

2. 党中央在重大工程的建造过程中起到了哪些作用？

资料来源：http://m.news.cn/2022-10/07/c_1129054502.htm.

第二章

现金流量与资金时间价值

一个项目的建设，其投入的资本、花费的成本、得到的收益，都可以看作以货币形式体现的现金流出或现金流入。现金流入与现金流出构成现金流量过程，它是项目财务评价和国民经济评价的基础。资金时间价值与等值计算是工程项目或方案经济效果动态评价的理论基础。本章对现金流量构成、资金时间价值及相关概念、普通复利计算原理及其他复利计算原理进行了详细分析。

【学习目标】

1. 价值目标：通过本章的学习，使学生深刻了解经济运行基本规律以及消费与需求等方面的知识，能够正确认识金钱本质，从而树立正确的消费观和价值观。

2. 知识目标：理解项目现金流量的概念及现金流量的集中表示方式、理解资金时间价值的概念、了解工程技术经济学的发展趋势及展望。

3. 能力目标：掌握资金等值计算的模式和方法。

【引导案例】

20 世纪 90 年代美国汽车市场与“货币的时间价值”营销策略

20 世纪 90 年代，美国汽车经销商在大力推销一款价值 1 万美元的汽车，但是美国的汽车市场已经饱和了，所以市场的销售情况非常不好。有的车行就不惜血本打折，降价 15% 销售，但是效果也不是特别理想。这个时候，有一个特别懂金融的经销商就想出了一个“免费送车”的主意，怎么说呢？就是买一辆车，送一张面值 1 万美元的 30 年期的美国国债。1 万美元的车，送价值 1 万美元的债券，这听上去像什么？消费者免费拿了一辆车！这个诱惑实在是太大了。所以很多根本不打算买车的人这时候就开始争先恐后地往车行跑，生怕去晚了，这个天上掉下的馅饼砸不到自己，所以车行的生意一下子变得特别火爆。

但是，聪明的你估计已经注意到了，这个赠品不是1万美元的现金，而是“面值1万美元的30年期的折价国债”，换句话说，你拿到的“1万美元”是30年后付给你的1万美元。按照20世纪90年代中期平均8%左右的国债利率算，折算到30年后，这个面值1万美元的债券只剩下994美元。也就是说，销售商其实只给了你994美元的礼物，让利幅度只有9.94%，比那个15%的打折力度差远了。

30年后的1万美元（给定8%的利率水平），到今天只值994美元！这意味着30年的时间被折掉了9000多美元，所以，时间在这里被量化成了具体的金钱。这就是金融里最基础、也最重要的一个概念，叫“货币的时间价值”（time value of money）。这个概念说起来高深莫测，但是你仔细想一下，不就是我们平时老挂在嘴边的“时间就是金钱”吗？

资料来源：https://zhuanlan.zhihu.com/p/36326170.

第一节　现金流量

一、现金流量的概念与构成

现金流量是现代理财学中的一个重要概念，包括现金流出、现金流入和净现金流量。在进行工程经济评价时，将所评价的对象视为一个独立的经济系统，为这个系统投入的资金、花费的成本，获取的收入都可以看作该系统以货币形式体现的资金流出或资金流入。工程项目一般需要经历项目寿命周期，包括投资期、投产期、达产期、稳产期、回收期等阶段。正确确定工程项目在寿命周期内各个时间点的现金流量，是整个工程项目评价的基础。从经济系统的角度来讲，某一个时间点流入的资金被称为现金流入，记为CI，在通常情况下，工程经济分析中项目现金流入包括营业收入、项目寿命结束时回收的固定资产余值和回收流动资金等；流出经济系统的资金被称为现金流出，记为CO，现金流出包括建设投资、流动资金、经营成本、税金等。现金流入和现金流出之间的差值称为净现金流量，记为NCF。公式表示为

$$净现金流量 = 现金流入 - 现金流出 \tag{2.1}$$

二、现金流量的确定

现金流量由工程项目的投资、经营和筹资等活动产生，具体包括投资、成本费用、销售收入、税金和利润等。

投资有两种含义，一种是指为了未来能获取收益而投入一定资源的经济行为；另一种则是指为了实现生产经营目标而预先投入的资源。所投入的资源可以是资金，也可以是以货币形式表现的劳动力、技术、原材料等其他资源。在工程技术经济学中，投资是指工程项目从筹划直至项目全部建成为止整个期间所发生的全部费用的总和以及生产经营阶段所需的流动资金。

成本和费用是从劳动消耗角度衡量技术方案投入的基本指标，是经济分析中重要的基本经济要素，它可以综合反映项目的技术水平、工艺水平、资金利用状况以及经营管理水平等。一般而言，成本和费用是有区别的两个概念，但在实际使用中如果不与特定的产品联系，两者不做严格区分。

销售是企业经营活动的一项重要环节。产品销售是产品价值的实现过程。销售收入是企业向社会出售商品或提供劳务的货币收入，是现金流入的重要部分。企业的销售收入包括产品销售收入和其他销售收入。产品销售收入包括销售产成品、自制半成品及工业性劳务取得的收入；其他销售收入包括材料销售、技术转让、包装物出租、外购商品销售及承担运输等非工业性劳务所取得的收入。销售收入的计算公式为

$$销售收入 = 产品销量 \times 产品单价 \tag{2.2}$$

税金是国家依法向有纳税义务的单位或个人征收的财政资金。国家采用的这种筹集财政资金的手段叫作税收。税收是国家凭借政治权力参与国民收入分配和再分配的一种形式，具有强制性、固定性、无偿性三大特点。我国目前的工商税制分为流转税、所得税、资源税、财产税及行为税五大类。

利润是技术方案在一定时期内全部生产经营活动的最终成果，是生产经营活动创造的收入与所发生的成本费用之间的差额。利润是劳动者创造的新的社会财富，是企业扩大再生产的物质基础，同时也是国家税收的重要来源。从利润的构成来看，它既可由生产经营活动获得，也可由投资活动获得，还包括那些与生产经营活动无直接相关的事项所引起的盈亏。项目投产后的利润可分为销售利润、利润总额及税后利润三个层次。计算公式如下：

$$销售利润 = 产品销售收入 - 生产成本 - 期间费用 - 销售税金及附加 \tag{2.3}$$

$$利润总额 = 销售利润 + 投资净收益 + 营业外收支净额 \tag{2.4}$$

$$税后利润 = 利润总额 - 所得税 \tag{2.5}$$

三、现金流量图

对一个工程项目来说，现金流量的流向、数额以及发生的时间都不尽相同。为了正确地分析项目的情况，需要借助现金流量图来进行分析。现金流量图是一种在经济分析中常用的重要工具，特别是当现金流量系列比较复杂时。它是一种用于反映投资项目在一定时期内的运动状态的简化图式，即把经济系统的现金流量绘入一个时间坐标图中，表示出各现金流入、流出与相应时间的对应关系。现金流量图可以直观地展示出现金流量的三大要素：大小（资金数额）、方向（资金流入或流出）和作用点（资金流入或流出的时间点）。

现金流量图的绘制规则如下。

（1）以横轴作为时间轴，自左向右表示时间的延续，分为从 0 到 n 的一个时间序列，轴上的每一个刻度表示一个时间节点。横轴被分为若干的间隔，每一间隔代表一个时间单位，可取年、季度、月、日等。横坐标轴上“0”点，通常表示当前时点，也可表示资金运动的时间始点或某一基准时刻。时点“1”表示第 1 个计息周期的期末，同时又是第 2 个计息周期的开始，以此类推。

（2）各横坐标点上的纵向箭线代表流入或流出系统的现金流量，是该计算周期期末的现金流量值（纵向箭线的长短与现金流量绝对值的大小成比例，也可依据具体情况，箭线的长短可以区分现金流量多少即可，不必按比例绘制）。向上箭线为正现金流量（收入），向下箭线为负现金流量（支出），单位为元、万元等。

（3）为了统一绘制方法和便于比较，通常规定投资发生在各时期的期初，而销售收入、经营成本、利润、税金等则发生在各个时期的期末，回收固定资产净残值与回收流动资金在项目经济寿命周期结束时发生。

（4）现金流量图可以分解或叠加，以便计算。

如图 2-1 所示是一个现金流量图的例子。

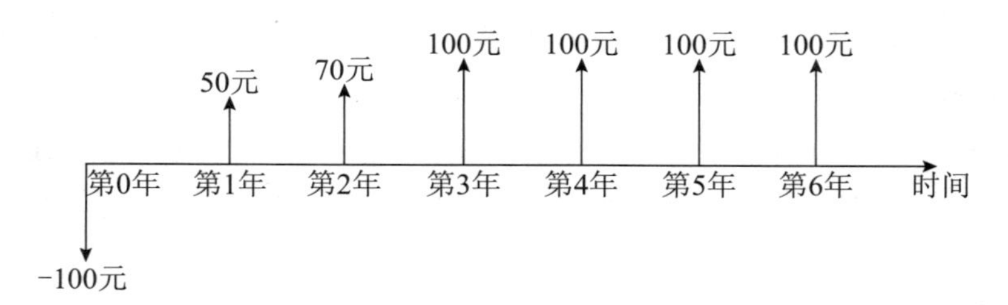

图 2-1　现金流量图

第二节　资金时间价值

一、资金时间价值的含义

在计算工程经济时，方案的经济效益，耗费的人力、物力等都是通过价值形态，最终以资金的形式表示出来的。资金的时间价值是指资金在生产经营、循环、周转的过程中，随着时间的推移，产生的新的价值，其表现就是资金的利息或纯收益。

具体而言，可以从两个方面加深对资金时间价值的理解。一方面，资金随着时间的推移，其价值会增值。在商品经济条件的作用下，资金是不断运动的。资金运动伴随着的生产和交换活动会给投资者带来利润。例如，一笔资金如果存入银行会获得利息，投资到工程建设项目可获得利润。从投资者的角度来看，资金的增值特性使资金具有时间价值。另一方面，将资金用于投资之后，资金所有者暂时失去了对这些资金的使用权利，同时也收获了相应的补偿，如银行的利息。从长远来看，其牺牲现期消费是为了能在预期得到更多的消费。从消费者的角度来看，资金的时间价值体现在对放弃现期消费的损失所应做的必要补偿。

工程经济学中，当对投资项目的经济效果进行评价或者对不同的投资方案进行比较时，不仅需要考虑支出和收入的数额，同时还要考虑每笔现金流量发生的时间。要想得到正确的结论，必须把不同时间点上的支出和收入折算到同一个时间点上。在不同的时间付出或得到相同数额的资金在价值上是不等的。随着时间的推移，资金的价值会发生变化。例如，即使在不考虑通货膨胀的情况下，现在的同样数额的资金，要比将来获得的同样数额的资金更有价值。因此，同样数额的资金在不同的时间点上具有不同的价值，而等额资金在不同时间点发生的价值差别称为资金的时间价值。

我们可以以货币存入银行获取的利息为例来说明。例如，现在将 10000 元存入银行，银行的年利率为 6%，一年之后得到的本利和为 10600 元。经过一年的时间而增加的 600 元，就是原来的 10000 元在这一年当中的时间价值。下面的例子具体说明了这个问题。

【例 2.1】设有 A 和 B 两种投资方案，寿命期相同，均为 3 年，初始投资相同，均为 1000 元，事项收益的总额相同，但每年数值不同，如表 2-1 所示。

表 2-1　A 和 B 两种投资方案的现金流量

方案	0	1	2	3
A	−1000	300	200	100
B	−1000	100	200	300

在其他条件相同的情况下，应该选择那种方案呢？在A和B两种投资方案中，最终获得的总收益一致。但由于方案A中获得的收益比方案B要早，先到手的资金可以重新用来投资，从而产生了新的价值，因此资金的价值不仅与资金量的大小有关，而且与发生的时间有关。这个例2.1中A和B的对比就隐含着资金具有时间价值的概念。

二、资金时间价值的相关概念

（一）利息与利率

利息是资金时间价值的一种重要表现形式，并且通常利用利息额的多少作为衡量资金时间价值的绝对尺度，用利率作为衡量资金时间价值的相对尺度。

1. 利息

利息是指占用资金所付出的代价或放弃资金使用权所得到的补偿。如果将一笔资金存入银行，那这笔资金就称为本金。经过一段时间后，储户可在本金之外再得到一笔利息。相反，如果向银行贷一笔资金，经过一段时间后，贷款人除了偿还银行的本金外，还需要额外支付一笔利息。利息的计算公式如下：

$$I = F - P \tag{2.6}$$

式中，I为利息；F为本利和；P为本金。

计息周期是指计算利息的时间单位，如“年”“季度”“月”或“周”等，但通常采用的时间单位是年。

2. 利率

利息通常是根据利率来计算的。利率是在单位时间（一个计息周期）内所得到的利息额与借贷金额即本金之比，一般以百分数表示。相同金额相同期限的本金，向银行借贷时产生不等的利息就显示出利率大小的差异。用i表示利率，其表达式为

$$i = \frac{I}{P} \times 100\% \tag{2.7}$$

（二）单利与复利

借贷资金的计息制度分为单利计息制和复利计息制两种，相应地称为单利法和复利法。

1. 单利

单利计息是指每期只对原始本金计息，对所获得的利息将不再计息。这就使得每个计息周期所获得的利息是相等的，与计息次数无关。在我国，国库券的利息通常是以单

利计算的。其计算公式如下：

$$I = P \times n \times i \tag{2.8}$$

n 个计息周期下本利和为

$$F = P \times (1 + n \times i) \tag{2.9}$$

【例 2.2】假如以单利方式借入 1000 元，年利率 6%，第 4 年年末偿还，则各年利息与本利和如表 2-2 所示。

表 2-2　各年利息与本利和（单利计息）

年末	贷款额 / 元	利息 / 元	年末本利和 / 元	到期还款额 / 元
第 1 年年末	1000	60(1000×6%=60)	1060	0
第 2 年年末	1060	60	1120	0
第 3 年年末	1120	60	1180	0
第 4 年年末	1180	60	1240	1240

2. 复利

在复利法中，对某一计息周期来说，按照本金加上先前计息周期所累计的利息计算利息，即“利息再生利息”。按复利方式计算利息时的公式为

$$I = P \times [(1 + i)^n - 1] \tag{2.10}$$

n 个计息周期后的本利和为

$$F = P \times (1 + i)^n \tag{2.11}$$

【例 2.3】数据同例 2.2，按照复利法计算，则各年的利息与本利和，如表 2-3 所示。假如以复利方式借入 1000 元，年利率 6%，第 4 年年末偿还，则各年利息与本利和如表 2-3 所示。

表 2-3　各年利息与本利和（复利计息）

年末	贷款额 / 元	利息 / 元	年末本利和 / 元	到期还款额 / 元
第 1 年年末	1000	60(1000×6%=60)	1060	0
第 2 年年末	1060	63.6(1060×6%=63.6)	1123.6	0
第 3 年年末	1123.6	67.4(1123.6×6%=67.4)	1191	0
第 4 年年末	1191	71.5(1191×6%=71.5)	1262.5	1262.5

对比表 2-2 和表 2-3 可以看出单利法和复利法计算的区别，用复利法计算中的利息金额比单利法计算出的利息额大。这也符合资金在社会生产过程中运动的实际状况。在社会生产中，资金总是不断地周转、循环并增值。单利法假设每年的盈利不再投入到社会再生产中去，这不符合实际。因此在工程技术经济分析中，一般采用复利法计算。

另外需要注意的是，复利计息还有间断复利和连续复利之分。如果计息周期为一定的时间区间（如年、季、月等）并按复利计息，称为间断复利；如果计息周期无限缩

短，称为连续复利。从理论上讲，资金在不停地运动，每时每刻都在通过生产和流通领域增值，因而应该采用连续复利计息，但在实际使用中都采用较为简便的间断复利计息方式。

（三）名义利率与实际利率

在复利的计算中，通常是以年为计息周期的，每年只计算一次。但在实际经济活动中，计息周期可以是季度、月、日等。这样，一年的复利计息次数就是 4、12、365。也就是说，计息周期可以短于一年。这样就出现了不同计息周期的利率换算问题。当利率标明的时间单位与计息周期不一致时，就出现了名义利率和实际利率的区别。名义利率（r），是指一年内多次复利时给出的年利率，它等于每期利率与年内复利次数的乘积，即

$$r = i \times m \tag{2.12}$$

实际利率（i），是指一年内多次复利时，每年末终值比年初的增长率。假如某笔住房抵押贷款按月还本付息，其月利率为 1%，通常称为“年利率 12%，每月计息一次”，这里的年利率 12% 指“名义利率”。当按单利计算利息时，名义利率和实际利率是一致的；但当按复利计息时，上述“年利率 12%，每月计息一次”的实际利率则不等于名义利率（12%）。

例如，年利率为 12%，存款额为 10000 元，期限为一年，分别以一年 1 次复利计息、一年 4 次按季利率计息、一年 12 次按月利率计息，则一年后的本利和分别为

一年 1 次计息 $F=10000\times(1+12\%)=11200$（元）

一年 4 次计息 $F=10000\times(1+3\%)^4=11255.09$（元）

一年 12 次计息 $F=10000\times(1+1\%)^{12}=11268.25$（元）

这里的 12%，对一年 1 次计息来说既是实际利率又是名义利率。3% 和 1% 称为周期利率。对一年 4 次计息和 12 次计息来说，12% 就是名义利率，而一年 4 次计息时的实际利率为 $(1+3\%)^4-1=0.1255\%$；一年 12 次计息时的实际利率为 $(1+1\%)^{12}-1=0.1268\%$。

由于计息周期长短不同，同一笔资金在占用时间相等的情况下，所付的利息会有较大差别。在进行方案的经济性比较时，若贷款按复利计息，各方案贷款在一年中计息的次数不同将会影响到方案的经济效益指标。这时需将方案贷款计息的年名义利率换算成年实际利率，再进行比较。

若本金为 P，一年中计息次数为 m，每个计息期的利率为 r/m，则一年之后的本利和为

$$F = P \times \left(1+\frac{r}{m}\right)^m \tag{2.13}$$

这时，实际利率 i 为

$$i=\frac{F-P}{P}=\frac{P\times\left(1+\frac{r}{m}\right)^m-P}{P}=\left(1+\frac{r}{m}\right)^m-1 \tag{2.14}$$

可见，每年计息次数不同的年名义利率，只有把它们都换算成相应的年实际利率，彼此之间才具有可比性。因为如果年名义利率一定，每年的计息次数越频繁，则年实际利率与年名义利率之间的差额就越大；如果每年的计息次数一定，年名义利率越高，年实际利率与年名义利率之间，不仅绝对差额大，而且相对差额也越大。

【例 2.4】某企业要购置新设备，有两家银行可提供贷款。甲银行年利率为 21%，按年复利计息；乙银行年利率为 20%，按月复利计息。试问向哪一家银行贷款为宜？

解：甲银行的年实际利率就是其年名义利率，即年实际利率为 21%；乙银行的年名义利率为 20%，其年实际利率为

$$i=\left(1+\frac{r}{m}\right)^m-1=\left(1+\frac{0.21}{12}\right)^{12}-1=23.14\%$$

计算结果表明，乙银行的年实际利率高于甲银行的年实际利率，故应向甲银行贷款为宜。

第三节　资金等值计算

一、资金等值的概念

等值是资金时间价值计算中一个十分重要的概念。资金等值是指在考虑时间因素的情况下，不同时间发生的绝对值不等的资金可能具有相同的时间价值。因此两笔现金流量即使金额相同，由于发生在不同的时间点，其价值一般不会相等。例如，现在的 100 万元与一年后的 105 万元，虽然绝对数值不等，但在年利率为 5% 的情况下两个时点上的两笔绝对数值不等的资金却是“等值”的。资金等值的特点是：两笔资金的数值相等，发生的时间不同，其价值肯定不等；两笔资金数值不等，发生的时间也不同，其价值却可能相等；不同时点上数额不等的资金如果等值，则它们在任何相同时点上的价值必然相等。

影响资金等值的概念有三个：一是资金数额的大小，二是计息次数的大小，三是利率的大小。其中利率是一个关键性的因素，一般在等值换算中是以同一利率为依据的。

在计算资金等值时，会涉及几个概念。

（1）折现与折现率。折现也称为贴现，是在评价投资项目经济效果时经常采用的一

种基本方法。把将来某一时点的资金金额换算成现在某一时点处的等值资金。在工程经济分析中把根据未来的现金流量求现在的现金流量时所使用的利率称为折现率，用符号 i 表示。

（2）现值。现值是指资金“现在”的价值。在工程经济分析中，它表示在现金流量图中 0 点的投资数额或现金流量折现到 0 点时的价值，用符号 P 表示。

（3）终值。与现值等值的将来某一时点上的资金金额称为终值，一般用符号 F 表示。现值和终值是一对相对的概念。两时点上的等值资金，前一时刻相对于后一时刻为现值；后一时刻相对于前一时刻为终值。

（4）年值。年值又称年金，狭义的年值表示连续地发生在每年年末，且数值相等的现金流序列；广义的年值是指连续地发生在每期期末，且数值相等的现金流序列。通常用符号 A 表示。

二、资金等值计算公式及应用

根据支付方式和等值换算点的不同，资金等值计算公式可以分为一次支付类型、等额支付类型等。下文将对几个公式分别进行介绍。

（一）一次支付类型

1. 一次支付终值公式（已知 P，求 F）

假设在时间点 $t=0$ 时有一笔资金 P，计息期利率为 i，则复利计息的 n 个周期后的本利和为多少？其现金流量图如图 2-2 所示。

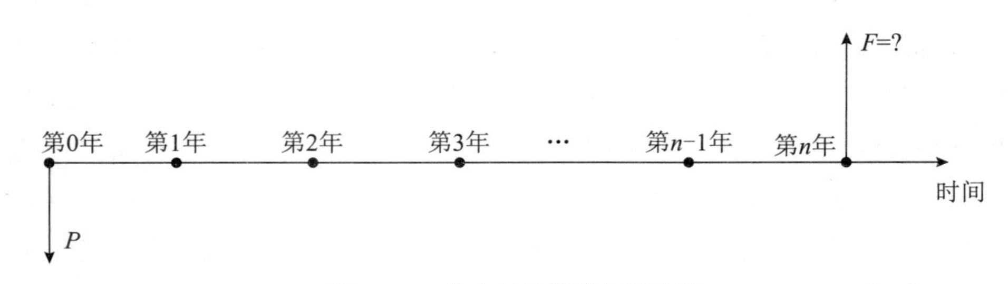

图 2-2　一次支付终值现金流量图

终值 F 的计算公式为

$$F=P\times(1+i)^n \tag{2.15}$$

式中，$(1+i)^n$ 称作“一次支付终值系数”，简记为 $(1+i)^n=(F/P,\ i,\ n)$，此系数可以直接计算，也可以从复利系数表（见附录）中查到。

【例 2.5】假使要购入一辆汽车，向银行借款 5 万元，年利率为 6%，3 年后一次还清，问到期后应向银行归还的本利和为多少？

解：由题设知，P=5 万元，i=6%，n=3 年，依据式（2.15）可知

$$F = P \times (1+i)^n = 5 \times (1+6\%)^3 = 5.96\ （万元）$$

即 5 万元资金在年利率 6% 时，经过 3 年之后变为 5.96 万元，增值为 0.96 万元。

2. 一次支付现值公式（已知 *F*，求 *P*）

如果计划 n 年后积累一笔资金 F，利率为 i，问现在一次投资 P 应为多少？这个问题相当于已知终值 F，利率 i 和计算期数 n，求现值 P。即将某一时点（非零点）的资金价值换算为资金的现值（零点处的值）。其现金流量图如图 2-3 所示。

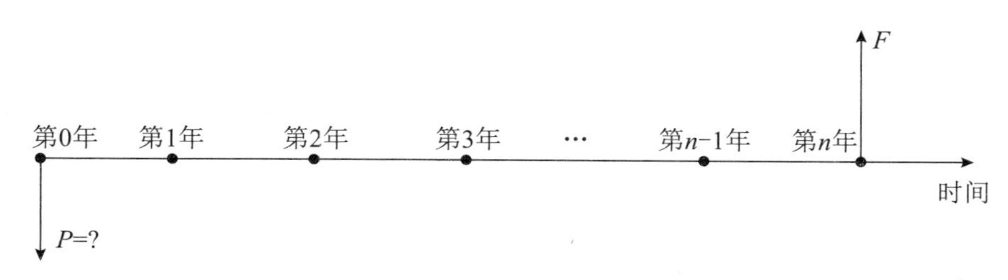

图 2-3　一次支付现值现金流量图

设年利率为 i，其计算公式为一次支付终值公式的逆运算，即

$$P = F \times (1+i)^{-n} \tag{2.16}$$

式中，$(1+i)^{-n}$ 称作“一次支付现值系数”，简记为 $(1+i)^{-n} = (P/F，i，n)$，此系数可以直接计算，也可以从复利系数表中查到。

【例 2.6】假使要在第 3 年年末得到 10000 元的存款本息，银行按年利率 6% 计息，现在应存入银行多少本金？

解：已知 F=10000 元，i=6%，n=3 年，则

P=10000×(1+5%)$^{-3}$=8638.376（元）

即若想在第 3 年年末得到 10000 元的储金，现在必须存入 8638.376 元。

在工程经济分析中，现值比终值使用更为广泛。现值评价常常是选择现在为同一时点，把方案预计的不同时期的现金流量折算成现值，并按现值的代数和来作出决策。因此，在工程经济分析时应当注意以下两点。

（1）正确选择折现率。折现率是决定现值大小的一个重要因素，必须根据实际情况灵活选用。

（2）要注意现金流量的分布情况。例如，在投资额一定的情况下，是早投资还是晚投资，是集中投资还是分期投资，它们的投资现值是不一样的。

（二）等额支付类型

等额支付是指在所分析的系统中，现金流入和现金流出可在多个时间点上发生，而不是集中在某一个时间点。其现金流量序列是连续的，且数额是相等的。

1. 等额支付系列终值公式

等额支付终值的现金流量图，如图 2-4 所示，从第一年年末到第 n 年年末有一等额的现金流量序列，每年的金额均为 A，称为等额年金。求 n 年后由各年的本利和累计而成的总值 F。类似我们平常储蓄中的零存整取。

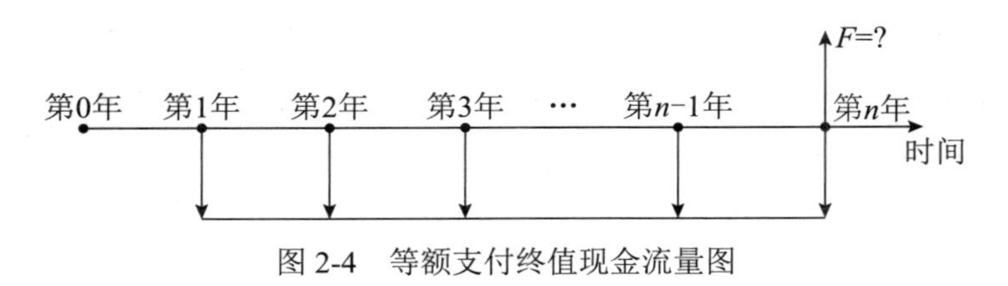

图 2-4　等额支付终值现金流量图

设年利率为 i，如果把每次的等额支付看作一次支付，则利用一次支付终值公式有：

$$F = A + A\times(1+i) + \cdots + A\times(1+i)^{n-1} \tag{2.17}$$

等式两边同时乘以 $(1+i)$ 得

$$F\times(1+i) = A\times(1+i) + A\times(1+i)^2 + \cdots + A\times(1+i)^n \tag{2.18}$$

两式相减得

$$F\times(1+i) - F = -A + A\times(1+i)^n \tag{2.19}$$

整理得

$$F = A\times\left[\frac{(1+i)^n - 1}{i}\right] \tag{2.20}$$

式中，$\left[\frac{(1+i)^n - 1}{i}\right]$为等额支付终值系数，记为

$$\left[\frac{(1+i)^n - 1}{i}\right] = (F/A，i，n)$$

【例 2.7】某夫妇从今年开始每年年底以等额的 200 元存款存入一个每年有 6% 收益的投资账户中，存入 5 年时间，则在第 5 年年底，账户中共有多少资金？

解：已知 A=200 元，i=6%，n=5 年，则

$$F = A\times\left[\frac{(1+i)^n - 1}{i}\right] = 200\times 5.637 = 1127.4\text{（元）}$$

2. 等额支付系列偿债基金公式

如果为了能够在第 n 年年末筹集一笔资金来偿还到期债务 F，按年利率 i 计算，拟从现在起至 n 年的每年年末等额存储一笔资金 A，以便到第 n 年年末清偿 F。则必须存储资金 A 的现金流量，如图 2-5 所示。

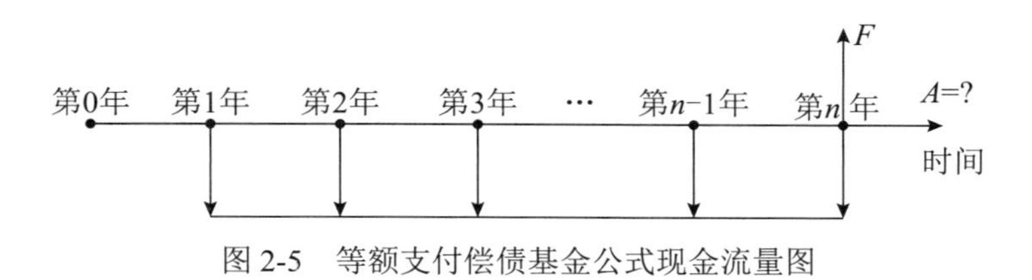

图 2-5　等额支付偿债基金公式现金流量图

可以由等额支付终值公式直接推导出等额支付偿债基金公式，即

$$A = F \times \left[\frac{i}{(1+i)^n - 1}\right] \tag{2.21}$$

式中，$\frac{i}{(1+i)^n - 1}$ 为等额偿债基金系数，可以用 $(A/F，i，n)$ 表示，其数值可以从附录中查到。

【例 2.8】某企业要积累一笔基金，用于 5 年后更新大型设备。更新费用为 200 万元，银行利率为 6%，问每年需要存款多少元？

解：由题设知，F=200 万元，n=5 年，i=6%，则可计算出

$$A = F \times \left[\frac{i}{(1+i)^n - 1}\right] = 200 \times 0.177 = 35.4\text{（万元）}$$

3. 等额支付系列资金回收公式

等额支付是指在期初一次资金投入数额为 P，欲在 n 年内全部回收，则在年利率为 i 的情况下，求每年年末应该等额回收的资金，即已知 P，i，n，求 A。其现金流量图如图 2-6 所示。

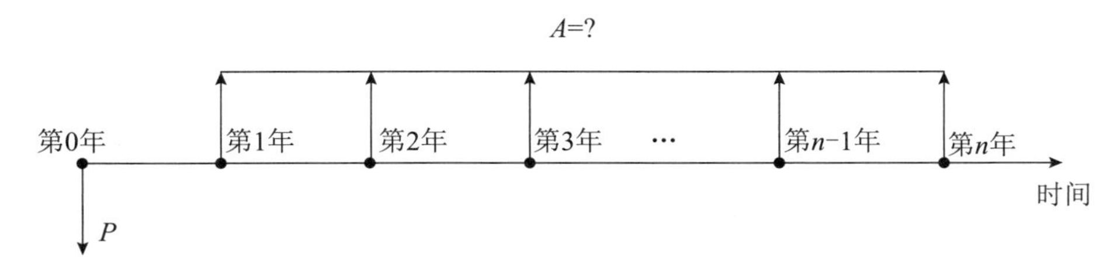

图 2-6　等额支付资金回收公式现金流量图

资金回收公式可以由偿债基金公式与一次支付终值公式推导得出

$$A = P \times (1+i)^n \times \left[\frac{i}{(1+i)^n - 1}\right] = P \times \frac{i \times (1+i)^n}{(1+i)^n - 1} \tag{2.22}$$

式中，系数 $\frac{i \times (1+i)^n}{(1+i)^n - 1}$ 称作资金回收系数，表示为 $(A/P，i，n)$，其数值可以在附录中找到。

【例 2.9】某企业家为了支持家乡的经济发展，回家乡投资办厂，一次投资 100 万元，分 3 年等额回收，利率为年利 6%，求每年回收多少万元？

解：已知 P=100 万元，i=6%，n=3 年，

$$A=P\times\frac{i\times(1+i)^n}{(1+i)^n-1}=100\times0.374=37.4\text{（万元）}$$

4. 等额支付系列现值公式

该公式的含义是指在 n 年内每年等额收支一笔资金 A，在利率为 i 的情况下，求此等额收支的限制总额。这一过程类似于实际商务活动中的零存整取。其现金流量图，如图 2-7 所示。

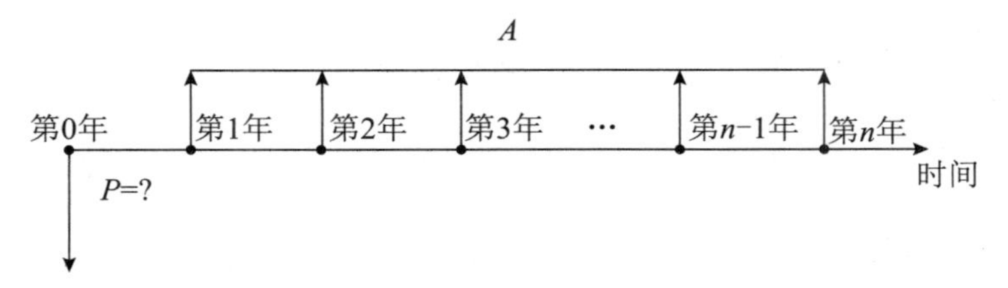

图 2-7　等额支付系列现值公式现金流量图

等额支付系列现值公式与等额支付系列资金回收公式互为倒数，由公式 $A=P\times\frac{i\times(1+i)^n}{(1+i)^n-1}$ 可得

$$P=A\times\frac{(1+i)^n-1}{i\times(1+i)^n} \tag{2.23}$$

式中，$\frac{(1+i)^n-1}{i\times(1+i)^n}$ 为等额支付系列现值系数，记为（P/A，i，n），具体系数值可以通过附录查到。

【例 2.10】某项目在进行投资时要求 5 年内连本带利全部回收，且每年年末等额回收本利和为 200 万元，年利率为 6%。问开始时的初期投资是多少？

解：已知 A=200 万元，i=6%，n=5 年，

$$P=A\times\frac{(1+i)^n-1}{i\times(1+i)^n}=200\times4.21=842\text{（万元）}$$

【思考题】

1. 简述项目现金流量的概念及其主要表示方式。
2. 如何理解资金时间价值的概念？
3. 利率有哪些具体类型？它们的区别是什么？
4. 某设备价格 450 万元，第一年年末付 140 万元，以后每半年付 40 万元，年名义利率为 16%，半年计息一次，问多少年能付清价款？
5. 某企业以每月支付 30 万元的付款方式购买一台现值为 600 万元的设备，分 24 个

月付清。问付款的年名义利率和实际利率分别为多少？

6. 某人拟以 300 万元的价格购入一套商品房用于出租。已知前 3 年付款比例分别为 15%、25%、60%，第 4 年即可开始出租，当年的毛租金收入为 50 万元，经营成本为 10 万元，且预计在此后的 16 年内毛租金收入和经营成本的平均上涨率为 10%，贴现率为 5%。如果本写字楼投资项目在整个经营期间内的其他收入和支出情况如表 2-4 所示，试计算该投资项目的净现金流量，画出净现金流量图并计算出项目净现金流量的现值之和（设该投资和经营期间的收支均发生在年初）。

表 2-4　写字楼投资项目在经营期内的其他收入与支出

单位：万元

时　间	第 4 年	第 5 年	第 6~18 年	第 19 年	第 20 年
转售收入					800
转售成本					100
装修费用	30				150

7. 企业计划购置一批大型设备，现在有两种不同的付款方案：（1）从现在起，每年年初支付 10 万元，连续支付 5 次，共 50 万元；（2）从第 2 年开始，每年年初支付 20 万元，连续支付 3 次，共 60 万元。假设该公司的资本成本率即最低报酬率为 10%，你认为该公司应该选择哪个方案？

8. 小张最近想用 100 万元的价格买入一栋商品房用于出租经营。已知前 4 年楼价付款的比例分别为 14%、23%、33%、30%，付完款项后第 5 年开始出租，当年的租金收入为 40 万元，经营成本为 10 万元，预计在此后的 5 年内租金收入和经营成本的平均上涨率均为 10%，贴现率为 5%。该商品房在整个经营期间的其他收入和支出情况如表 2-5 所示，假设投资和经营期间的收支均发生在年初。试计算该投资项目的净现金流量，画出净现金流量图并计算出项目净现金流量的现值之和。

表 2-5　商品房在经营期内的其他收入与支出

单位：万元

时　间	第 5 年	第 6 年	第 7 年	第 8 年	第 9 年	第 10 年
转售收入						1600
转售成本						150
装修费用	60					200

即测即练

【拓展案例】

西塔棋盘与复利效应：时间价值的经济学示例

传说西塔发明了国际象棋，国王十分高兴，决定要重赏西塔。西塔说："陛下，我不要你的重赏，只要你在我的棋盘上赏一些麦子就行了。在棋盘的第一个格子里放 1 粒，在第二个格子里放 2 粒，在第三个格子里放 4 粒，以此类推，以后每一个格子里放的麦粒数都是前一个格子里放的麦粒数的 2 倍，直到放满第六十四个格子。"区区小数，几粒麦子，这有何难？国王命人如数付给西塔。

计数麦粒的工作开始了，第一格内放 1 粒，第二格内放 2 粒，第三格内放 4 粒……还没到第二十格，一袋麦子已经空了。紧接着，一袋又一袋的麦子被扛到国王面前。但是，麦粒数一格接一格地飞速增长着。很快，国王就看出来了，即便拿出全国的粮食，也兑现不了他对西塔的诺言。原来，要按照西塔的方法放满，总共需要的麦粒是 18446744073709551615 粒。

这些麦子究竟有多少呢？打个比方，如果造一个仓库来放这些麦子，仓库高 4 米，宽 10 米，那么仓库的长度就等于地球到太阳距离的 2 倍。而要生产这么多的麦子，全世界加起来总共要 2000 年。在经济学上有一个专门术语，叫"复利"。为什么要有利息呢？是因为资金是有时间价值的。资金的时间价值就是资金在流通过程中，随着时间的变化而产生的增值。从投资者的角度来看，资金的增值特性使资金具有时间价值。

案例思考：

现有甲、乙、丙 3 个独立方案，且 3 个方案的结构类型相同，其 3 种方案投资额和净现值见表 2-6。试问如果资金限额为 750 万元，则最佳组合方案是什么？

表 2-6　3 种方案投资额与净现值

单位：万元

方案	投资额	净现值
甲	200	50.25
乙	350	60.85
丙	400	55.45

资料来源：https://zhuanlan.zhihu.com/p/105743854.

第三章

工程项目可行性研究

可行性研究是一门管理技术，一般是指在投资决策之前，决定工程项目在技术上、经济上、环境影响上是否可行所必须进行的技术经济分析论证的一种方法。我国正着力推动高质量发展，巩固和深化投融资体制改革成果，可行性分析可进一步保障并提升我国工程项目工作质量和水平。本章主要梳理可行性研究的定义、目的、依据、作用、阶段划分，阐释工程项目的经济效益、社会效益、环境影响，并详细介绍了工程项目可行性研究报告的编制程序、内容及要求。

【学习目标】

1. 价值目标：通过本章的学习，学生深刻认识到在我国巩固和深化投融资体制改革成果，推动高质量发展的过程中，工程项目可行性分析对于保障提升工程项目的工作质量与水平发挥着不可或缺的作用。

2. 知识目标：理解工程项目可行性研究的内涵、相关概念以及工程项目可行性研究的影响评价。

3. 能力目标：掌握工程项目可行性研究报告的编制程序与要求。

【引导案例】

杭州湾跨海大桥可行性研究

杭州湾跨海大桥是中国自行设计、管理、投资、建造的一座横跨中国杭州湾海域的跨海大桥，创6项世界和国内之最，彰显了我国的经济实力与科技实力，成为中国未来更好地走向世界的一张名片。研究人员对杭州湾大桥今后的经济效益也做了一定的研究，得到的结果是可行的。前期工作结束，可行性研究报告获得批准，2008年5月1日，杭州湾跨海大桥通车运营。但好景不长，通车5年后大桥资金仍然紧张，全年资金缺口达到8.5亿元。在可行性报告中万无一失的杭州湾跨海大桥工程，却在开通后陷入了资金困难，这究竟是为什么呢？

原来，《杭州湾跨海大桥工程可行性研究》预测大桥的车流量远低于实际预期车流量，严重的预期收益误判导致参与投资的民营企业决策错误，并且大桥项目从规划到建成的10年间多次追加投资，投资累计追加1倍多，参股的民企已先期投入，只能继续追加，最终被“套牢”。此外，嘉绍大桥杭州湾第三跨海工程钱江通道、宁波杭州湾大桥、舟山上海跨海高速、杭州湾铁路大桥等项目规划，进一步对未来车流量造成分流，合同与规划的严重冲突令项目前景更加黯淡。

基于以上材料，试思考项目规划时进行系统全面的可行性分析对于保障项目顺利运行的目的与意义，并通过对本章内容的学习了解工程项目可行性规划时研究内容，掌握可行性报告的编制程序与要求。

案例思考：

杭州湾跨海大桥：近200亿元超级工程，为何“沦为”失败的项目融资案例？

资料来源：https://www.docin.com/p-2113010496.html.

拓展视频

杭州湾跨海大桥：民营资本淡出“明星工程”

第一节　工程项目可行性研究概述

可行性研究（feasibility study）是指在项目建设前，根据国民经济长期发展规划、地区发展规划，以及行业发展规划要求，综合运用各种技术经济的方法，对拟建项目在技术上是否先进适用、经济上是否合理有利、工程建设是否可行所进行的全面、详细、周密的调查研究和综合论证。早在19世纪30年代，美国为开发田纳西河流域开始推行可行性研究，该方法在田纳西流域开发和综合利用方面，起了很大的作用。几十年来，在各个建设领域通过各国的实践应用，这种方法得到不断充实和完善，现在已成为一门运用各种科学成果，保证实现工程建设最佳经济效果的综合性学科。

进行可行性研究是一项政策性、系统性很强的工作。它要以经济理论为依据，采用一套科学方法，对新建、扩建、改建项目中的一些主要问题，如市场需求、资源条件、原材料、燃料动力、交通运输、建厂规模、厂址选择、主要工艺流程、设备选型、投资与成本、项目经济效益和社会效益等重大问题，从技术与经济等方面进行全面、系统的调查研究，分析计算和方案比较选择，并对投资后的经济效果进行预测。

具体来讲，就是在工程项目投资决策前，对与项目有关的社会、经济、技术和环境等各方面的情况进行深入细致的调查研究；对各种拟订的建设方案和技术方案进行认真的技术经济分析、比较和论证；对项目建成后的经济效益、环境影响进行科学的预测和评价。在此基础上，综合研究建设项目的技术先进性和适用性、经济合理性以及建设的可能性和可行性，由此确定该项目是否应该投资和如何投资等结论性意见，为决策部门最终决策提供科学的、可靠的依据并作为开展下一步工作的基础。可行性研究的任务是以市场为前提，以技术为手段，以经济效果为最终目标，对拟建的项目，在投资前期进行全面、系统的论证，进而作出建设项目是否可行的评价，为投资和决策者提供科学的依据。

一、可行性研究的目的

建设项目的可行性研究是项目进行投资决策和建设的基本先决条件和主要依据，可行性研究的主要目的可概括为以下几点。

1. 避免错误的项目投资决策

由于科学技术、经济发展越来越快，市场环境瞬息变化，要求建设项目在投资前进行客观、科学的分析，综合考虑各种因素，从而作出准确无误的判断，避免错误的投资决策。

2. 防止建设项目方案的多变

一个建设项目的投资，有多个可行的方案，一旦确定采用某个方案就要保持方案的稳定性。项目方案的多变会造成人力、物力、财力的巨大浪费和时间的延误，丧失市场机会，大大影响建设项目的经济效果。

3. 减少建设项目的风险性

现代化大型的建设项目，规模大、投资大、周期长，不容有任何闪失，如果不经过充分的科学论证，就作出投资决策，一旦遭遇各种风险，将造成巨大的经济损失，甚至严重影响国计民生和社会发展。

4. 保证建设项目的投资不超过预算

建设项目的可行性分析既是对工程项目前景进行科学预见的方法，又是项目设想细化和项目方案创造的过程。因此，进行可行性分析能充分预估项目的投资范围，做到在估算的投资额范围和预定的建设期限以内使项目竣工交付使用。

5. 实现建设项目最佳的经济效果

建设项目的成功受多种因素影响，必须从市场需求与预测、技术与经济的可行性以及对环境的影响等方面对项目做系统、科学、全面的分析研究，进而创造出有利于项目目标实现的最优方案。投资者往往不满足于一定的资金利润率，而要求在多个可能的投资方案中优先选择最佳经济效果的方案。如果不进行可行性研究，或者虽然做了可行性研究但深度不够，则不能达到最佳的经济效果。

6. 减少决策的盲目性

现代工程项目的建设涉及面广，相关因素多，如市场问题突出、建设新项目的条件苛刻、技术因素复杂、资金筹措困难以及国家政策允许等。如果投资主体不能就投资项目所涉及的各个主要方面进行深入调研、预测和定量估算而盲目投资，就有可能使项目出现一些遗留问题，造成新项目的畸形发展，甚至会出现达不到设计要求的情况。因此，投资者为了排除盲目性，减少风险，在竞争中取得最大利润，宁可在投资前花费一定的代价，也要进行投资项目的可行性研究，以提高投资获利的可靠程度。

7. 提高项目建设的速度和确保项目建设的质量

可行性研究工作虽然要占用项目建设前期的时间，而且还要支付研究费用，但由于它所研究的内容是项目设计、施工时需要的数据和资料，因而可以相应地减少后期的工作时间，即缩短建设的周期。可行性研究之所以受到如此重视，是因为它是行之有效、合乎建设规律的一种科学方法，也是提高建设项目经济效益的首要环节。我国有关部门明确规定，凡是未经可行性研究或可行性研究深度不够的项目，设计任务书将不予批准，不得列入基建计划。

而对于投资方来讲，如果不做可行性研究，或者虽做了可行性研究但深度不够，则不能达到以上目的，并且将带来一系列不良后果。

二、可行性研究的依据

对一个拟建项目进行可行性研究，必须在国家有关的规划、政策、法规的指导下完成，同时还要有相应的各种技术资料。进行可行性研究工作的主要依据主要包括以下几点。

（1）国家经济和社会发展规划、计划文件，部门与地区规划，经济建设的指导方针、任务、产业政策、投资政策和技术经济政策等。包括对该行业的鼓励、特许、限制、禁止等有关规定。

（2）项目主管部门对该项目建设要求请示的批复。

（3）经过批准的项目建议书及其审批文件等。

（4）项目承办单位委托进行可行性研究的合同或协议。

（5）企业的初步选址报告。

（6）拟建地区的自然、经济、社会等基础资料。

（7）试验试制报告。在进行可行性研究前，对某些需要经过试验的问题，应由项目承办单位委托有关单位进行实验和测试，并将其结果作为可行性研究的依据。

（8）项目承办单位与有关方面取得的协议，如投资、原料供应、建设用地、运输等方面的初步协议。

（9）国家和地区关于工业建设、工程技术的法令、法规、标准定额资料等，如“三废”排放标准、土地法规、劳动保护条例等。

（10）国家相关的经济法规、规定，如中外合资企业法、税收、外资、贷款等规定。

（11）由国家颁布的建设项目可行性研究及经济评价的有关规定。

（12）包含各种市场信息的调查报告。

（13）主要工艺和装置的技术资料。

（14）由国家批准的资源报告，国土开发整治规划、区域规划和工业基地规划。对于交通运输项目建设要依据有关的江河流域规划与路网规划等。

三、可行性研究的阶段划分与工作程序

可行性研究是投资前期的主要工作，一般分三个阶段进行：机会研究、初步可行性研究、详细可行性研究。

在可行性研究的任何一个阶段，只要得出“不可行”的结论，就不再继续进行下一步的研究工作。可行性研究的工作阶段和内容也可以根据项目规模、性质、要求和复杂程度的不同，进行适当的调整和简化。可行性研究各个阶段是循序渐进的，这种工作程序符合客观规律，既有较强的适应能力，又可以达到减少工作量、节省时间和降低费用的效果。

各阶段的内容、任务、投资成本估算精确度及所需费用和时间估算，如表 3-1 所示。

表 3-1　可行性研究各阶段的内容、任务、投资成本估算精确度及所需费用和时间估算

阶　段	内　容	主要任务	投资成本估算精确度	所需费用和时间估算
机会研究	机会识别和项目设想	捕捉投资机会 确定研究的必要性 确定研究的范围	30%	占总投资 0.1%~1.0% 1~2 个月
初步可行性研究	项目可行性初步分析论证	确定是否投资 判断是否进行下一步研究 初步确定可行方案	20%	占总投资 0.25%~1.5% 4~6 个月
详细可行性研究	项目可行性深入分析论证	按照详细标准再调查研究确定最佳方案的选择	10%	占总投资 0.2%~3.0% 8~12 个月

（一）机会研究

机会研究的主要任务是捕捉投资机会，为拟建投资项目的投资方向提出轮廓性的建议。机会研究是以自然资源条件、市场需求、国家经济政策等情况为基础，为建设项目寻求具有良好发展前景，对经济发展有较大贡献，并具有较大成功可能性的投资发展机会，从而选择合适的建设项目。机会研究的特点是研究范围比较大、投资计算比较粗略。对一般工程来说，在投资机会研究阶段关于效益、费用的估算精度要求误差在 30% 以内，所需费用占总投资的 0.1%~1.0%，所需时间一般为 1~2 个月。一旦认为项目在经济上有利可图，就可转入下一阶段研究。

（二）初步可行性研究

对比较复杂的建设项目来说，仅靠机会研究尚不能决定项目的取舍，需要进行初步可行性研究来进一步判断。初步可行性研究要对机会研究的结论进行分析，作出是否投资的决定；要论证项目初步可行性，确定是否进行详细可行性研究；要确定有哪些关键性问题需要进行辅助性的专题研究。初步可行性研究，一方面可以为投资项目提供资料，另一方面也为了防止项目有明显的不可行性，淘汰不可行方案，最后决定是否要投入必要的资金、人力、材料进行可行性研究。初步可行性研究估算精度要求误差在 20% 以内，所需费用占投资总额的 0.25%~1.5%，所需时间为 4~6 个月。若机会研究已足够详细，则可以直接进行详细可行性研究。

（三）详细可行性研究

详细可行性研究是建设项目投资决策的基础，是对项目进行详细深入技术经济分析论证的阶段。其主要任务是对建设项目进行深入细致的技术经济分析论证，要对市场、生产纲要、厂址、工艺过程、设备选型、土木建筑以及管理机构等各种可能的选择方案进行深入研究，得以用最少的投入获取最大的效益。详细可行性研究对效益和费用的计算比较详细，对投资与成本估算的误差在 10% 以内，大型建设项目所花的费用一般占总投资的 0.2%~1.0%，小型项目一般占 1.0%~3.0%，所需时间 8~12 个月。详细可行性研究阶段是投资前最重要、最关键的研究阶段。

四、可行性研究的作用

可行性研究是投资前期的主要工作之一，宏观上可以控制投资的规模和方向，改进项目管理；微观上可以减少投资决策失误，提高投资效果。可行性研究的作用主要表现在以下几个方面。

1. 作为建设项目投资决策的依据

由于可行性研究对建设项目有关的各方面都进行了调查研究和分析，并以大量数据论证了项目的先进性、合理性、经济性以及其他方面的可行性，因此可行性研究是进行工程项目建设的依据，也是编制工程设计文件和进行项目建设准备工作的重要依据。主管部门在审查该项目是否允许建设时，在很大程度上取决于可行性研究报告的论证结果。

2. 作为向金融机构申请贷款的依据

金融机构对建设项目实行贷款，要对工程项目的经济效益、盈利状况进行分析，并以此判断资金借出后，项目建成后有无偿还能力。只有在确认有能力按时归还贷款，不致承担大风险时，才会给予贷款。这对合理利用资金、提高投资的经济效果具有积极作用。目前，中国投资银行、世界银行等国际金融组织都把可行性研究报告作为建设项目申请贷款的先决条件。

3. 作为向当地政府及规划部门申请建设执照的依据

可行性研究报告经过审查，符合国家产业政策及地方的规定，符合国家环境保护的法律法规，对污染控制处理得当，不会造成环境污染，建设项目才能向当地政府、规划部门、环境保护部门申请建设的执照。

4. 作为签订各种协议和合同的依据

以可行性研究报告的内容为依据，建设单位可与有关部门签订为完成项目建设所需的各种原材料、燃料、水电、运输以及其他各方面相互间的协议和合同，以保证项目的顺利进行。

5. 作为编制工程设计文件和新技术研究计划的依据

工程设计可以根据被审查批准的可行性研究报告中规定的主要内容进行，不必再做技术经济论证。根据批准的可行性报告，建设与建设项目有关的新技术、新工艺、新设备的科技实验，从而保证该项目技术上合理、先进，化解项目的技术风险。

6. 作为工程项目建设基础资料的依据

建设项目的可行性研究报告，是工程项目建设的重要基础资料。在可行性研究报告中，对产品方案、建设规模、厂区位置、生产工艺、主要设备选型、工艺流程等方面的问题都进行了方案比较论证，寻找出最佳的解决办法，提出推荐方案。所以，可行性研究报告中的内容、数据可以作为项目基础资料的依据，并据此进行项目工程设计、设备加工订货以及建设前期的其他各项准备工作。

7. 作为项目科研试验、机构设置、职工培训等方面的工作依据

根据批准的可行性研究报告，进行与项目有关的科技试验，设置对应的组织机构，进行职工培训以及其他方面的工作安排。

8. 作为建设项目考核的重要依据

在可行性研究中，对于合理的生产组织、工程进度都做了论证，因此可行性研究还可作为组织施工、安排项目建设进度，以及对工程质量提出要求，并进行工程质量检验的重要依据。

9. 作为环保部门审查建设项目对环境影响的依据

我国基本建设环境保护相关法律法规规定，编制可行性研究报告时，必须对环境影响作出评价。审批可行性研究报告时，同时审批环境保护方案。

第二节　工程项目可行性研究的内容

为了合理分配有限的资源，产生最大的经济效益和社会效益，在项目的建设前期，需要通过工程项目预先评估的方法，对拟建项目的经济效益、社会效益和环境影响作出恰当的评价，以避免由于盲目决策所导致的失误，给国家或地区的经济建设和生态环境造成难以弥补的损失。并且，进行建设项目的评价还有利于引导投资方向，控制投资规模，提高国民经济计划质量。

一、工程项目经济效益评价

项目的经济评价是在市场研究、项目设计与方案论证、企业组织机构与人员论证及投资估算与成本估算基础上，根据国家现行财税制度和现行价格，分析、测算项目的效益和费用，考察项目获利能力、清偿能力以及外汇效果等财务状况，以此评价和判断项目财务可行性的一种经济评价方法。它通过一系列经济指标来反映项目的综合经济效益，评价项目在财务上和宏观经济上的可行性，并且项目经济评价的结论是项目科学决策的主要依据。

经济评价应遵循的原则是：宏观效益分析与微观效益分析相结合；定量分析与定性分析相结合，以定量分析为主；动态经济分析与静态经济分析相结合，以动态分析为主；预测分析与统计分析相结合，以预测分析为主；阶段性经济效益分析与全过程经济效益分析相结合，以全过程分析为主。

经济评价是从投资项目或企业角度对项目进行的经济分析，主要有以下 4 点目的。

（1）计算和预测项目的效益和费用，判明企业投资所获得的实际利益。

（2）确保决策的正确性和科学性，避免或最大限度地降低投资方案的风险。

（3）对拟建项目的财务可行性、经济合理性进行分析论证，作出全面的评价，为企业的资金规划提供可靠的依据。

（4）为协调企业利益和国家利益提供依据。财务评价可以通过考察有关经济参数，如价格、税收、利率、补贴等变动对分析结果的影响，寻找经济调节的方式和幅度，使企业利益和国家利益趋于一致。

项目经济评价包括财务评价和国民经济评价两部分。财务评价是按现行财税制度从财务角度分析计算项目的费用、效益、盈利状况及借款偿还能力，以考察项目本身的财务可行性；国民经济评价是从国民经济整体的角度分析和计算国家为该项目付出的代价以及该项目对国家的贡献，以考察投资行为的经济合理性。

二、工程项目社会效益评价

国内外经济发展的经验与教训表明，对于拟建项目，特别是涉及国计民生的建设项目，如农业、林业、能源、交通、社会事业、环境保护以及大中型工业项目，这些项目有的利润率低，有的甚至没有直接效益，却是国计民生不可或缺的项目，也有的直接关系到国家经济发展的合理布局。如果仅仅对其进行经济评价，就不足以对这些项目作出最优选择，必须从项目对社会发展目标的贡献和影响方面进行全面而系统的评价。

建设项目的社会效益评价是在实现社会公平的前提下，分析项目在就业、商品再分配、技术训练、外汇收益和增强国际竞争力方面的效果，以及对国家长远利益的安全、战略目标和环境的影响等，以考察项目对实现国家和地方的各项社会发展目标方面所做的贡献与产生的影响。它主要包括以下几点。

（1）项目对国家（或地区）政治和社会稳定的影响。包括增加就业机会、减少待业人员所带来的社会稳定的效益，改善地区经济结构、提高地区经济发展水平等。

（2）项目与当地科技、文化发展水平的相互适应性。

（3）项目对当地基础设施发展水平和城市化的影响。

（4）项目与当地居民的宗教、民族习惯的相互适应性。

（5）项目对不同利益群体的影响。

（6）项目的国防效益或影响。

由于拟建项目在社会公平方面的效果和影响很难定量计算，而需要定性描述，以确定项目对实现社会目标的作用，因此社会效益评价以定性分析为主，如帮助贫穷地区发展经济、解决就业问题、缩小贫富差距等。社会评价的定性分析也需要制定详细的提纲，进行深入的调查研究，对拟建项目作出详细准确的定性评价。由于社会评价的指标和指标体系尚未健全，其评价的内容又非常复杂，因而目前我国建设项目的社会评价还未起到应有的作用。

三、工程项目环境影响评价

环境影响评价（environmental impact assessment，EIA）是一项科学方法和技术手段，是指对拟议中的建设项目区域开发计划和国家政策实施后可能造成的环境影响进行系统性的识别、预测和评估，并在此基础上采取防治措施和对策。环境影响评价的根本目的是鼓励在规划和决策中考虑环境因素，最终达到环境保护与建设活动较为协调的状态。环境影响评价可以促进相关环境科学技术的发展，为建设项目活动决策和经济建设布局合理化提供科学依据，为制定环境保护对策和环境管理提供依据，为确定地区经济发展方向和规模、制定区域经济发展规划和环保规划提供依据。

投资项目的环境影响可以是自然环境污染，也可以是社会环境污染。可行性研究中的污染主要是指自然环境污染，即由项目引起的经济活动对自然界造成的破坏从而恶化了人类生活环境的现象。生产过程中，危害自然环境的因素主要有废水、废渣、粉尘、废弃物、放射性物质、噪声等。

1. 环境影响评价主要研究的内容

（1）建设项目地区的环境现状以及涉及的环境质量标准选择。

（2）建设项目排放物的种类、性质和数量。

（3）项目排放物的处理方法与各种环保措施。

（4）资源开发产生的排放物可能造成的环境污染程度。

（5）控制环境污染、改善生态变化的初步方案。

（6）环境保护所需的投资及环保设施运行成本估算。

（7）环境影响评价的结论或环境影响分析。

在工业生产中，污染物的产生是不可避免的，关键在于如何防止和减轻污染物对环境的危害。因此，可行性研究要对项目所涉及的环境污染问题提出相应的环境保护方案。在制定环境保护方案时，首先需要对项目所在区域现有的环境状况进行调查，在此基础上，根据项目污染物的实际排放情况及其对自然环境的影响，提出消除或减轻这些影响的具体保护措施。同时，环境保护方案还需要对环境保护措施的资金来源保证、技术可靠性、治理效果及经济合理性作出全面分析。

2. 工程项目环境影响评价的原则

在进行工程项目环境影响评价时有以下几点原则。

（1）符合国家环境保护法律、法规和环境功能规划的要求。

（2）坚持环境治理设施与项目的主体工程“同时设计、同时施工、同时投产使用”的原则。

（3）坚持污染物排放总量控制和达标排放的要求。

（4）坚持“环境效益与经济效益相统一”的原则。在分析论证环境保护治理措施时，要求做到环境效益与经济效益相统一，以保证环境保护治理方案的经济合理性和技术可行性。

（5）重视资源的整合利用，对于环境治理过程中项目产生的“三废”，即废水、废气、废渣，要制定方案进行回收处理利用。

在项目可行性研究中，还应对建设项目的环境保护作专题论证。本部分的研究除支撑可行性研究报告中相应部分内容外，还须单独形成“建设项目环境影响评价报告”作为可行性研究报告的附件，并提交当地的环保部门审批。

目前在我国实施的是环保“一票否决制”，如果项目的环保措施不能确保项目污染物排放达到当地的环境保护政策要求，就难以通过环保部门的审批，项目就不能在环保部门立项，并且不能开始施工建设。

第三节　工程项目可行性报告

可行性研究报告是为进行项目的评定，根据研究项目的性质、规模和复杂性，以及所进行的机会研究、项目建议书编制及可行性研究的详细结果而提出的正式报告。项目可行性研究报告通过判断在投资决策上的合理性，技术上的先进性和适应性以及建设条件的可能性和可行性，为投资决策提供科学依据，是确定建设项目之前具有决定性意义的工作。

通常来说，可行性研究报告的内容应该包括总论，需求和拟建规模，原材料、燃料、动力和其他资源，产品决策、工艺技术方案和设备的选择，建厂条件和厂址选择，环境影响，公用设施，技术方案，企业组织和定员，项目实施计划和进度，项目的财务分析和国民经济评价等。

可行性分析报告从技术、经济、工程等方面对项目进行调查研究和分析比较，并对项目建成以后可能取得的经济效益、社会效益及环境影响进行预测，就是否应该投资开发该项目以及如何投资，或就此终止投资还是继续投资开发等给出结论性意见，依此作为开展下一步工作的基础。

一、可行性报告的编制程序

可行性报告按照我国现行的规定，编制程序包括以下 8 点。

1. 签订委托协议

可行性研究报告编制单位与委托单位就项目可行性研究报告编制工作的范围、重点、深度、完成时间、费用预算和质量要求等交换意见，并签订委托协议，据此开展可行性研究各阶段的工作。

2. 组建工作小组

根据委托项目可行性研究的工作量、内容、范围、技术难度、时间要求等组建项目可行性研究工作小组。一般工程项目可分为市场组、工艺技术组、设备组、工程组、总图运输及公用工程组、环保组、技术经济组等专业组。为使各专业组顺利协调工作，保证可行性研究报告的总体质量，一般应由总工程师、总经济师负责统筹协调。

3. 制订工作计划

工作计划的内容包括工作的范围、重点、深度、进度安排、人员配置、费用预算及可行性要求的编制大纲，并与委托单位交换意见。

4. 调查研究，收集资料

各专业组根据可行性研究报告编制大纲进行实地调查，收集整理有关资料。包括向市场和社会调查，向行业主管部门调查，向项目所在地区调查，向项目涉及的有关企业、单位调查，收集项目建设、生产运营等各方面所必需的信息资料和数据。

5. 方案编制与优化

在调查研究和收集资料的基础上，对项目的建设规模与产品方案、场址方案、技术方案、设备方案、工程方案、原材料供应方案、总图布置与运输方案、公用工程与辅助工程方案、环境保护方案、组织机构设置方案、实施进度方案以及项目投资与资金筹措方案等，研究编制备选方案。对方案进行论证比选优化后，提出推荐方案。

6. 项目评价

对提出的推荐方案进行财务评价、国民经济评价、社会评价、环境影响评价及风险分析，以判别项目的经济可行性、社会可行性、环境可行性和抗风险能力。当有关评价指标结论不足以支持项目方案成立时，应对原设计方案进行调整或重新设计。

7. 编写可行性研究报告

项目可行性研究各专业方案，经过技术经济论证和优化之后，由各专业组分工编写。经项目负责人衔接综合汇总，提出可行性研究报告初稿。

8. 与委托单位交换意见

可行性研究报告初稿形成后，要与委托单位交换意见，修改完善，形成正式的可行性研究报告。

二、可行性报告的要求

在编制可行性研究报告时，应遵循以下几点要求。

1. 确保可行性研究报告的真实性和科学性

可行性研究是一项技术性、经济性、政策性很强的工作，编制单位必须站在公正的立场上，遵照事物的客观经济规律和科学研究工作的客观规律办事，在调查研究的基础上，按客观实际情况实事求是地进行技术经济论证、技术方案比较和评价，切忌主观臆断、行政干预，要保证可行性研究的客观性、真实性、科学性和可靠性，确保可行性研究的质量。

2. 确保可行性研究报告的内容全面准确

可行性研究报告要能充分反映项目可行性研究工作的成果，内容齐全，结论明确，数据准确，论据充分，满足决策者确定方案和项目决算的要求。可行性研究报告涉及重大技术、经济方案时，应有两个以上方案的比选。可行性研究报告选用主要设备的规格、参数应能满足预订货的要求，引进技术设备的资料应满足合同谈判的要求。不同行业、不同性质、不同特点的建设项目，可行性研究的内容和深度及计算指标，必须满足作为项目投资决策和进行设计的要求。

3. 编制报告的单位具备承担可行性研究的条件

建设项目可行性研究报告的内容涉及面广，还有一定的深度要求，因此需要由具备一定的技术力量、技术装备、技术手段和相当实践经验等条件的工程咨询公司、设计院等专门单位来承担。参加可行性研究的成员应由工业经济专家、市场分析专家、工程技术人员、机械工程师、土木工程师、企业管理人员、财务人员等组成，必要时可聘请地质、土壤等方面的专家完成短期协助工作。

4. 可行性研究报告必须经过签字与审批

可行性研究报告编写完成后，应由编制单位的行政、技术、经济方面的负责人签字确认，并对研究报告的质量负责。另外，还须上报主管部门审批。通常大中型项目的可行性研究报告，由各主管部门，各省、自治区、直辖市或全国性专业公司负责预审，报国家计委审批，或由国家计委委托有关单位审批。小型项目的可行性研究报告，按隶属关系由各主管部门，各省、自治区、直辖市审批。可行性研究报告的预审单位，对预审结论负责。可行性研究报告的审批单位，对审批意见负责。若发现工作中有弄虚作假现象，应追究有关负责人的责任。

三、可行性报告的内容与撰写

项目可行性研究是在对项目进行深入的技术经济分析的基础上进行多方案的比较和优选，对项目投资提出最后决策的结论性意见。因此，它的内容应满足作为投资决策的基础和重要依据的基本要求。按照我国的有关规定，一般工程建设项目的可行性研究报告应包括以下方面的内容。

（一）总论

总论是可行性研究报告的前言，综合论述项目总体思路、概况，可行性研究的主要结论概要和存在的问题与建议等。总论中应阐明推荐方案在论证过程中曾有的重要争论问题和不同的意见、观点，并对建设项目的主要技术经济指标列表说明。

总论要说明建设项目提出的投资环境、项目建设投资的必要性和经济意义，项目投资对国民经济的作用和重要性；说明建设项目的历史背景，包括项目的发展过程、提出项目建设的理由、前期工作的进展、投资者的意向等；说明项目调查研究的主要依据、工作范围和要求；说明项目的项目建议书及有关审批文件。

（二）市场研究和拟建规模

1. 市场研究

市场研究是市场调查与市场预测的总称，是指通过市场调查和供求预测，根据项目产品的市场环境、竞争能力和竞争者，分析、判断项目投产后所生产的产品在一定时间内是否有市场，以及采取怎样的营销策略来实现销售目标。

市场研究的主要目的包括以下 4 点。

（1）研究和预测全社会对项目产品的需求量，作为确定项目建设规模和产品方案的依据。

（2）调查产品商情，分析同类产品的市场供给量、价格及竞争对手情况等。

（3）根据预测的产品需求量和产品竞争情况，进行销售预测，初步确定拟建项目的生产规模。

（4）初步测算项目的经济效益，为进行经济评价提供依据。

市场研究的主要内容包括以下 5 点。

（1）市场调查。市场调查包括拟建项目产出物用途调查、产品现有生产能力调查、产品产量及销售量调查、替代产品调查、产品价格调查、国外市场调查等。

（2）市场需求分析。市场需求分析包括国内市场需求预测，含产品消耗的对象、产品消耗的条件，产品生产产量，产品更新周期特点、可能出现的替代产品，产品使用过程中可能产生的新用途，产品出口或进口替代分析，价格预测及定位分析。

（3）销售策略分析。销售策略分析包括销售方式，含企业自销、国家部分收购、中间商代销、批发销售等；销售措施，含促销手段、促销价格、宣传方式等；产品销售费用预测，含一般销售费用、促销费用、广告费用等的预测。

（4）竞争能力分析。根据本产品的特点及相同产品和相似产品的国内、国际市场占有率，分析产品的市场可能占有份额及其具有的竞争潜力，以及未来的技术开发趋势、经济发展趋势条件。

（5）产品销售收入预测。根据所确定产品的方案、建设规模、产出量及预测的产品价格，估算产品的销售收入，预测未来的价格趋势，制定价格策略。

2. 拟建规模

在市场需求分析与竞争对手分析的基础上，还要充分考虑项目投资者的综合能力和生产技术条件，设计出详细的项目市场营销规划，根据市场营销措施的强弱程度，确定拟建项目的市场占有率和销售规划，在此基础上，根据项目生产技术特点，确定拟建项目的产品方案及生产规模。

对工业项目来说，生产规模的确定，除了需要考虑市场供需和生产技术条件外，还必须考虑生产规模的经济性。生产规模的经济性是指随着生产规模的不断扩大，产品的单位成本越来越低的经济现象。规模的经济性要求尽可能使项目实现规模经济，即在条件允许的前提下，达到最小经济规模，实现产品单位成本的节约。这不仅可以增强项目未来的竞争能力，还可以节约国家经济资源、人力资源，因而具有宏观与微观经济意义。

企业根据市场竞争的需要，可以确定产品允许的最大单位成本额：最小经济规模是对应于最大单位成本的生产量。最小经济规模的概念实际决定了项目生产规模的下限，它适用于大多数工业部门或项目，但是对于不同类型的工业有不同的意义。最小经济规模对于具有集约经营特点的产业尤为重要，如汽车装配工业、家用电器工业、纺织工业、化工工业、冶金工业等。并且随着技术水平的进步，经济规模正在不断扩大，因此项目的建设应充分考虑实现规模经济，降低产品生产成本。

投资者的资金筹划能力实际决定了项目生产规模的上限。当投资者的资金筹划能力大于实现最小经济规模所需的投资时，可以基本保障项目产品在市场上具有成本竞争优势，投资者的资金筹措能力越小，能实现的生产规模也就越小。而当投资者的资金筹措能力小于实现最小经济规模所需的投资时，则该项目是不能建设的，如果强行建设该项目，则产品在市场竞争中处于劣势，很可能导致项目失败。

可行性研究报告中确定的项目拟建规模，应该是整个可行性研究过程中多次反复研究、评价和优化确定的合理规模。在可行性研究过程中，初次拟定的规模可能在经济上是不可行的或不能满足投资者的预期，此时需要对整个规模及相应的方案进行调整。在投资者筹资能力范围内，如果经过多次调整和优化，最终仍然难以获得在经济上可行的或满足投资者预期的方案，则证明该项目是不可行的。

（三）原材料、燃料及公用设施情况

众所周知，任何一种产品的生产，都需要有相应的原料供给，都需要消耗煤、电、油等中间产品，并且这些原材料都需要运到生产地才能从事生产活动。所以原材料、燃料及公用设施情况便是投资项目需要重点考虑的问题。

1. 原材料分析

不同类别的生产项目，所需要的原材料，半成品及备品和备件在品种、规格等方面的要求千差万别，而且任何一个建设项目的原材料需求都是多种多样的。要将一个项目所需要的全部原材料进行分析研究是不现实的，在可行性研究中，只要选择其中主要的或关键性的原材料进行分析评价就可以了。原材料研究应从以下几方面展开。

（1）技术可行性论证。对所确定的原材料在符合项目产品生产的技术要求方面作出论证。原材料物理的、化学的、机械的和生物的性能与质量，对项目生产的工艺流程、产品质量及“三废”处理等方面都将起到关键性的作用。

（2）来源可靠性分析。对所确定的原材料就其在项目服务期间能否长期稳定地供应，其可靠程度如何，资源的取得是立足于国内还是国外等方面进行分析。

（3）供应经济性论证。对如何以尽量少的费用实现项目所需的原材料的供应作出论证。供应经济性论证应该从资源价格、运输费用和加工费用等方面进行综合论证。

（4）综合利用合理性论证。即从合理利用国家资源出发，将本项目使用的资源纳入国家资源综合利用的宏观层面上来论证，要考虑个体与整体利益、短期和长期利益的协调平衡。

2. 燃料分析

燃料是项目建设与生产过程中的基本要素和重要的物质保障。对较大项目而言，其能源供应是一个非常重大的问题，往往能影响一个地区的能源供需平衡。生产建设中所需要的燃料通常有煤炭、石油和天然气等，生产建设中所需要的动力主要是电力和蒸汽，供电和供气都需要消耗大量的燃料，供水和供风也是重要的动力供应形式，如冷却通风、提供温水等，都是实际生产中必需的。

在项目的可行性研究中，对能源的选择、利用及平衡落实，都要加以充分阐明。项目投产后采用哪种燃料，应该从实际情况出发，密切结合我国的能源结构状况，因地制宜地加以合理选择。另外，在选择过程中应注重燃料使用中的平衡落实问题。同时，拟建项目必须采用节能的新技术、新工艺、新设备，以利于提高能源的直接利用率。

3. 公用设施情况分析

公用基础设施条件是指项目外部环境所提供的且原来已经具备的物质条件，公用设施主要包括供电、供水、供热、交通、通信、“三废”处理以及必要的生活设施等多项

内容。在选择原材料、燃料供应时，应该结合公用设施条件加以综合研究，较准确地估算出项目对公用设施的需求量，以便和现有设施可能供应的情况进行综合分析对比。当需要自行建设公用设施时，对由此所增加的投资费用，应在可行性研究中予以论证。

（四）厂址选择

在对拟建项目的拟建规模和资源条件进行研究后，可行性研究工作就进入项目厂址选择研究阶段。项目厂址选择的好坏直接影响项目经济效益的大小，如厂址选择不合理，运输困难，距离水源、电源远，土建工程量大，气候条件恶劣，协作条件差等，必然会增加项目投资及生产的成本。因此，厂址条件是尤其重要的生产建设条件。

一般情况下，确定某个建设项目的具体地址，需要经过建设地区选择和建设地点选择这样两个不同层次的、相互联系又相互区别的工作阶段，这两个阶段是一种递进关系。建设地区选择是指选择项目建设的地理区域，而建设地点选择则是在一定地理区域内具体确定项目的地址。

1. 建设地区选择

建设地区选择得合理与否，在很大程度上决定着拟建项目的命运，影响着工程造价的高低、建设工期的长短、建设质量的好坏，还影响到项目建成后的经营状况。因此，建设地区的选择要充分考虑各种因素的制约。

（1）国家和社会因素。要服从国民经济发展的战略规划、国家工业布局的总体规划和地区的经济发展规划，生态环境控制目标，城乡发展规划，不同地区的特殊经济和技术政策、法律等。如果选址不当，违背国家经济布局或地区开发规则，就会损害整体经济利益。

（2）经营因素。经营因素包括项目涉及的产品和相关产品的市场经营现状及其发展状况，各地区对项目产品的需求及运输条件，销售成本和劳务价格，竞争对手及其竞争力，进出口岸情况等。

（3）自然因素。自然因素包括地形、地貌、地质条件和水文条件及气候对土建工程量的影响，以及对“三废”处理的影响。

（4）劳动力因素。劳动力因素包括技术人员的来源与水平，工人的来源、技术熟练程度，地方生活水平与工资水平等。

（5）社会环境因素。社会环境因素包括公用基础设施可利用的程度、周边生活环境、协作、施工力量、风俗文化等。

在进行项目建设地区选择时，应该遵循以下几点原则。

（1）服从国家经济布局及城镇建设规则。要遵循整体规划、合理布局原则，项目选址必须符合国家经济发展规划和对外开放的需要，有利于国家资源的合理利用，有利于地区经济的综合平衡。

（2）获得最佳经济效益。在技术与经济条件满足的情况下，力求达到产、供、销的最佳组合，以获得最佳经济效益和社会效益。由于不同产业和企业的技术条件与经济状况各异，因此在考虑项目选址的影响因素时要有所侧重，尽量选择位置适中、工程量小、交通运输方便、拆迁工作量小、厂外公用设施工程量低的厂址。

（3）节约用地，避免占用耕地。在选择项目的厂址时，要注意节约用地，尽量不占用耕地，充分利用荒地、山地、空地。在考虑预留发展用地时，必须根据正式规划，结合其他条件，适当预留。在土地特别紧张的地区，就不应当安排大量侵占土地的项目。对于开发前景好的地段的土地，要有长期的统一使用规划。

（4）利于生产，方便生活。所选厂址必须有利于生产，有利于项目各种功能的充分发挥。在可能的情况下，厂址和生活区应尽量靠近现有城镇，或选择具有发展城镇的基本条件的地方，以便于职工生活和长期定居。

（5）保护环境和生态平衡，保护名胜古迹。在选择项目厂址的时候，既要考虑项目对周围环境的影响，又要考虑为保护环境所付出的代价，同时避免对生态平衡和名胜古迹的破坏。

2. 建设地点的选择

建设地点的选择是一项极为复杂且综合性很强的系统工程，它不仅涉及项目建设条件、产品生产要素、生态环境和未来产品销售等重要问题，受社会、政治、经济、国防等诸多因素的制约，而且还直接影响到项目的建设投资、建设速度和施工条件，以及未来企业的经营管理及所在地点的城乡建设规划与发展。因此，必须从国民经济和社会发展的全局出发，运用系统的观点和方法进行分析决策。一般来说，选择建设地点有以下几点要求。

（1）项目的建设应尽可能地节约土地，尽量把厂址放在荒地和不可耕种的地方，避免大量占用耕地，节省土地补偿费用。

（2）应尽量选在工程地质、水文地质条件较好的地段。土壤耐压力应满足拟建厂的要求，严防选在断层、熔岩、流沙层与可利用矿床上，以及洪水淹没区、滑坡区。厂址的地下水位应尽可能低于地下建筑物的基准面。

（3）厂区土地面积与外形能满足厂房和各种构筑物的需要，并适合按科学的工艺流程布置厂房与构筑物。

（4）厂区地形力求平坦而有坡度，一般以 5%~10% 为宜，这样可以减少平整土地的土地工程量，节约投资，又便于地面排水。

（5）应靠近铁路、公路、水路，以缩短运输距离，减少建设投资。

（6）应便于供电、供热和其他协作条件的取得。

（7）应尽量减少对环境的污染。对于排放有害气体和烟尘的项目，不能建在城市的上风口，以避免对整个城市造成污染；对于噪声大的项目，厂址应选在距离居民集中地区较远的地方，同时要设置一定宽度的绿化带，以减弱噪声的干扰。

上述条件是否满足，不仅关系到建设工程造价的高低和建设期限的长短，对项目投产后的运营情况也有很大的影响。

最后，满足以上要求的地区和厂址往往不止一个，在多方案优选过程中，要进行技术经济分析，选择经济效果最好的厂址方案。通过对厂址方案的技术经济分析比较，首先筛选掉不宜作为厂址的方案，其次通过对各方案所需建设投资的比较和生产经营成本的比较，选择投资小、成本低、经济效益好的方案。

（五）项目设计方案

项目设计就是在确定建设规模和选定厂址的基础上，分析和选择所需要的技术、设备、工艺方案、建筑物、土建工程等及其相应的费用。项目设计的思路一般是：首先，确定项目采用的技术及主要的生产工艺；其次，根据技术工艺要求确定所需设备及其布置方案；再次，依据设备运转对厂房、土建的要求以及设备布置对占地的要求确定建筑物及土建的技术参数要求和建筑面积；最后，根据生产和经营管理需要确定辅助生产设施、办公的建筑物和土建工程。项目设计一般要完成以下方面的研究工作。

1. 技术选择

可行性研究应说明项目所需要的技术，评价可供选择的各种技术的最佳组合来选择最适合的技术，这就是技术选择的含义。

最适合的技术方案并不一定是最先进的，而是指该技术方案既先进，又适合项目自身的具体情况。所以在进行项目技术选择时，必须遵循“适用性、先进性和经济性相统一”的基本原则，并注意技术的吸收、消化、配套能力的协调统一。技术的适用性是指所采用的技术具有应用的环境和条件，适合于发挥项目本身的生产能力，能取得较好的经济效益；技术的先进性主要指新发展的技术，在国际和国内具有一定领先地位的技术，也可以说是技术密集程度和知识密集程度较高的技术。然而，先进技术是相对的，在缺乏劳动力的国家，劳动力价格相对昂贵，资本密集的技术可能是适合而又经济的，但在劳动力过剩的国家，有些节约劳动的技术可能是昂贵和不必要的。所以选择技术时，要根据具体情况，使适用性、先进性、经济性三者统一起来。

通过技术选择主要解决的问题包括以下几点。

（1）确定技术的类型。判断项目是属于资本密集型、知识密集型，还是劳动密集型，不同类型的项目其技术的先进程度是不同的。

（2）技术来源。判断技术是从国外引进，还是从国内获得，还是企业自行研制。

（3）技术获得的方式。主要包括许可证交易、“交钥匙”工程、反求工程、合资经营、合作经营等方式。

（4）技术的吸收、消化及配套能力。

（5）整个项目在内部的生产力布局、工艺流程方案的确定。

（6）原材料的可得性。即按所选择的技术方案，需要的投入物应是可得的，而且是经济的。

（7）技术费用估算，包括费用支付方式和额度。

综上所述，要对不同的技术方案进行分析、比较和评价，从中选择投资少、耗能低、质量高、成本低、经济合理的技术方案。

2. 设备选择

可行性研究阶段的设备选择，应该概略说明通过使用所选择的技术达到设计的生产能力所必需的最佳机械设备组合，设备选择与技术选择是相互依存、不可分割的。设备的种类有很多，按其性质和作用可分为生产工艺设备、辅助生产设备、研究设备、服务设备。选用什么设备一般取决于生产工艺流程、生产规模以及对设备在技术、供应、经济等方面的要求。一般设备选择要解决以下关键问题。

（1）设备类型。设备类型包括生产设备、辅助设备、服务设备等的型号及主要技术参数，要符合工艺流程的要求，满足生产规模的需要。

（2）设备来源。应在若干设备生产厂家中进行对比优选。

（3）设备获得方式。是直接采购还是通过招标，或是自行研制、共同研制等方式获得。

（4）设备费用。设备费用包括费用金额及支付方式。

（5）设备组合。所选设备能否相互配套、相互衔接，设备的备品、备件是否有保障。

在考察设备时，应具体到设备的型号、性能、安装尺寸、操作人员的配置等，以使评价准确、翔实。

3. 建筑物和土建工程

主要研究建筑物与土建工程的工作量和工程量，估算建筑物的结构、层高、面积等。依据设计方案，初步选择建筑物和土建工程的承建单位与承建方式，并对其费用进行估算。

（六）环境影响评价

见本章第二节。

（七）企业组织、劳动定员和人员培训

1. 企业组织

企业组织主要包括企业的组织形式和工作制度，项目建成后的生产组织与管理机构，技术人员、管理人员、操作人员的比例和定员编制等，这些都与项目技术、工艺条件和设备的选择有关。

2. 劳动定员和人员培训

当确定了定员及编制后，应根据项目技术人员、管理人员和一般劳动力的配备要求，制订相应的国内、国外培训计划，并估算培训费用。

（八）项目实施进度

制订工程项目实施进度计划的主要目的是提高工作效率，衔接各方面的工作，有效地利用工程实施中的人力、物力和财力。项目的实施进度直接关系到项目建设的周期、资金周转和投资效益，因此理应作出周密细致的安排。根据项目技术设计方案、设备条件、施工条件、建设工期、试生产时间等，编制项目实施计划书、施工设计方案等，应用甘特图或网络计划图表达项目最佳实施计划。

（九）投资估算和资金筹措

投资估算和资金筹措包括主体工程与配套工程所需要的投资及使用计划，项目建成后生产资金的估算和安排，注册资金和流动资金的来源及其估算，债务偿还方式和投资回收期等。

投资估算和资金筹措的详细内容见第四章。

（十）经济和社会效益评价

见本章第二节。

（十一）评价与结论

1. 综合评价

综述项目研究过程中的主要方案的选择和推荐意见，综述项目实施方案的财务评价、国民经济评价、社会效益评价、环境影响评价的情况，以及不确定性因素对项目经济效益的影响，指出项目承担风险的程度，并提出减少风险的措施。

2. 最终结论

对建设项目的投资方案，从技术和经济的角度，从宏观经济效益和微观经济效益的

角度，作出比较结论，列出方案存在的问题，并提出修正建议及实施的条件。具体内容主要包括以下几点。

（1）对所推荐的拟建项目的建设条件、生产方案、工艺技术、经济效益、社会效益、环境影响等提出结论性意见。

（2）对主要的对比方案进行说明。

（3）对可行性研究中尚未解决的主要问题提出解决的办法和建议。

（4）对应作修改的主要问题进行说明，提出修改意见。

（5）对不可行的项目说明不可行的理由。

（6）对可行性研究中主要争论的问题说明讨论的结果等。

以上 11 个方面的研究内容汇编在一起，就可以组成项目可行性研究报告的主要内容。另外，在可行性研究报告中，应将有关调查研究资料及相关附图、附表、协议、合同条文等作为附件留底备查。作为可行性研究的成果表现形式和评价与决策的依据，可行性研究报告的内容因项目性质不同而有所差异。

【思考题】

1. 可行性研究的目的和作用是什么？
2. 可行性研究分几个阶段进行？每个阶段的主要内容是什么？
3. 初步可行性研究和详细可行性研究之间的关系是什么？
4. 可行性研究报告编制的依据有哪些？
5. 可行性研究报告的内容有哪些？

即测即练

【拓展案例】

企业内部“无线通”通信系统实施案例分析

某大型企业集团的财务处经过分析发现，员工手机通话量的 80% 是在企业内部员工之间进行的，而 90% 的企业内部通话者之间的距离不到 1000 米。如果能引入一项新技术降低或者免掉企业内部员工通话费，这对集团来说将能节省很大一笔费用，对集团的发展意义相当大。财务处将这个分析报告上交集团的总经理，总经理又把这个报告转给了集团信息中心主任张某，责成他拿出一个方案来实现财务处的建议。张某找到集团局域网的原集成商 A 公司，反映了集团的需求。A 公司管理层开会研究后命令项目经理沈某积极跟进，与张某保持密切联系。沈某经过调研，选中了一种基于现有无线局域网技术改进的新技术“无线通”手机通信系统，也了解到有一家山寨机厂家在生产这种新技术手机。这种手机能自动识别“无线通”、移动和联通，其中“无线通”为优先接入，经过初步试验，发现通话效果很好，因为是构建在集团现有的局域网之上，除去购买专业无线路由器和这种廉价手机之外，内部通话不用缴费。而附近其他单位听说后，也纷纷要求接入“无线通”，于是沈某准备放号并收取这些单位适当的话费。但等到“无线通”在集团内部推广时，发现信号覆盖有空白、噪声太大、高峰时段很难打进打出，更麻烦的是，当地政府的主管部门要求他们暂停使用并要对他们罚款。此时沈某骑虎难下，欲罢不能。

案例思考：

试针对本案例分析沈某在进行可行性分析时的基本内容有哪些？

资料来源：信管网 - 项目管理师专业网站，https://www.cnitpm.com/pm/10008.html.

第四章

工程项目经济评价

在中国大力推动基础建设和高质量发展的同时，工程项目的经济评价是实现可持续发展的重要支撑。对项目负责人来说，如何通过工程项目经济评价指导工程技术活动，并充分估计工程项目实施过程中的风险和不确定性情况，是他们面临的最重要的问题。学者从实践中来，结合经济理论，创造了一系列工程项目经济评价的方法，用于指导实际生产，这将有助于推动工程项目的健康发展和提高工程项目的经济效益。本章将主要梳理工程项目投资估算、成本费用核算及财务分析等内容，以期减少工程项目的经济不确定性，实现的利润最大化。

【学习目标】

1. 价值目标：通过本章的学习，学生深刻认识到，在中国大力推动基础建设和高质量发展的同时，工程项目经济评价对保障项目有序实施具有重要意义。

2. 知识目标：掌握工程项目的投资估算、成本费用核算、财务评价的方法。

3. 能力目标：掌握不同工程项目经济评价的内容的不同。

【引导案例】

全生命周期视角下X集团公司投资项目管理体系创新

X集团是西部地区重要的交通运输企业之一，隶属于X集团的XN工务段，成立于1958年10月1日，是X集团三个工务站段之一，主要从事铁路线路养护、维修，现已具备良好的投资项目管理体系基础且投资项目覆盖范围广泛。在2021年5月9日下午的一次项目例行检查中，XN工务段的总会助理张科长在视察L路段增设明洞工程时发现，虽然工务段建立了投资项目管理体系，但是由于事前决策偏差、项目实施进度普遍延后，管理效率不高等问题造成了许多不必要的资源浪费，投资项目决策、控制和评价等环节相对孤立、脱节，增加成本的同时无疑也加大了风险发生的概率，因此如何健全和完善投资项目管理体系成了 XN 工务段亟须解决的重要问题。

经过周密的思考，公司内部发现：目前铁路企业的投资项目在事前决策时过度关注现净值（net present value，NPV）等经济效益指标，而 X 集团地处西部地区，而且是国铁重点企业之一，很多具有重要社会效益和战略意义的投资项目经常被放弃或延后，导致作出错误的决策。同时发现项目管理体系的各个环节联系不够紧密。需要在投资项目事前、事中、事后各个环节进行持续优化。

为了解决这个问题，公司引入了全生命周期管理理论，建立了一个投资项目动态管理体系，结合公司经营管理的实际需要，整合性地应用管理会计工具，构建投资项目事前决策体系、事中控制体系以及事后评价体系，进而达到提升企业经济效益的目的。针对各个具体的环节，事前决策环节以全生命周期的视角为可行性分析提供参考。事中控制环节可以引入管理会计工具方法——挣值法，弥补当前的管理方法不能对项目进行动态控制的缺陷，全面评价工程项目的成本、进度，及时纠正投资项目执行过程中发生的偏差，以达到资源合理配置、经济效益有效提升的目的。投资项目事后评价阶段，可以在项目的后期使用、维护及拆除环节运用相关评价方法对投资项目进行事后评价，满足公司提升投资项目价值的目标。

通过构建投资项目动态管理体系，提高了投资项目运营绩效水平，增加了投资项目社会价值与经济效益，也为铁路企业投资项目管理提供了理论支撑。X 集团公司“大胆改革，小心求证”的精神值得更多的企业学习。

案例思考：

X 集团在面对投资项目管理上的挫折时，是如何完成自我突破的呢？

案例来源：百优案例库《全生命周期视角下 X 集团公司投资项目管理体系创新》。

拓展视频

重大工程加快建设 推动经济稳健开局

第一节　工程项目投资估算

一、工程项目投资估算理论与方法

（一）工程技术建设投资估算

在生产经营之前，需要首先对工程技术建设投资金额进行估算，然后进行筹资。常见的估算方法有生产能力指数估算法、比例估算法、单元指标估算法和建设投资分类估算法。

（1）生产能力指数估算法是基于已经建成的，性质类似的建设项目的投资额和生产能力，以及拟建设的生产项目的生产能力来估算项目的投资额。这种方法简单快速，但是需要了解已建成的类似项目和拟建项目的详细信息，否则会出现较大的偏误。计算公式如下：

$$C_2 = C_1\left(\frac{Q_2}{Q_1}\right)^n f \tag{4.1}$$

式中，C_1 表示已建成的类似项目的投资额；C_2 表示拟建项目的投资额；Q_1 表示已建成的类似项目的生产能力；Q_2 表示拟建项目的生产能力；n 表示生产能力指数；f 表示随着时间和地点的定额、单位、费用变更的综合调整系数。

其中 n 的取值和 $\frac{Q_2}{Q_1}$ 的比值有关。如果 $\frac{Q_2}{Q_1}$ 的值为 0.5~2，那么 n 的取值近似为 1；如果 Q_1 和 Q_2 的比值相差在 50 倍之内，且通过增加设备规模就可以扩大项目规模，则 n 的取值为 0.6~0.7；如果 Q_1 和 Q_2 的比值相差在 50 倍之内，且通过增加相同规模设备数量可以达到扩大项目规模的目的，则 n 取值为 0.8~0.9。

（2）比例估算法主要是以拟建项目为基数，根据已建成的同类项目的建筑安装工程费和其他工程费占设备价值的百分比，求出相应的建筑安装工程费和其他工程费。

（3）单元指标估算法主要用于建筑项目中，通过估算每个单元的建设投资额，从而得到项目的整个投资额。其计算公式如下：

$$\text{项目投资额} = \text{单元指标} \times \text{民用建筑功能} \times \text{物价浮动指数} \tag{4.2}$$

（4）建设投资分类估算法主要是按照综合估算框架，根据建设投资的一般工作分解结构，自上而下、分类分层地进行估算。分别估算设备购置费、工器具投资、建筑安装工程投资、工程建设其他投资、基本预备费、涨价预备费等。

（二）工程技术建设期利息估算

工程技术项目建设期利息估算，需要根据项目进度计划，提出建设投资分年计划，列出各年投资额。一般为了简化计算，假定借款均发生在年中，借款按照半年计息，其余各年份按照全年计息。计算公式为

$$\text{各年应计利息}=\left(\text{年初借款本息累计}+\frac{\text{本年借款额}}{2}\right)\times\text{有效年利率} \tag{4.3}$$

工程项目建设期发生的利息包括银行借款，其他机构借款、债券等债务利息，以及由此产生的手续费、承诺费、信贷保险费等财务费用。在工程项目建设期发生的利息需要在项目实施后计入固定资产中，实现资本化利息。当工程项目使用自有资金按期支付利息时，采用单利来计算利息。当建设期不能支付利息时，应采用复利来进行计算。对于分期建成投产的项目，需要按照各期实际投产时间分别停止利息资本化，此后发生的利息需要计入总成本费用。

二、工程项目融资方案设计

（一）融资主体与资金来源

融资主体是指融资活动中承担融资责任和风险的项目法人单位。对工程项目而言，常见的融资主体包括既有项目法人融资和新设项目法人融资。既有项目法人融资是指以现有项目的法人作为项目的发起人和融资人。一般而言是项目背后的整个企业，因此是以企业信用来进行融资的，以整个企业的收益作为担保，债权人对于企业法人具有完全的追偿权。新设项目法人融资是将项目作为一个单独的整体，新设具有独立法人资格的公司，以项目的期望收益作为担保来进行融资，债权人仅仅享有项目本身的追偿权，不涉及其他。

一般而言，资金主要来源于内源融资和外源融资。内源融资可以通过货币资金、资产变现、工程项目产权转让、直接使用非现金资产来提供投资。外源融资一般渠道较多，包括：中央和地方政府可用于项目建设的财政性资金；商业银行和政策性银行的信贷资金；证券市场的资金；非银行金融机构的资金；国际金融机构的信贷资金；外国政府提供的信贷资金、赠款；企业团体和个人可用于项目建设投资的资金；外国公司或个人直接投资的资金等。应该根据外部资金的可靠性、融资成本和融资风险来选择外部的融资渠道。

（二）资本金和债务资金筹措

对工程项目而言，筹资渠道主要有两大类：一类是来自投资者的资本金筹资，另一

类是债务资金筹措。资本金筹资的主要方法包括吸收直接投资、发行股票、发行可转换公司债券等。

吸收直接投资是指工程项目按照“共同投资、共同经营、共担风险、共享利润”的原则来吸收国家、法人、个人、外商投入资金的一种筹资方式。按照投资主体可以划分为国家资本金、法人资本金、个人资本金和外商资本金。国家资本金投资在国有建设项目、市政建设项目中普遍采用，其资产的运用和处置受到国家的严格约束，其目的是进行社会主义现代化建设，保证民生和国家安全。法人资本金一般出资方式比较灵活，包括公司现有现金、未来生产经营中获得的可以用于投资的资金，资产变现、增资扩股吸收的资金等，可以参与项目投产后的利润分配。个人资本金一般出资规模比较小，参与人数比较多，进行的投资一般为长期投资，因此较为关注项目的运营结果。外商资本金是由国外投资形成的，政策限制条件一般比较复杂。

股份公司可以通过发行股票来筹集资金。股票是一种证明出资人所持股份的有价证券。按照股东的权利和义务，可以分为普通股和优先股。优先股股息享有固定的数额和比率，一般高于银行贷款利息。但是优先股拥有者一般不参与公司的红利分配，没有表决权，也不参与经营管理。在公司破产后，其偿还的顺序在负债之后，在普通股之前。优先股一般是公司为了不影响普通股股东对公司的控制权，又不愿意增加公司负债率所采取的一种资本金筹资方法。普通股的股息与公司经营状况有关，随着经营状况的好坏进行波动。其拥有者参与公司的红利分配，具有表决权，参与经营管理。破产清偿顺序排在最后。

可转换公司债券给予了债券持有者未来的选择权。债券拥有者可以选择到期时是进行还本付息还是转换为公司股票。由于可转换债券拥有转股权，因此利率一般低于普通工程项目的债券利率，但是可转换债券可能会造成股权的分散。可转换债券在未转成股票时应该视为项目债务资本金，在转换成股票后应该视为项目资本金。常见的可转换公司债券根据所赋予的权利的不同，可分为可赎回债券和可回购债券。

债务资金可以通过银行贷款、发行债券、融资租赁和国外债务融资等方式进行筹措。根据提供贷款的机构不同，银行贷款可以分为商业银行贷款和政策性银行贷款。商业银行贷款主要是获得短期和中长期贷款，手续较为简单，成本较低。政策性银行贷款主要是对有关的政策性项目提供的贷款，一般期限比较长，利率比较低。我国有三大政策性银行，分别是国家开发银行、中国进出口银行、农业发展银行、均直属国务院。

公司债券是工程项目以自身的财务状况和信用条件为基础，按照一定的条件和程序发行的，约定在一定期限内还本付息的债券。债券所有人拥有获得利息、收回本金的权利。

融资租赁，一般是指出租人根据承租人（用户）的请求，与第三方（供货商）订立供货合同，根据此合同，出租人出资向供货商购买承租人选定的设备。与此同时，出租人与承租人订立一项租赁合同，将设备出租给承租人，并向承租人收取一定的租金。一般来讲，融资租赁所得固定资产属于工程项目资产。

国外债务融资，主要是通过国际银行贷款、国外政府贷款、国际金融机构贷款、出口信贷等方式来获得资金。

（三）融资方案设计与优化

为了实现利润最大化，工程项目需要对融资途径、融资数量、融资时间、融资成本、融资风险和融资渠道进行评价和选择，从而确定最佳的资金来源结构。其中资本成本是指为筹措和使用资本而付出的代价，它由资本使用成本和资本筹集成本构成。使用成本是指需要支付给资金所有者的报酬。筹集成本是指在资金筹措过程中发生的费用，如银行手续费、证券发行费等。

由于受到多种因素的制约，工程项目可能采用多种筹资方式，可以采用加权平均的方式来确定资本成本。具体而言，是以各种资本所占全部资本的比重为权数，对各种资本成本进行加权平均，其计算公式为

$$K = \sum_{n}^{j} W_j K_j \tag{4.4}$$

式中，K 表示加权平均资本成本；W_j 表示第 j 种资本占资本总和比重；K_j 表示第 j 种资本的成本。

最佳资本结构是指工程项目在一定时期内加权平均资本成本最低，同时使得工程项目价值最大的资本结构。资本结构理论表明，工程项目加权平均资本成本最低时的资本结构与工程项目价值最大时的资本结构是一致的，因此可以通过衡量工程项目的加权平均资本成本来确定最佳的资本结构。

【例 4.1】 某工程项目有三种筹资方案可以选择，见表 4-1。

表 4-1　某工程项目的筹资方案

筹资方式	方案 1		方案 2		方案 3	
	筹资额 / 万元	资金成本 /%	筹资额 / 万元	资金成本 /%	筹资额 / 万元	资金成本 /%
长期借款	200	4	150	6	250	3.5
发行债券	100	6	150	8	100	6
优先股	100	10	50	10	50	10
普通股	100	12	150	12	100	12
合计	500		500		500	

计算各种筹资方式占筹资的比重：

方案 1：长期借款 200/500=0.4；发行债券 100/500=0.2；优先股 100/500=0.2 普通股 100/500=0.2。

方案 2：长期借款 150/500=0.3；发行债券 150/500=0.3；优先股 50/500=0.1；普通股 150/500=0.3。

方案 3：长期借款 250/500=0.5；发行债券 100/500=0.2；优先股 50/500=0.1；普通股 100/500=0.2。

计算加权平均资本成本：

方案 1：0.4×4%+0.2×6%+0.2×10%+0.2×12%=7.2%；

方案 2：0.3×6%+0.3×8%+0.1×10%+0.3×12%=8.8%；

方案 3：0.5×3.5%+0.2×6%+0.1×10%+0.2×12%=6.35%。

结论：方案 3 的加权平均成本最低，为最佳资本结构，是最好的筹资方案。

第二节　工程项目成本费用核算

一、工程项目收入预估

（一）项目计算期的营业收入估算

营业收入是指项目生产运营过程中通过销售产品或者提供服务所得到的收入。营业收入一般直接影响工程项目的经济效应。营业收入主要包括主营业务收入和其他业务收入。主营业务收入是指工程项目经常性的、主要的业务所产生的收入。营业收入的计算如下：

$$营业收入 = 产品销售量（或服务量）\times 产品单价（或服务单价） \tag{4.5}$$

在估算工程项目营业收入的时候常常假定当期的产出（扣除自用量之后）全部售出。主副产品（或不同等级的产品）的销售收入全部计入营业收入，其中行业的产品成品率按照行业习惯或者规定，对于提供不同类型服务所得到的收入也应计入营业收入。

其他业务收入是指工程项目除主营业务收入外的其他业务收入，一般其他业务收入在工程项目收入中所占的比重较小。工程项目其他业务收入包括材料物资及包装物销售、无形资产使用权实施许可、固定资产出租、包装物出租、运输、废旧物资出售收入等。

【例 4.2】对 A 公司而言，主营业务为销售运动器械，2020 年共销售 1000 件运动器械，单价为 1000 元。同时该公司还进行了房地产投资活动，2020 年共收入 100 万元，请计算该公司的主营业务收入和其他业务收入。

从题目中来看，由于该公司的主营业务是销售运动器械，因此主营业务收入为100万元。房地产投资活动所产生的收入属于其他业务收入，共100万元。

（二）项目补贴收入估算

项目的补贴收入，主要是按规定应收取的政策性亏损补贴和其他补贴，一般将其作为工程项目的非正常利润处理，需要按照相关规定合理估算，记作补贴收入。项目补贴收入仅包括与收入相关的政府补贴，与资产相关的政府补贴是指企业取得的，用于购建或者其他形式形成长期资产的政府补贴。

项目补贴收入属于营业收入的一种，是工程项目按规定实际收到包括退还增值税的补贴收入，以及按销量或工作量等和国家规定的补助定额计算并按期给予的定额补贴。政府在项目运营期给予一定数额的财政补助，以维持正常运营，使投资者能获得合理的投资收益。收到补贴收入的项目有常见的某些经营性的公益事业和基础设施投资项目，如城市轨道交通项目、垃圾处理项目和污水处理项目等。增值税返还是一种常见的项目补贴收入，是政府按照国家有关规定采取先征后返（退）、即征即退等办法向企业返还的税款，属于以税收优惠形式给予的一种政府补助，其实质是一种特定方式的免税或减免规定。

（三）利润及利润分配估算

利润总额是指工程项目在一定时间内生产经营活动产生的财务成果，可用来评价工程项目在一个周期内的生产经营状态。计算公式为

$$利润总额=营业利润+投资净收益+补贴收入+营业外收支 \tag{4.6}$$

对工程项目进行利润估算时，常常假定其不发生其他业务利润，也不考虑投资净收益、补贴收入、营业外收支，主要考虑主营业务收入。其计算公式为

$$利润总额=主营业务收入-营业税收及附加-总成本费用 \tag{4.7}$$

当企业取得利润后，应当首先向国家缴纳工程项目所得税。根据《中华人民共和国企业所得税法》的相关规定，在中华人民共和国境内，企业和其他取得收入的组织为企业所得税的纳税人，依法规定缴纳企业所得税。一般而言，按照利润总额作为企业应纳税所得额，但是对于一些国家重点扶持和鼓励发展的产业和项目，如从事农、林、牧、渔业项目的所得，从事国家重点扶持的公共基础设施项目投资经营的所得，从事符合条件的环境保护、节能节水项目的所得，符合条件的小型微利工程项目所得，国家需要重点扶持的高新技术工程项目所得，进行所得税的减免。企业总利润扣除所得税之后的差额被称为净利润。在工程项目中，净利润一般按照如下顺序（见表4-2）进行分配。

表 4-2　净利润分配顺序

分配顺序	分配内容	具 体 做 法
1	弥补以前年度亏损	公司法定公积金不足以弥补以前年度亏损的，在依照规定提取法定公积金之前，应当先用当年利润弥补亏损
2	提取法定盈余公积金和任意盈余公积金	法定盈余公积金可用于弥补亏损、扩大公司生产经营或转增资本，按照可供分配净利润的 10% 提取（达到注册资本的 50%，可以不再提取），任意盈余公积金根据公司章程或者董事会决议按比例提取，可以用来调整利润波动，适应公司经营管理
3	提取法定公益金	按照可供分配利润的 5% 来进行提取
4	向投资者分配利润	可综合之前的未分配利润向投资者分配利润，需要得到股东大会的批准
5	未分配利润	是可供分配利润减去法定盈余公积金、公益金和应付利润的剩余，可用于公司未来的发展

二、工程项目成本费用估算

（一）项目成本估算

项目成本是指项目运行经营期中所支出的各项费用。根据《企业会计制度》的第六章第九十九条规定：费用，是指公司为销售商品、提供劳务等日常活动所发生的经济利益的流出；成本，是指公司为生产产品、提供劳务而发生的各种耗费。在工程项目中，成本费用的计算一般如表 4-3 所示。

表 4-3　成本费用的组成

<table>
<tr><td rowspan="6">总成本费用</td><td colspan="2">折旧费、摊销费</td></tr>
<tr><td colspan="2">财务费用（利息支出）</td></tr>
<tr><td rowspan="4">经营成本</td><td>外购原材料、燃料和动力费</td></tr>
<tr><td>工资及福利费</td></tr>
<tr><td>修理费</td></tr>
<tr><td>其他费用</td></tr>
</table>

其中，折旧费是所有指固定资产的折旧费用；摊销费是指无形资产和递延资产的摊销费用。其他费用是指制造费用、管理费用和销售费用中不包含上述费用的统称，包括其他制造费用、管理费用和消费费用。一般企业还包括计提折旧费。对采掘、采伐企业而言，一般按照生产产品数量计提的固定资产更新和技术改造资金叫作维简费。计提维简费的企业不再计提折旧费。

在工程经济中，常见的成本概念除了上述的总成本费用外，还包括经营成本、机会成本、沉没成本和边际成本。其中经营成本是指在外购原材料、燃料和动力费、工资及福利费、修理费和其他费用的总和。机会成本是指在将稀缺资源运用到其他方面可获得最大回报的项目上的收益。沉没成本是指目前已经花费、无法改变的成本。边际成本是指单位产量增加时所花费的成本。

在工程项目中，常见的固定资产折旧的方法有平均年限法、工作量法和加速折旧法。平均年限法是指每年按照固定的折旧比率进行折旧。其中残值率一般为3%~5%，根据固定资产的不同，法定折旧年限不同。其计算公式为

年折旧率 =（1– 预计净残值）×100%/ 折旧年限　　（4.8）

年折旧额 = 年折旧率 × 固定资产原值　　（4.9）

工作量法常用于按行驶里程计算的交通运输行业或者按照工作小时计算的大型专用设备。其计算公式为

单位折旧费 =（原值 – 残值）/ 规定工作小时（里程）　　（4.10）

年折旧费 = 单位折旧费 × 年工作小时（里程）　　（4.11）

加速折旧法一般在初期计提的折旧较多，在后期计提的折旧较少，常见的有双倍余额递减法和年数总和法。双倍余额递减法是指在初始折旧年到最后两年，采用固定的折旧费率进行折旧，最后两年采用直线法进行折旧，即采取固定的折旧费率，每年的期初净值不同。其计算公式为

初始折旧年到最后两年的年折旧费 =2×100%/ 折旧年限　　（4.12）

年数总和法是指每年的折旧费率不同，应提折旧额不变，为原值减去残值。其计算公式为

每年的折旧费率 = 剩余可使用的年份 / 年数总和　　（4.13）

【例 4.3】某工程项目固定资产原值为 56000 元，残值为 6000 元，折旧年限为 5 年，采用年数总和法，每年的折旧费率如表 4-4 所示。

表 4-4　某工程项目每年的折旧费率

折旧年份	应提折旧额 / 元	折旧费率 /%
第 1 年	56000~6000	5/15
第 2 年	56000~6000	4/15
第 3 年	56000~6000	3/15
第 4 年	56000~6000	2/15
第 5 年	56000~6000	1/15

（二）相关税费估算

税费是指工程项目发生的除工程项目所得税和允许抵扣的增值税以外的各项税金及

其附加。其目的是促进社会的再分配。在工程项目分析中，常见的税费包括增值税、消费税、资源税、营业税、城乡维护建设费与教育附加费、所得税等。

增值税是指由于商品新增价值所缴纳的税款。计算公式为

$$增值税应纳税额 = 销项税 - 进项税 \tag{4.14}$$

消费税是指对特定的商品所缴纳的税额。常见的是对烟酒和化妆品进行征收，按照商品的不同缴纳的消费税也不同。资源税是指在我国境内开采矿物制品或者生产盐的单位和个人所缴纳的税款。营业税是指在我国从事经营活动的单位和个人就其营业额所征收的税款，一般为5%~20%。对于幼儿园、养老院或者其他一些非营利机构不征收营业税。城市维护建设费以实际缴纳的增值税、消费税税额为计税依据来进行征收，一般税率为1%~7%，其目的是进行城市建设维护。对于所有缴纳消费、营业税和增值税的个体都为教育费附加的缴纳个体，教育费附加一般税率为3%，其目的是发展地方教育。所得税是指工程项目获得利润后，需要向国家缴纳的税款，计算公式为

$$所得税应纳税额 = 利润总额 \times 税率 \tag{4.15}$$

在工程项目中，相关税率计提完毕后，就可以进行利润的分配。

（三）借款还本付息估算

在工程项目成本费用中，需要考虑财务费用，即利息支出。从1982年开始，我国建设项目贷款利息需要考虑资金的时间成本，即按照复利来进行计算。贷款利息一般可以分为建设期贷款利息和还款期利息两个部分。建设期贷款利息的计算与是否一次贷出和支付利息的时间有关。对于还款期的贷款利息以当年年初所欠本金为计算基础，一般假设在年末偿还利息。设建设期贷款总额为P，实际利息率为i，如果贷款在年初一次性贷出，并且利率固定，则建设期贷款利息为

$$I = P(1+i_{实际})^n - 1 \tag{4.16}$$

还本付息总额为

$$F = P(1+i_{实际})^n \tag{4.17}$$

如果贷款分年均衡发放，一般假设贷款时间发生在年中，建设期每年的利息为

$$q = (P_{n-1} + \frac{1}{2}A_n)i \tag{4.18}$$

式中，q是建设期第n年的贷款利息额；P_{n-1}是建设期第$n-1$年年末的贷款本利和；A_n是建设期第n年的贷款金额；i是年利率。

当总贷款分年发放且在建设期各年年初支付利息时，建设期利息计算公式为

$$I = (P_{t-1} + A_t)i_{实际} \tag{4.19}$$

【例4.4】某项目贷款金额700万元，分两年投入。第一年投入500万元，第二年投入200万元。若年利率为6%，则每年的利息各为多少？

第一年利息：500×6%/2=15（万元）。

第二年利息：[(500+15)+(200/2)]×6%=36.9（万元）。

三、工程项目经济费用效益分析

（一）费用与效益内涵

国民经济评价以实现社会资源的最优化配置，促使国民收入最大化为目标。国民经济效益分为直接效益和间接效益，费用分为直接费用和间接费用。将直接效益和直接费用称为内部效果，将间接效益和间接费用称为外部效果。

直接效益是指投入物所产生并在项目范围内的经济效益，一般采用影子价格来进行计算。直接效益包括项目直接增加销售量和劳动量所获得的收益；为社会节约的开支、减少的损失和节省的资源。直接费用包括项目本身的直接投资和生产物料投入，以及其他直接支出。项目产生的负效益亦统一划为费用，不能用货币量化的负效益可以用文字进行定性分析。

间接效益和间接费用反映了项目本身的外部性。间接效益是指项目对社会作出的贡献，是项目本身并未得益的那部分效益。例如，兴建大型水利工程，该项目除发电外，对当地农田灌溉、农产品加工、防洪、养鱼业和旅游业带来的好处。一般地区间的效益转移，从国家的角度来看可以不计。间接费用是指国民经济为项目付出的代价，而项目本身并不实际支付的费用，是由项目引起的外部费用。例如，环境污染及生态平衡破坏所需治理的费用和配套与附属工程等相关项目所需的投资支出和其他费用。

在费用和效益衡量过程中，需要采用影子价格，这是由于市场价格往往不能真实地反映项目的实际收益。影子价格能够反映投入物和产出物的真实经济价值，反映市场供求状况，反映资源稀缺程度。影子价格的确定依赖于国家经济增长的目标和资源的可获得性。如果某项资源数量稀缺，用途广泛，其影子价格就会升高；如果某项资源供给多，需求少，那么影子价格就会下降。按照投入物和产出物的不同，影子价格分为市场定价货物的影子价格、政府调控价格货物的影子价格和特殊投入物的影子价格。

（二）经济费用效益分析的参数和报表

国民经济评价参数是国民经济评价的基本判断准则，常见的国民经济评价参数包括社会折现率和影子汇率等。社会折现率是衡量资金的时间价值的重要参数，反映了社会资金被占用应该获得的最低成本。社会折现率的测算方法主要有两种：一种是基于资本的机会成本；另一种是基于社会实践偏好率，两者在实践中经常被综合采用。社会折现率可用于间接调控投资规模，当需要缩小投资规模时，可以提高社会折现率；当需要扩大投资规模时，可以降低社会折现率。

影子汇率指两国货币实际购买力的比价关系，即外汇的影子价格。在国民经济评价中，影子汇率通过影子汇率换算系数来计算。影子汇率换算系数是指影子汇率与国家外汇牌价的比值，由国家统一测定和发布。目前我国的影子汇率换算系数取值为1.08。

国内投资国民经济效益费用流量表（表4-5）和项目国民经济效益费用流量表（表4-6）是国民经济评价的基本报表。国民经济效益费用流量表一般是在项目财务评价的基础上进行调整和编制，有些工程项目也可以直接编制。在编制过程中需要注意对于涉及工程项目的各种费用、收入需要通过影子价格进行调整；当涉及外汇时需要采用影子汇率进行调整；对于应收、应付款及现金等没有涉及国民经济流动的部分，需要剔除。

表4-5　国内投资国民经济效益费用流量表

序号	项　目	计算期					
		1	2	3	4	5	6
1	效益流量						
1.1	销售收入						
1.2	回收固定资产余值						
1.3	回收流动资金						
1.4	项目间接效益						
2	费用流量						
2.1	建设投资中国内资金						
2.2	流动资金中国内资金						
2.3	经营费用						
2.4	流到国外的资金						
2.4.1	国外借款本金偿还						
2.4.2	国外借款利息支付						
2.4.3	其他						
2.5	项目间接费用						
3	国内投资净效益流量						

表 4-6　项目国民经济效益费用流量表

序号	项　目	计算期					
		1	2	3	4	5	6
1	效益流量						
1.1	销售收入						
1.2	回收固定资产余值						
1.3	回收流动资金						
1.4	项目间接效益						
2	费用流量						
2.1	建设投资						
2.2	流动资金						
2.3	经营费用						
2.4	项目间接费用						
3	净效益流量						

（三）经济效益分析指标

经济费用效益评价是从国家的角度，分析工程项目对实现国家经济发展战略目标及对社会福利的实际贡献。它除了考虑项目的直接经济效果外，还要考虑项目对社会的全面费用效益状况。与企业经济评价不同，它将工资、利息、税金作为国家收益，采用社会价格作为产品价格，社会贴现率作为项目贴现率。常见的需要进行经济效益分析的工程项目有：①自然垄断项目，如电力、电信、交通等行业项目，存在规模效益递增的产业特征；②公共产品项目，即项目提供的产品或服务可以被共同消费，具有“消费的非排他性”和“消费的非竞争性”；③外部效果显著的项目；④涉及资源开发与国家经济安全的项目；⑤受到行政干预的项目。

第三节　工程项目中的财务分析

一、财务分析概念与价格体系

财务分析又叫作财务报表分析，是以会计核算和报表资料及其他相关资料为依据，采用一系列专门的分析技术和方法，对公司等经济组织过去和现在有关筹资活动、投资活动、经营活动、分配活动的盈利能力、营运能力、偿债能力和增长能力状况等进行分析与评价的经济管理活动。它帮助工程项目评价过去的经营业绩，衡量现在的财务状况，预测未来的发展趋势。

常见的分析内容包括偿债能力分析、营运能力分析、盈利能力分析和现金流量分析。涉及的财务报表有现金流量表、资产负债表、损益表。偿债能力分析是指对工程项目可以按时偿还债务的能力的分析。营运能力分析是指对工程项目所运用的资产进行全面的分析，提高各类资金的使用效率。盈利能力分析，是通过对资产、负债、所有者权益和经营成果进行综合判断，来分析工程项目的盈利能力。现金流量分析是指对项目筹资、建设、投产运行到关闭整修的周期内，现金流出和流入的全部资金活动的分析，对资金的来龙去脉、融资能力和财务弹性进行分析。四者相辅相成，共同构成了财务分析的框架。

在财务分析中，常见的价格体系包括固定价格体系、实价价格体系、时价价格体系。与此对应的三种价格，即基价、实价和时价。

基价是工程项目评价中进行投资估算和确定各种预测价格的基础。以基年价格表示，不考虑其后价格的变动，也称为固定价格。

实价以基价为基础，只考虑相对价格变动。计算公式为

$$P_m = P_b \times (1+r_1) \times (1+r_2) \times \cdots \times (1+r_n) \tag{4.20}$$

式中，P_m 表示时价；P_b 表示基价；r_n 表示第 n 年的相对物价变动率。

时价需要考虑相对价格变动的影响和物价总水平的影响。其计算公式为

$$P_{cn} = P_b \times (1+C_1) \times (1+C_2) \times \cdots \times (1+C_n) \tag{4.21}$$

$$C_n = (1+r_n) \times (1+f_n) - 1 \tag{4.22}$$

式中，C_n 表示第 n 年的时价变动率；P_b 表示基价；f_n 表示物价总水平变动率。

在进行工程项目财务盈利能力分析时，为了消除通货膨胀等因素的影响，采用实价来进行计算，即不考虑物价总体水平的因素。在进行建设项目偿债能力分析时，采用时价来进行计算。

二、财务分析指标与方法

（一）财务盈利能力分析

工程项目财务盈利能力分析反映了工程项目获取利润、实现资产增值的能力，常见的指标有静态投资回收期、动态投资回收期、投资收益率、投资利税率、资本金利润

率、净现值、净现值率、净年值、净终值、内部收益率等。

1. 静态投资回收期

投资回收期是指工程项目投产后获得的收益总额达到该投资项目的投资总额所需要的时间（年限），是反映项目投资回收能力和盈利能力的重要指标。投资回收期根据是否考虑资金的时间价值分为静态投资回收期和动态投资回收期。其中，静态投资回收期的计算公式为

$$\sum_{t=0}^{P_t}(C_I-C_O)_t=0 \tag{4.23}$$

式中，P_t表示投资回收期；P表示全部投资；A表示等额年收益或年平均净收益，$(C_I-C_O)_t$表示现金流出量。设基准投资回收期为P_c，如果$P_t\leqslant P_c$，则表示项目可以接受，如果$P_t>P_c$，则表示无法接受该项目。针对基准投资回收期一般可以按照以往的项目经验和行业标准来进行设定。

2. 动态投资回收期

动态投资回收期相较于静态投资回收期需要考虑资金的时间价值，即在考虑资金时间价值的条件下按照设定的利率收回全部投资所需要的时间。其计算公式为

$$\sum_{t=0}^{t_c^P}(C_I-C_O)_t\times(1+i_c)^{-t}=0 \tag{4.24}$$

式中，t^P表示动态投资回收期。由于考虑到了资金的时间价值，因此一般动态投资回收期大于静态投资回收期。在投资回收期时间不长和折现率不高的情况下，两者相差不会太大。

3. 投资收益率

$$\text{投资收益率}（R）=\frac{A}{P}\times100\% \tag{4.25}$$

式中，R表示投资收益率；P表示项目总投资；A表示项目达产后正常年份的净收益或者年平均净收益额。

设基准投资收益率为i_c，如果$R>i_c$，则表示该项目可以接受，如果$R\leqslant i_c$，则表示无法接受该项目。基准投资收益率一般可以按照以往的项目经验和行业标准来进行设定。基准投资收益率反映了资金的机会成本。一般而言，投资收益率指标与项目的投资回收期指标互为倒数关系。

4. 投资利税率

投资利税率是指项目达到正常生产年份的年利税总额或者生产期年平均利税总额与项目总投资的比率。

$$投资利税率=\frac{年利税总额或年平均利税总额}{项目总投资}\times 100\% \quad (4.26)$$

将投资利税率与有关部门或者行业平均进行相比，以判断项目的盈利能力是否达到了本行业的平均水平。

5. 资本金利润率

资本金利润率是指项目达到正常生产年份的年利润总额或者生产期年平均利润总额与项目资本金的比率。

$$资本金利润率=\frac{年利润总额或年平均利润总额}{资本金}\times 100\% \quad (4.27)$$

将资本金利润率与有关部门或者行业平均进行比较，以判断项目的盈利能力是否达到本行业的平均水平。

6. 净现值

净现值是根据项目方案的期望基准收益，将项目计算期内的现金流量折算到基准年份的所有现值的代数和。

$$\mathrm{NPV}=\sum_{t=0}^{n}(C_I-C_O)_t\times(1+i_c)^{-t} \quad (4.28)$$

式中，NPV 表示净现值；$(C_I-C_O)_t$ 表示第 t 年的现金流入量减去第 t 年的现金流出量；i_c 表示基准收益率；n 表示项目计算期。

当 NPV 为 0 时，说明方案正好满足预定的收益率；当 NPV 为负值时，表示达不到预定的收益率，但并不说明项目亏损（此时项目的收益率可能依旧为正）；当 NPV 为正值时，表示项目在达到预期的收益率外，还有超额收益率。

7. 净现值率

净现值率一般作为净现值的补充指标，用来刻画资金的利用效率，是方案净现值和其投资现值的比值，反映了单位投资现值所取得的净现值额。净现值率越大，表示该方案的经济性越好。

$$\mathrm{NPVR}=\frac{\mathrm{NPV}}{K_p}=\frac{\sum_{t=0}^{n}(C_I-C_O)_t(1+i_c)^{-t}}{\sum_{t=0}^{n}k_t(1+i_c)^{-t}} \quad (4.29)$$

式中，NPVR 表示净现值率；K_p 表示项目总投资限制。

8. 净年值

净年值是将方案计算期内的净现金流量，通过基准收益率折算成与其等值的各年年

末等额支付的序列，计算公式为

$$\mathrm{NAV}=\mathrm{NPV}(A/P,\ i_c,\ n)=\sum_{t=0}^{n}(C_I-C_O)_t\times(1+i_c)^{-t}(A/P,\ i_c,\ n) \tag{4.30}$$

式中，NAV 表示净年值。当 $\mathrm{NAV}\geqslant 0$ 时，表示项目可以接受，$\mathrm{NAV}<0$ 时，表示项目应该予以拒绝。在计算过程中可以先计算方案计算期内的净现值，再使用资金的时间价格公式将其折算到各年。

9. 净终值

净终值是将方案计算期内的净现金流量，通过基准收益率折算成未来某点的终值代数和，计算公式为

$$\mathrm{NFV}=\mathrm{NPV}(F/P,\ i_c,\ n)=\sum_{t=0}^{n}(C_I-C_O)_t\times(1+i_c)^{-t}(F/P,\ i_c,\ n) \tag{4.31}$$

式中，NFV 表示净终值。当 $\mathrm{NFV}\geqslant 0$ 时，表示项目可以接受，$\mathrm{NFV}<0$ 时，表示项目应该予以拒绝。在计算过程中可以先计算方案计算期内的净现值，再使用基准收益率折算成未来某点的终值。在实际学习过程中，净现值、净年值和净终值指标具有统一性，其中净现值在项目的经济评价中更常用。

10. 内部收益率

内部收益率（IRR）是项目盈利能力评价的重要指标。它是指在项目的整个计算期内各年净现金流量现值代数和等于 0（或者净年值等于 0）时的折现率。其定义为

$$\sum_{t=0}^{n}(C_I-C_O)_t\times(1+\mathrm{IRR})^{-t}=0 \tag{4.32}$$

内部收益率是方案经济评价的重要判断指标，由项目本身的现金支出和现金收入所决定，反映了项目全部投资所能获得的最大收益率，是项目借入资金利率的临界值。如果 $\mathrm{IRR}\geqslant i_c$，表明项目的收益率已经超过基准收益率，项目可行；如果 $\mathrm{IRR}<i_c$，表明项目的收益率未达到基准收益率，项目不可行。

在实际中一般采用线性插值的方案来计算 IRR，即找到合适的点 i_1、i_2，使 $i_1<\mathrm{IRR}$，$\mathrm{NPV}(i_1)>0$；$i_2>\mathrm{IRR}$，$\mathrm{NPV}(i_2)<0$，IRR 位于 i_1、i_2 之间，然后通过相似三角形的性质来近似求解 IRR（如图 4-1）。为了控制误差，通常选择的 i_1、i_2 之间差值介于 2%~5%。具体的计算公式为

$$\frac{\mathrm{NPV}(i_1)}{|\mathrm{NPV}(i_2)|}=\frac{\mathrm{IRR}-i_1}{i_2-\mathrm{IRR}} \tag{4.33}$$

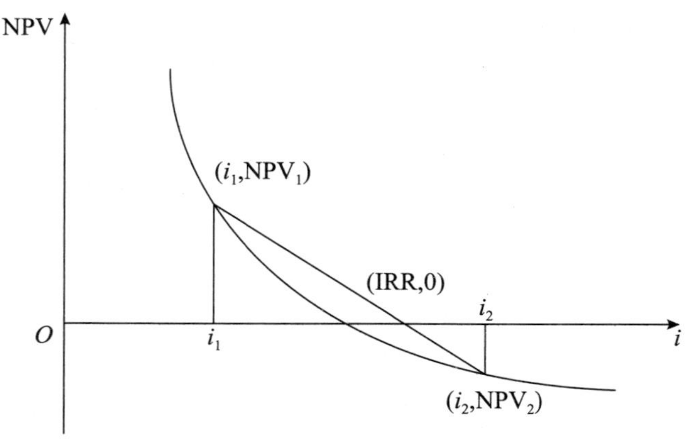

图 4-1　内部收益率

【例 4.5】假设你准备投资开办一家新的小型企业，你已经收集到相关的投资数据和财务信息。请你进行净现值的计算，以评估该项目的盈利能力。该项目的初始投资金额为 10000 元，预计每年的净现金流入为 3000 元，持续 5 年，贴现率（折现率）为 10%。

$$\text{NPV}=\left(\frac{3000}{(1+0.1)^1}\right)+\left(\frac{3000}{(1+0.1)^2}\right)+\left(\frac{3000}{(1+0.1)^3}\right)+\left(\frac{3000}{(1+0.1)^4}\right)+\left(\frac{3000}{(1+0.1)^5}\right)-10000=2189.26$$

（元）

由于净现值大于 0，因此该项目是盈利的。

【例 4.6】某公司考虑投资一个项目，初始投资金额为 15000 元，预计在未来几年内可以获得不同的现金流入。其中初始投资金额为 15000 元，第一年现金流入为 3000 元，第二年现金流入为 5000 元，第三年现金流入为 8000 元，第四年现金流入为 6000 元。请计算该项目的内部收益率。

$$-15000+\frac{3000}{(1+\text{IRR})^1}+\frac{5000}{(1+\text{IRR})^2}+\frac{8000}{(1+\text{IRR})^3}+\frac{6000}{(1+\text{IRR})^4}=0$$

经计算可以得到，该项目的内部收益率约为 0.1595，即 15.95%。

（二）偿债能力分析

借款偿还能力是反映项目财务状况和经营能力的重要标志。项目的偿债能力低可能会对项目的日常经营活动产生影响，甚至破产。偿债能力分析分为短期偿债能力分析和长期偿债能力分析。

项目借款一般分为短期借款和长期借款。短期借款是指根据生产经营的需要，从银行或其他金融机构借入的偿还期在一年以内的各种借款，包括生产周转借款、临时借款等。长期借款是项目投资中的主要资金来源之一，主要是指从本国银行或者国际开发金融机构借入的，偿还期限是一年以上（不含一年）或超过一个营业周期的借款。在对工程项目进行偿债能力分析时需要根据长短期借款的不同，分别进行分析。

短期偿债能力是指工程项目的流动资产对流动负债及时足额偿还的保证程度，是衡量流动资产变现能力的重要标志。常见的衡量短期偿债能力的指标有流动比率、速动比率和现金比率。长期偿债能力是指项目偿还长期负债的能力。常见的衡量长期偿债能力的指标有资产负债率、产权比率和利息保障倍数。

1. 流动比率

流动比率是衡量短期偿债能力的重要指标。一般认为，项目最低的流动比率为2，这意味着在工程项目的流动资产中，变现能力最差的存货金额至少需要占到流动资产总额的一半，其他流动性较大的流动资产至少要等于流动负债，工程项目的短期偿债能力才会有保证。流动资产一般包括货币资金、存货、应收账款、待摊费用等。

$$\text{流动比率}=\frac{\text{流动资产}}{\text{流动负债}} \tag{4.34}$$

一般而言，项目流动比率越高，短期偿债能力越强。在所有的流动资产中货币现金的流动性最强，存货、应收账款、待摊费用的流动性较弱，有时难以偿债。在实际中，一般将流动比率与同行业的平均流动比率和工程项目历史流动比率进行比较，对短期偿债能力进行合理的评估。

2. 速动比率

速动比率是衡量短期偿债能力的重要指标，是指流动资产减去变现能力较差且不稳定的存货、待摊费用的余额除以流动负债。因此速动比率相较于流动比率可以更好地衡量项目的短期偿债能力。

$$\text{速动比率}=\frac{\text{速动资产}}{\text{流动负债}} \tag{4.35}$$

速动比率在1左右比较合适，速动比率较低，项目面临的偿债风险较高；速动比率过高，可能会增加项目的机会成本。

3. 现金比率

现金比率是衡量短期偿债能力的重要指标，是现金类资产与流动负债的比值。现金类资产是指速动资产中扣除应收账款后的余额，即项目所拥有的货币资金和持有的有价证券。现金比率在20%左右比较好。与速动比率类似，现金比率较低，项目面临偿债风险较高；现金比率过高，占用的货币资金和有价证券过多，可能会增加项目的机会成本。

$$\text{现金比率}=\frac{(\text{现金}+\text{有价证券})}{\text{流动负债}} \tag{4.36}$$

4. 资产负债率

资产负债率是衡量长期偿债能力的重要指标，是项目负债总额和资产总额之比，可以用来衡量工程项目资产对于债权人权益的保障程度。

$$资产负债率=\frac{负债总额}{资产总额}\times 100\% \tag{4.37}$$

资产负债率在50%以下比较好，资产负债率越低表明工程项目的长期偿债能力越强。在实际生产生活中，部分工程项目的资产负债率比较高，如大多房地产工程项目的负债率在80%以上。因此资产负债率指标需要根据所处的行业情况进行具体分析。

5. 产权比率

产权比率又被称为资本负债率，是衡量长期偿债能力的重要指标，是负债总额和所有者权益的比值，是衡量工程项目财务结构是否稳健的重要标志。

$$产权比率=\frac{负债总额}{所有者权益}\times 100\% \tag{4.38}$$

产权比率越低越好，一般认为在100%以下时，工程项目具有偿债能力，但是应该根据工程项目自身状况和所处的行业进行综合分析。当工程项目的资产收益率大于资产成本率时，进行负债经营有利于提高资金收益率，获得额外的利润。产权比率高是高风险、高报酬的财务结构，产权比率低是低风险、低报酬的财务结构。

6. 利息保障倍数

利息保障倍数是衡量长期偿债能力的重要指标，是工程项目息税前利润和利息费用的比值。它可以同时反映工程项目的获利能力和对偿还到期债务的保证程度。

$$利息保障倍数=\frac{息税前利润}{利息费用} \tag{4.39}$$

利息保障倍数在1以上比较好，表明工程项目具有偿债能力，比值越高，工程项目长期偿债能力越强。如果比值过低，工程项目具有亏损风险，将影响偿债的安全性和可靠性。

【例4.7】某项目的资产负债表如表4-7所示，请计算该公司的流动比率，并分析该公司的短期偿债能力。

表4-7　某项目的资产负债表

项　目	金　额
流动资产	40000元
流动负债	10000元

流动比率=40000/10000=4

因此，该项目的流动比率为4，大于2，说明该项目的偿债能力良好。

（三）财务生存能力分析

财务生存能力主要是衡量项目的财务是否具有可持续性，即项目是否具有足够的净现金流量维持正常的运营。在很多情况下，项目能否存活，取决于项目的现金流是否充足，尤其是对于房地产项目。一般而言，常从以下两个方面判断项目的财务生存能力。①工程项目具有财务生存能力的基本条件是工程项目拥有足够的经营净现金流量，特别是在运营初期。项目具有较大的经营现金流，项目实现自身资金平衡的可能性就会较大，不会过分依赖于短期融资，容易较长时间存续。反之，项目较强依赖于短期融资和外界环境，容易出现生存危机。②工程项目具有财务生存能力的必要条件是项目各年累计盈余资产不出现负值。从项目整个运营期来说，允许项目在个别年份出现净现金流量为负值的情况，但是不允许项目的累计盈余资金为负值。当项目个别年份出现净现金流量为负值时，项目可进行短期融资，由此产生的成本利息需要纳入成本费用。较大或者较频繁的短期融资，可能会导致累积盈余资金无法为正值，致使项目难以持续运营。

三、工程项目财务分析

（一）新建工程项目财务分析

新建项目是指重新开始建设的项目。对于原有基础很小，经过建设后，其新增加的固定资产价值超过原有单位固定资产 3 倍以上的建设项目，也属于新建项目。新建项目的财务分析流程，如图 4-2 所示。

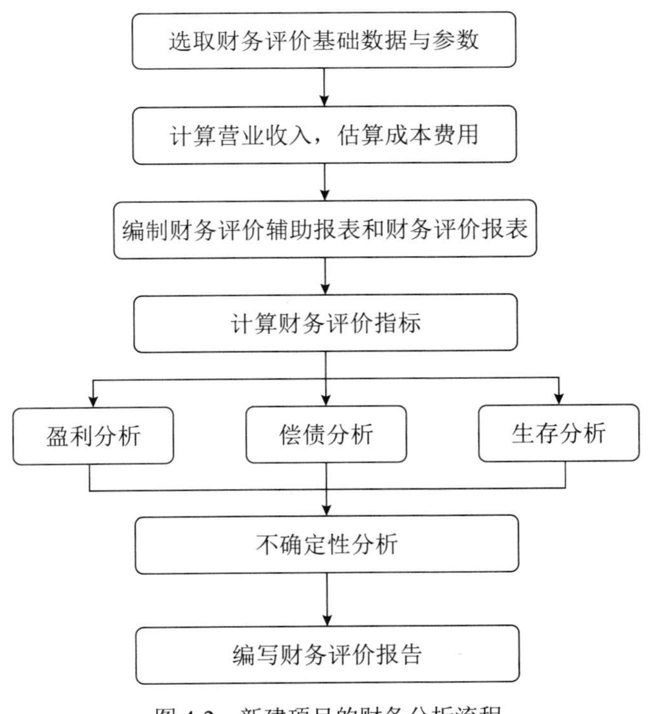

图 4-2　新建项目的财务分析流程

在进行财务分析之前，需要明白新建项目的基本情况，包括建设目的、意义、要求、建设条件、投资环境、市场预测及主要技术情况。收集整理相关基础数据资料，包括项目的投入物和产出物的数量、质量、价格及项目实施进度安排和资金筹措方案等。计算项目营业收入，估算成本费用，为编制财务辅助报表和财务评价报表提供依据。然后，编制财务评价报表，对现金流量表、损益表、资金来源与运用表、资产负债表等进行内容和格式审查。通过基本财务报表，计算财务评价指标，如净现值、内部收益率等，并以此为基础进行不确定性分析，包括盈亏平衡分析、敏感性分析和概率分析等，最终编写财务评价报告。

（二）改扩建工程项目财务分析

改扩建工程项目是工程项目的有机组成部分。改扩建工程项目的融资主体一般是既有工程项目，还款主体一般也是既有的工程项目。改扩建项目依托既有工程项目的资产和资源，但并不发生产权的转移，在项目建设期内，公司的生产和项目建设一般同时进行。因此对于改扩建项目的财务分析，还需要同时考虑项目层面和公司层面。

改扩建工程项目财务评价，一是需要考虑改扩建项目与公司的关系，在项目评价过程中，除了总体改造外，一般以项目范围边界界定项目的效益和费用。这样既可以减少数据采集和计算的工作量，又不影响评价结论。二是改扩建项目的财务评价不仅要考虑项目本身，还要考核法人的财务状况。三是需要保证在有项目和没项目两种情况下，效益和费用的计算范围、计算周期的一致性，因此可以以有项目的计算期为基准，对无项目的计算期进行调整。四是需要结合现实情况，对无项目情况下的效益和费用的可能的变化趋势进行预测，来合理地估算项目的效果，避免高估和低估。

对于改扩建项目的评价一般采取总量法和增量法。总量法是对整体项目的经济效益的考察，整体项目是指改扩建项目和既有工程项目的综合。总量法通过比较无项目和有项目前后整体项目的经济状况，来判断改扩建项目的经济可行性和对于整体项目的贡献。由于总量法反映的是整体项目的经济状况，因此在计算现有项目经济效益指标的时候，需要将既有资产视作投资，对于新增项目的投资估算需要在现有资产评估值的基础上加上改扩建新增投资。

增量法是对改扩建项目的增量的经济效益的考察，主要是通过增量投资，也被称为改扩建项目投资带来的增量效应来进行改扩建项目经济性的判断。增量法主要是通过有项目和无项目两种状态下的现金流来识别与估算增量现金流，进而考察改扩建项目的经济可行性。

（三）非经营性项目财务分析

非经营性项目一般是指以社会发展为目标，为社会公众提供产品或服务的非营利性投资项目，包括社会公益事业项目（如教育项目、医疗卫生保健项目）、环境保护与环境污染治理项目、某些公用基础设施项目（如市政项目）等。非经营性项目一般具有以下特点。①政府主导性。政府并非经营性项目的唯一投资者和管理者，但在其中发挥了重要的作用。一方面，非经营性项目的投资周期长，投资额巨大，且以满足社会公众利益为主要目标，私人和企业不愿也很难去涉足。另一方面，非经营性项目一般会受到政府的严格监管，即使是由私人或者企业投资和管理的非经营性项目。②公共性。非经营性项目提供的服务一般具有公共性，即不具有享用权的排他性。③非竞争性，非经营性项目提供的服务或者产品有时不受到市场经济的制约。④外部性。非经营性项目容易产生外部的成本和外部的收益。⑤多目标性。有些非经营性项目具有多用途和多目标。因此对于非经营性项目的财务评价与一般的工程项目的财务评价存在差异。常见的财务评价方法有费用效益评价和费用效果评价。费用效益评价以盈利能力的评价为主，主要的评价指标包括内部收益率、净现值、效益费用比和效益费用差等。费用效果评价是一种费用采用货币计量，效果采用非货币计量的经济效果的分析方法。在实际过程中，非经营性项目的效果通常难以货币化，如在环境、社会等方面产生的效果。在容易进行货币化效益评价的方面常常采用费用效益法来进行评价非经营性项目。对于一些涉及不同地区、不同收入层次的公平福利问题的时候，货币效益很难很好地去度量，这时候一般采用费用效果评价的方法。

费用效果分析首先需要确定非经营性项目想要达到的目标，目标可以包含多个方面，如功能、效率、可靠性、安全性、可维护性、可供应性等，然后确定方案在各个维度方面达到的水平。一般投入费用一定、效果最大，或者效果一定、投入费用最小的方案是最佳的选择。

$$R_{\frac{E}{C}}=\frac{E}{C}=\frac{\text{项目效果}}{\text{项目用现值或年值表示的计算期费用}}=\frac{\text{效果}}{\text{费用}} \tag{4.40}$$

【思考题】

1. 简述工程项目常见的融资主体与资金来源。
2. 工程项目利润分配的顺序是什么？
3. 常见的固定资产折旧的方法有哪些？
4. 常见的工程项目财务盈利能力的衡量指标有哪些？
5. 非经营性项目与一般项目的差别是什么？

即测即练

【拓展案例】

康榕科技：大数据、人工智能时代的智慧植保田园生活

杭州康榕科技服务有限公司（以下简称“康榕科技”）的智慧植保项目可以实现对各种作物生长的参数和虫情状况进行实时监控，各级用户可以及时通过电脑或手机客户端访问数据，助力智慧农业。目前该公司正在积极寻找合作者，以促进智慧植保项目在市场上的应用。目前，公司有两种选择方案来推广智慧植保项目。

方案1：康榕科技公司独资建厂，在发展自身智慧植保项目外，与新疆某乳制品公司的研究所进行合作，可以更有效地实现自然环境条件下的植物保护及奶源基地草场病虫害防治。该研究所的条件是必须按康榕科技每年经营现金净流量的10%作为乳制品研究所技术援助的有偿报酬。

方案2：与另外一家A植保企业的上下游生态链共用合资建厂。A植保企业是一个经营有方的老企业，从传统的植保项目到智慧植保项目，都有着较为完善的管理体系，奶源基地草场有固定的病虫害防治计划及地点，也有进一步发展扩大上下游生态链的需求，但受制于病虫害防治对奶源基地草场的饲养条件。最近获悉康榕科技公司正在准备开展智慧植保项目，于是派人来公司，在审阅了设计方案后提出双方合资建厂的意见，条件是：项目资本金800万元由康榕科技服务有限公司、A植保企业各负担一半；新厂用“A分厂”的名称；产品用“A牌”商标；A公司包生产技术；产品按出厂价由A公司包销；新项目每年的经营现金净流量350万元，A企业占60%，康榕科技服务有限公司占40%；6年后全厂残值无偿让给该乳制品公司。

方案1有利于康榕科技智慧植保项目的长期发展，在大数据、物联网的不断发展下，项目建设中节约成本是具有可行性的，但前期投入大，具有一定的风险。方案2虽然前期投入风险小，但不利于康榕科技拓宽该公司的智慧植保项目。

案例思考：

如果你是康榕科技公司的负责人，你会选择自行建厂、研发生产，还是与现有的企业合资建厂？请说出你的理由。

资料来源：百优案例库，《康榕科技：大数据、人工智能时代的智慧植保田园生活》。

拓展阅读

Excel计算经济评价指标函数

第五章

工程项目技术创新评价

全面建设社会主义现代化强国，实现第二个百年奋斗目标，必须走自主创新之路。这段话出自2022年8月17日习近平总书记在辽宁沈阳新松机器人自动化股份有限公司考察时的讲话。创新是一个国家、一个民族发展进步的不竭动力。对工程项目而言，技术创新的实现尤为关键，因为在资源有限的条件下，通过技术创新可以提高效率、降低成本、改善品质，从而实现项目的成功。在本章中，你将会对工程项目技术创新，创新过程及专利的申请有一个大致的了解，了解工程项目技术创新的必要性。

【学习目标】

1. 价值目标：通过本章的学习，学生可深刻认识到，自主创新对于工程项目、企业，乃至国家的重要意义。

2. 知识目标：了解工程项目创新的基本概念和分类，熟悉工程项目创新过程，掌握工程项目创新难点，熟悉知识产权的申请。

3. 能力目标：了解工程项目技术创新专利的申请过程。

【引导案例】

振华重工：集成创新成就世界自动化码头领导者

振华重工（以下简称振华）是中交集团控股的B股和A股上市企业，连续18年占世界集装机市场份额的70%。在1992年振华起步时，就开始寻找自己的“独门绝技”。首任总裁管彤贤认为，初创时期的振华只能搞低成本创新，集成现成的技术，解决自己的问题、满足客户的需求。事实证明管彤贤的想法非常合理，以100万美元创办的振华，经过几年的努力，快速成长起来。

低成本和可靠的交货期是振华创业初期所看重的竞争优势。为降低成本、保证交货期，振华逐步开发自己的核心零部件和控制系统。其中电气控制系统是集装箱起重机的大脑，控制起重机的所有作业和运动，技术含量高、价格贵，长期以来由几家跨国公司掌控。振华采用先易后难的方法，即首先学会调试，然后学会控制软件开发。同样采取终身保修的承诺，推广自己的控制系统。

振华在创业稳定之后，时任管彤贤总裁有意识地派工程师到全世界的港口、企业、展览会等地考察学习，尤其重视美欧日等发达国家的技术发展态势。鹿特丹 ECT 自动化码头促使振华开始研发适合自动化码头的岸桥和场桥。1998 年，自动化码头的产学研小组正式启动。2000 年，振华成功中标汉堡 CTA 自动化码头的 8 台全自动双小车超巴拿马型岸桥。振华团队珍惜这来之不易的机会，增加产学研合作的规模和投入，详细分析领会汉堡港的自动化码头岸桥的要求和使用工况，调研现有各家企业的双小车岸桥，加上振华单小车岸桥所积累的技术，完成诸多创新，如机械防摇、平台中转、自动检测、小车定位与优化运行。

在汉堡港交机、调试的同时，振华的团队开始认识、学习、领悟自动化。自动化码头属于复杂产品系统，但又可以划分为各个模块，各模块可以由不同企业完成，通过设备控制系统集成起来，完成自动化操作。振华团队开始在长兴基地模仿、开发、试制自动化码头的轨道吊、自动导引小车（AGV），将岸桥的远程控制技术转移到轨道吊。这项技术使振华得到了多个订单。2004 年 8 月，振华重工击败多家知名企业，包括荷兰著名起重机制造公司 Kalmar 而中标荷兰鹿特丹 ECT 码头“4+4”台超巴拿马岸桥和“13+25”台全自动化轨道吊合同，用于其自动化码头。

此后振华又取得了多项成绩，顺利完成 Euromax 码头所有设备交付，该码头是第三代自动化码头的代表。其关于新一代港口集装箱起重机关键技术研发与应用获得 2005 年科技进步奖一等奖。

案例思考：

振华集成创新的发展过程如何？有何特征？如果您是董事长，您将如何规划振华未来的创新？

资料来源：百优案例，《振华重工：集成创新成就世界自动化码头领导者》。

拓展视频

振华重工自主研发 起重机海工多领域应用

第一节　工程项目技术创新概述

一、工程项目技术创新的概念与内涵

创新（innovation）首先由美籍奥地利经济学家熊彼特（Joseph Alois Schumpeter）在1928年出版的《资本主义的非稳定性》一文中提出。在其著作《经济发展理论》中指出，创新是建立一种新的生产函数，即把一种从来没有过的生产要素与生产条件的新组合引入生产体系中。熊彼特认为制度创新是建立新的组织管理形式，市场创新是开拓新的市场，与上述二者不同的是，技术创新应当是新的方法、新的制作工艺的采用，以及工艺新的产品的研发等。技术创新是从一种新思想或新发现的产生到概念形成、研究、开发、生产制造、首次商业化和扩散的过程，其更加强调“实现过程”和“实现结果”，即引进全新的设想，并最终实现其市场价值。学者后来以此为基础，不断地深入和拓展研究，逐渐丰富和完善了工程项目领域创新概念和创新理论，具体如表5-1所示。

表5-1　工程项目领域创新的概念与理论发展

作　者	年份	概　　念
Tatum	1987	建筑类企业初次采用的技术手段
Freeman	1989	是组织在发展的过程中，某一流程、产品或者系统的前所未有的新颖改进
CERF	1993	通过新颖的设计，方法或原材料提高生产力
Slaughter	1993	可使用的任一新事物
CRISP	1997	特定的企业对于新技术、流程、营销及管理等方面的成功探索与应用
Toole	1998	通过采用新兴技术，达到减少安装成本、提高安装性能和改善商务流程的目的，从而实现显著地提升设计质感和生活空间的建造品质
Mottawa	1999	可以使得新创意转化为新建筑组成要素，具有经济、功能或技术价值
Dulaimi	2002	通过引入新颖的想法、技术、产品或流程，以解决建设问题、提高效率或居住标准

总体而言，工程项目创新具有以下四个特点：①工程项目领域的创新不仅仅局限于技术创新，同时还囊括了产品创新、管理创新等方面；②仅有小部分概念对创新主体进行明确的界定；③大部分概念中都强调了“新”或者“新颖”这一特点，即创造或应用新技术、新产品、新流程等；④研究的深度和广度的不同，使得以上概念中界定的创新目的有所差异，主要包括提高生产力、降低建设成本、提高建设效率等方面。

与公众广为熟知的创新概念不同，工程项目领域的创新概念在研究层面——企业层面、行业层面、项目层面存在一定的不同。因此，在针对工程项目技术创新的概念进行界定时，要充分考虑以上要素的影响，明确界定其范畴，做到科学而清晰。

基于以上的分析和总结，将工程项目技术创新的概念界定为，以工程项目为载体，建设主体通过研发新技术、改进现有技术、引入新技术等活动解决工程建设问题、实现工程目标或提高工程绩效的过程。其过程涵盖了从技术创意产生到项目价值实现的全过程。工程项目技术创新涉及众多不同专业的建设主体，各阶段、各专业之间相互影响，具有依赖性，体现出了系统性的特征。因此，从系统的角度来看，工程项目的技术创新又是一种创新系统。

二、工程项目技术创新的特点

项目是指在一定时间内满足一系列特定目标的多项相关工作的总称。工程项目的实施具有多阶段、跨组织的特点。多阶段是指在工程项目建设过程中具有决策、设计和施工三个阶段；跨组织是指工程项目技术创新涉及投资者、建设单位、设计单位、总承包商和供应商等多个组织。工程项目技术创新的实施主体是项目团队，它是以完成一项建设项目为目标，由承担不同任务的独立参与方组建起来的临时联盟。工程项目技术创新由众多具有专业背景跨组织的创新主体组成，经过多阶段的工作协同完成。创新主体之间存在复杂的关系，是人、技术和环境相互作用的过程，具有系统性、多主体参与性、组织临时性、时间约束性等特征。

（1）创新的系统性。与工程项目建设一致，工程项目技术创新同样是一项典型而复杂的系统性工作。工程项目建设活动涉及设计、施工、维护等多个生产环节，以及不同专业技术的协调与集成应用。工程项目技术创新被分为多个阶段，贯穿整个工程项目生命周期，集成性较强。同时涉及众多不同专业技术建设主体，多主体之间相互联系，相互作用，存在着错综复杂的内部关系。

（2）多主体参与性。工程技术创新由众多具有不同专业技术背景的主体参与，包括建设单位、设计单位、总承包商、科研机构、政府部门、材料设备供应商以及专家顾问等。工程项目各个环节之间具有不可分割和相互依赖的特征，工程技术创新的每一个环节都需要其他环节的协作、配合。同时在工程项目建设生命周期的不同阶段，创新主体所构成的网络也会随之发生改变。例如，随着原有创新主体的退出，新创新主体的引入，发生了动态且自然的变化。

（3）组织临时性。工程项目的技术创新是由一个临时成立的、为完成某个项目的组织来进行。项目团队开始组建时，该临时性团队将来自不同组织的多个领域的技术知识进行整合与集成。通常来说，在项目结束后，临时性组织将会随之解散，而由于创新主体之间联系的断裂，导致知识无法连续整合。这不利于新知识的转移，也不利于组织对知识的吸收再创新，发生了知识流的损耗。

（4）时间约束性。一般来说，工程项目技术创新过程依托工程项目，并服务于项目的建造和生产，因此工程项目技术创新的过程，通常限定在工程项目的起止时间之内。

三、工程项目技术创新的分类

工程项目技术创新的来源和性质多种多样，根据研究角度的不同，对于创新的概念的界定也不同。表 5-2 对创新的主要分类形式进行了总结。

表 5-2　创新的主要分类形式

代表性分类方法	创新类别	创新的定义
创新的双核理论	技术创新	产品、服务以及生产工艺技术方面的创新
	管理创新	组织结构以及管理流程方面的创新
激进创新理论	突变创新	同已有实践相偏离的根本性的或突破性的变革
	渐变创新	同已有实践偏离不大的变革
创新的双边理论	初始阶段	问题识别、信息搜集、态度形成以及评估和资源配置的阶段
	实施阶段	为了形成组织流程而延续创新初始阶段或者采用新的创新来对创新活动进行完善
经济合作发展组织（OECD）创新调查	组织创新	在商业实践、工作场所组织及外部关系中的创新
	技术创新	产品创新和工艺创新
	市场创新	新的营销方式的实现
创新采纳的特征	创新广度	在特定时期内，在所有可用的创新当中组织所采纳的创新的数量，反映的是创新的范围
	创新速度	在时间上对创新的采纳

技术创新建立在创新的基础上，根据研究目的的不同，我们可以将技术创新按照创新程度、创新对象和变动方式进行分类。表 5-3 展示了技术创新的主要分类形式。

表 5-3　技术创新的主要分类形式

分类角度	类　　别	技术创新的定义
创新程度	突破性创新	导致投入、产出或流程根本性或显著改变的创新
	渐进性创新	对现有技术引起的渐进的、连续的创新
创新对象	产品创新	在产品技术变化基础上进行的技术创新
	工艺创新	生产（服务）过程技术变革基础上的技术创新
变动方式	结构性变动	技术（产品或工艺）要素结构或关系方式的变动
	模式性变动	技术原理的变动

第二节　工程项目技术创新过程

工程项目技术创新是典型的需求拉动型创新。工程项目技术创新是一个复杂的系统过程，其过程涵盖了从创意提出到创新识别、方案提出、落地、推广、实现商业价值的全流程。结合一般创新过程的定义、工程项目技术创新产生的原因，以及 Tatum C. B. 提出的工程项目技术创新过程模型，本章将工程项目技术创新过程划分为四个阶段：创新识别、方案设计、创新落地和创新推广。工程项目技术创新的过程与内容，如图 5-1 所示。

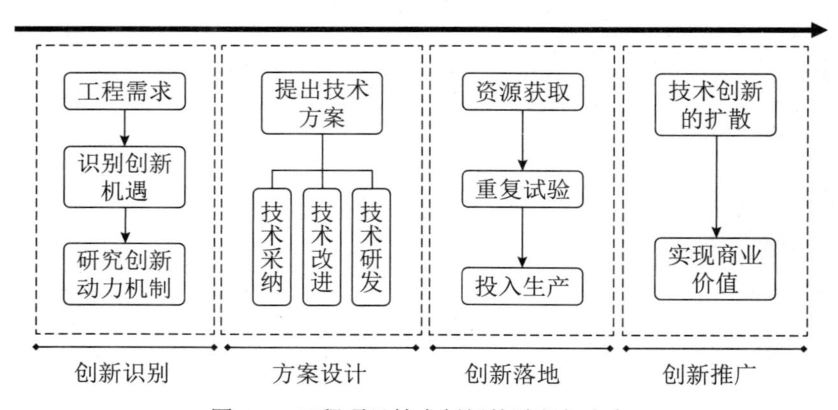

图 5-1　工程项目技术创新的过程与内容

一、工程项目技术创新的参与主体

创新主体是指创新活动的主要执行者，包括具有创新能力的、参与创新实践活动的个人和组织。工程项目技术创新无法由个体单独完成，需要众多专业背景人员参与，经过多个阶段的研发、实践工作来完成。参与技术创新的多利益相关主体包括：建设单位、总承包商、各类供应商、设计单位、分包商、监理单位、咨询单位、科研机构、政府部门。工程项目技术创新各个阶段创新任务的差异性是导致技术创新涉及众多参与主体的主要原因。

二、工程项目技术创新的动力机制

运用利益相关者理论对工程项目技术创新的动力因素进行分析，常见的动力因素包括参与方动力因素和环境动力因素（图 5-2）。参与方动力因素主要包括项目业主驱动力、业主创新动力、承包商创新动力、人力资源、创新资金、创新收益、创新成果、科研院校驱动力等；外部环境动力因素主要包括政策驱动力以及市场驱动力等。

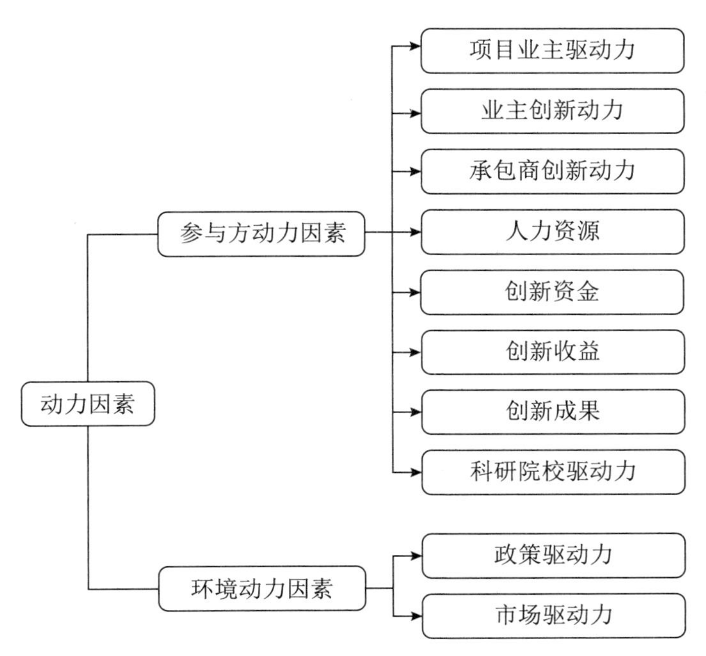

图 5-2　工程项目技术创新动力因素

技术创新动力系统是一类特殊的复杂系统，具有不可复制性、环境共存性、主体依赖性、关联多样性等。激励约束机制、协同合作机制和利益分配机制共同驱动了技术创新动力系统。其中利益分配机制是基础源，协同合作机制是保障体，激励约束机制是助推剂。利益诉求是技术创新各参与方最基础的诉求，也是最原始的动力源，有了合理的利益分配机制，参与方才会有更好的协同合作愿望，激励约束机制才能获得成效；协同合作得好，能够促进利益分配趋于合理化，同时激励约束措施得当，参与方技术创新动力会更加充足，更愿意协同合作；激励约束机制有效，参与方对技术创新的认识提高，技术创新的动力更强，能够影响和作用于利益分配和协同合作。

三、工程项目技术创新的难点

工程项目技术创新的实现面临诸多难点，涉及资源投入、人才招募、组织搭建及管理等诸多方面，任何一个未解决的难点都将对技术创新的实现产生阻碍。一般来讲，资金不足、专业人才紧缺、组织临时性问题、利益协调困难是工程项目技术创新面临的4个主要问题。

1. 资金不足

技术创新资金投入量是技术创新活动的基本保证，直接影响着工程项目技术创新成果的数量和质量。就现状而言，我国的技术创新资金投入主要集中在各个科研院所和高等院校。然而工程项目技术创新的研究经费相对匮乏且有限，难以吸引较多社会资金的投入，资金短缺始终是限制工程项目技术创新的一大绊脚石。

2. 专业人才紧缺

专业技术人才是工程项目技术创新的核心和灵魂，专业人才的紧缺，将导致工程项目无法深入开展。当前，在专业人才培养方面存在较多阻碍，现今的人才在科研攻关以外的事情上耗费过多精力。在当前的人才的培养上，普遍存在着教育质量低，学生学艺不精，且科研院所和高等院校重理论轻实践的问题，直接导致了人才培养方式与实际需求相去甚远。工程项目技术创新人才的结构、数量，以及质量都需要进一步的协调、完善和提高。

3. 组织临时性问题

工程项目组是为完成工程项目而临时组建的，组织向心力较弱，成员之间需要一定的时间进行了解和磨合，而技术创新的开展是一个破旧立新的过程，其推进势必会受到一部分成员的阻碍。工程项目技术创新并非一蹴而就，而是需要不断地试验、努力才能最终实现，因此一旦出现问题，将会对项目组的形象产生一定的负面影响，进而引起项目组内部人员对技术创新的抵触。同时员工的积极性较弱，技术创新的推进很难顺利进行。此外，由于组织具有临时性的特点，工程项目结束后各技术创新参与主体解散，难以保持长期稳定的合作关系，技术创新的成果难以得到传承、推广和延展。上述几点无形之中影响了技术创新的推进。

4. 利益协调困难

工程项目技术创新的多阶段、跨组织的特点，使得参与主体间的利益诉求各不相同，导致各个参与主体的目标与工程项目总目标并不趋同甚至背道而驰，形成矛盾和冲突，这种情形在技术创新过程中尤为突出。业主是项目施工阶段创新活动的发起方，各承包商（设计、施工、材料设备承包商）多为创新的实施主体，科研机构或高校是创新过程的参与者。创新主体的复杂性，致使创新成果的权属难以明确，阻碍了创新成果的孵化和持续推广应用，技术创新的成果效益也无法实现最大化。此外，技术创新的资金和人力资源投入难以衡量，成果也较难量化，导致技术创新收益分配很难做到公平合理。

第三节　工程项目技术创新与专利

不同于科学发明，创新技术体现了技术与经济的结合，创新技术的首次应用，首次步入公众视野都需要理论方法与项目经济实施相结合。作为一种智力成果，当创新技术进入公众视野后，技术的传递速度会越来越快，如果保护措施不到位，技术可能会流失或被他人盗用。为了保护技术的所属权并持续激励创新技术的孵化，国家必须完善相关的法律制度来保护权利人的权益。

一、工程项目技术创新专利概述

（一）知识产权的概念

知识产权是基于创造成果和工商标记依法产生的权利的统称。知识产权是一种通过法律手段来限定的权利，在产权权利人取得该知识产权后，权利持有人拥有并可以使用该知识资产，除产权权利人同意或法律另有规定外，任何情况，任何个体，都不得占有、使用或共享该项权利，否则就会在法律层面上构成侵权行为，受到法律的制裁。

知识产权分为著作权、专利权和商标权，其中专利权与商标权被统称为工业产权。工业产权包括发明（专利）、商标、工业品外观设计及原产地地理标志等，专利保护期一般为20年，也有工业设计保护至少10年，商标可无限期保护等不同的期限设置。

早在19世纪末，为了保护人们的智力劳动成果，促进工业技术的发明创新，《保护工业产权巴黎公约》随之诞生，这标志着工业产权保护条例法案开始进入人们的视野，并引起政府重视。该公约后来经多次更改完善，现更名为《巴黎公约》，目前仍具有法律效用。中国于1985年3月19日签署成为《巴黎公约》的成员国。该公约认为工业产权不仅适用于工业和商业本身，同样也适用于农业和采掘业，适用于一切制成品或天然产品等，其内容涉及广泛，包括发明专利权、实用新型工业品外观设计、商标权、服务标记、厂商名称、货物标记或原产地名称以及制止不正当竞争等相关条例。后来，为了促进世界知识产权保护，加强各国和各知识产权组织间合作，“国际保护工业产权联盟”和“世界知识产权组织”等组织相继成立，构成了世界范围内保护技术实力、经济实力乃至文化实力的基本法则。

20世纪80年代，中国开始建立知识产权制度，通过了《中华人民共和国商标法》《中华人民共和国专利法》等法律规范，并加入了《专利合作条约》《商标国际注册马德里协定》等保护知识产权的主要国际公约，致力于保护中国技术创新，走出中国特色知识产权发展之路。经过多年的努力，中国现在已经成为知识产权大国，专利申请受理量逐年增长，专利质量持续提高。知识产权制度能够在最大程度上保护发明者和创造者的合法权益，并且为促进先进技术产业化提供了便利的条件。

（二）知识产权的特征

知识产权所有者可以通过卖给他人或定期共享给他人使用知识产权来获利，通过收取费用或技术交互，可以在最大程度上保障所有者的经济权利、促进创造性技术的公平交易、推动投资经营和许可证转让等合作共赢。与此同时，知识产权也会受到一定的约束，以防止所有者在持有产权时进行不当交易，以获取超额收益。具体而言，知识产权具有非物质性、专有性、时间性、地域性的特点。[①]

（1）非物质性，又称无体性，即知识产权的客体是具有非物质性的作品、创造发明和商誉等，必须依赖于一定的物质载体存在，但物质载体又不能代表知识产权。简单来说，就是获得了知识产权的物质载体并不等于享有了其所承载的知识产权，如拥有一把椅子，并不代表享有了这个椅子的设计；购买了一栋商厦，并不代表获得了其建筑时所采用的所有创新技术；同样地，侵犯了物质载体的所有权不等于同时侵犯其所承载的知识产权，如窃取了一个创新技术融合机器人，并不代表同时侵犯了这项创新技术。

（2）专有性，又称排他性，即知识产权仅归所有人（权利人）所有，任何人不得盗用该项权利。在知识产权法和相关制度中，产权权利人所有的专有权利受到法律的严格保护，如果未经知识产权人许可或法律特别规定许可，其他人实施对知识产权专有权利控制的行为，就会构成侵权，产权权利人可以对此行为进行诉讼，来保证自己权利的专有性。

（3）时间性，即法律对各项权利的保护都有一定的时限。一旦超过法律规定的保护期限，产权权利人就不再拥有该项权利，其知识资产就不再受到保护了，其创造成果将进入公有领域，成为人人都可以利用的公共资源。在某些情况下，如商标，如果到达限定期限，可以继续对权利进行保护申请。各国可以有不同的保护期限，但在参加国际协定或国际申请时，对某项权利会有统一的保护期限。

（4）地域性，即某国家的知识产权仅在国内受到保护，除非进行国际知识产权申请，或国家间有国际公约或双边互惠协定，否则经异国法律保护的某项权利只在该国范围内发生法律效力。其原因在于知识产权是法定权利，是一国公共政策的产物，必须通过法律的强制规定才能存在，其权利的范围和内容完全取决于本国法律的规定。由于各国关于知识产权的获得和保护的规定不完全相同，所以，除著作权外，一国的知识产权在他国不能自动获得保护。

（三）专利的制度保障

专利制度是依照现行法律对侵犯知识产权的行为进行制止和打击的所有活动的总和，如立法保护、行政保护、司法保护、知识产权集体管理组织保护、知识产权人或其他利害关系人的自我救济、舆论导向保护等。专利制度是持续技术创新最为重要的法律保障，通过设置专利专有权的取得、交易、使用、保障与保护制度，可以有效地调动人们进行科学技术发明创造的积极性和主观能动性，同时也保护知识产权不受侵犯。目前我国知识产权意识还有待加强，地方盗用问题仍然存在。我国的知识产权管理机构应当继续完善管理体系，同时引入、培养保护知识产权的高级专业人才，优化专利保护结构，提高发明创造技术类专利占比，学习发达国家专利制度和结构的优点，使我国专利保障制度得到进一步完善和提高。

① https://wiki.mbalib.com/wiki/%E7%9F%A5%E8%AF%86%E4%BA%A7%E6%9D%83.

二、工程项目技术创新专利的申请

技术创新和技术专利各有起点和路径，却在知识经济和世界贸易的大背景下相互交叉，构成了复杂的技术、经济和法律关系。专利的运作和标准化应该在新技术概念形成的时候就开始着手，这有助于推动技术创新的进一步发展。

（一）专利的概念

专利作为科技信息最有效的载体之一，是企业技术竞争力分析和评价的重要信息资源，是评估技术研发情况，发掘商业机会，获取竞争优势的重要途径，对重要技术领域的发展路径的预判具有重要作用。专利权是指法律赋予公民、法人或其他组织在获得专利和发明创造的一定期限内保护专利所有人的对该专利的制造、销售、许诺销售或者使用的专有权。专利权的主体即专利权人，是指享有专利法规定的权利并同时承担对应义务的人。在我国，自然人、法人或其他组织都可以申请或受让专利，成为专利权的主体。应当注意，专利权的主体不等于专利的发明人、申请人。

（二）专利的分类

专利权的客体即专利法保护的对象，是指依法应授予专利权的发明创造。我国对于专利的分类有按功能分类、按应用分类、既按功能又按应用分类以及特色类别、多重分类等方法，广义来讲，专利法中的工程项目发明创造可分为工程发明、工程实用新型设计和工程外观设计三种。

工程发明，是指在工程项目中，技术人员对工程实施过程的某阶段实体建设、建设方法提出的新的或者改进的可行性、经济性并准备投入使用的技术方案。工程发明专利，是工业技术创新专利中最常见的一类，这类硬性实体技术能够获得较长的保护时间，但授权标准较高，程序耗时较长。工程实用新型设计，是指在工程项目中，对建筑外部形状、内部构造或者两者结合所提出的适用于实际使用的创新技术方案，这类专利保护期限较短，但是授权标准较低，程序耗时较短。工程外观设计，是指对项目中建筑的外观整体，或者局部的形状、图案或者其结合，以及色彩与形状、图案的结合所做出的富有美感并适于工业应用的新设计，授权标准较低，程序耗时较短。由此可见，工程发明专利是所有三类专利中含金量较高且需要更多人力技术投入的专利，也是在工业工程项目进行时较为重要的一环，相关人员应当引起重视。

国际上，已有成体系的、相对成熟的专利部门分类，这种专利文献方法为各国各地知识产权局或其他使用者提供了标语编排、传播专利文献，以及研究和评价现有技术的途径。目前世界上存在的主要专利文献分类体系包括：国际专利分类体系（IPC）、美国专利分类体系（USPC）、欧洲专利分类体系（ECLA/ICO）、日本专利分类体系（FI/FT）。其中，国际专利分类体系由世界知识产权组织（WIPO）发布，应用最为广泛，为各国专利局所采纳，但由于其版本更新速度较慢，且与其他体系无法统一，欧洲专利局和美国专利商标局共同推出了联合专利分类（CPC），其中包含人类生活必需、作业运输、滑雪冶金、纺织造纸、固定建筑物、机械工程照明加热、物理、新发展技术、跨领域技术等多部门类别。

（三）专利的授予条件

不同的专利类型授予条件不同，难度也不同。本章主要介绍了工程发明和工程实用新型专利的授予条件。

工程发明和工程实用新型的专利权授予应当具备新颖性、创造性和实用性等特点。其中新颖性是指工程发明或者工程实用新型创新技术不属于现有技术，现有技术指申请日以前在国内外为公众所知的技术，或已经申请到专利的技术。之前没有任何单位或者个人就同样的工程发明或者工程实用新型技术在当前申请日以前向国务院专利行政部门提出过申请，并记载在申请日以后公布的专利申请文件或者公告的专利文件中。创造性是指与现有工程技术相比，该工程发明技术具有突出的实质性特点和显著的进步提高。实质性特点的含义是该工程项目的创新技术方案，对本项目技术领域的技术人员而言，不是显而易见的常识性知识技术内容。显著的进步提高是指该工程项目中的技术发明相比于之前同类型的技术具有技术效果上的增益或者是领域中一个新的技术类别，占据开拓者地位。实用性是指该工程项目技术发明或者工程实用新型能够投入实际制造中或者能够实际使用，并且能够产生积极效果或获得实际的经济增益。具体包括必须能够在项目或产业上，投入制造建设或项目使用到的技术；必须能够应用于解决具体项目中存在的技术问题，并具有普适性，能够帮助其他项目解决相关的问题或给予灵感；必须具有积极的项目实际推进效果、经济增益或成本降低这三方面要求。

（四）专利申请的部门

国家知识产权局是我国唯一可以进行专利申请的官方专利申请部门。国家知识产权局负责管理全国的专利工作，统一受理和审查专利申请，依法授予专利权。而其他的管理专利工作的部门负责其所属行政区域内的专利管理工作。地方管理专利工作的部门，又称地方知识产权局，没有审查和授予专利权的职能。这类部门主要负责专利处理和纠纷调解工作。

（五）专利审批的程序

对于专利申请的流程，在《中华人民共和国专利法》中有详细的介绍。本章主要介绍工程发明和工程实用新型专利的具体步骤。根据国家知识产权局专利局官网公示的文件标准，专利的申请步骤，如图 5-3 所示。

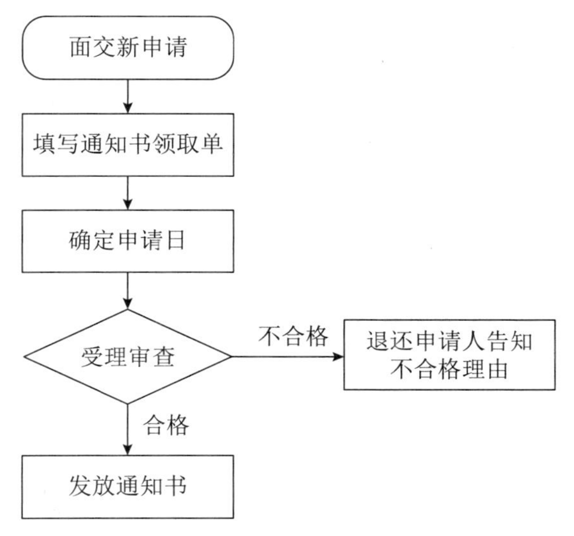

图 5-3　专利的申请步骤

在申请人撰写专利申请书之前，申请人需要对过往专利进行检索，在检索工具中检索申请专利的发明点，防止自己的发明点已被申报。《技术交底书》由发明人填写，是申请专利人撰写专利申请文件时使用的技术说明文件。一般《技术交底书》包括摘要、摘要附图、说明书、权利要求书、说明书附图。在内容中需要对专利解决什么问题、解决方案和有益效果进行详细的阐述。对于申请文件，申请人可以自行撰写并进行专利申请，也可以委托专利代理机构进行办理。一般需要提交的文件包括请求书、说明书、权利要求书等。在专利局受理审查阶段，审查员对申请专利的实用性、新颖性和创造性进行审查。如果实用新型专利申请通过初审，就会下发授权登记通知书，若是申请发明专利还要进行实质审查，全球检索相关的专利或文献，查找对比文件后会下发审查意见通知书给申请人。审查意见可以下发多次，申请人可以就审查意见进行回复，克服原有的缺陷。一旦专利局认可其新颖性和创造性，就会下发授权登记通知书，即专利可以得到授权保护。

【思考题】

1. 工程项目技术创新是什么？为什么要进行技术创新？

2. 工程技术创新的动力因素有哪些？

3. 工程技术创新的难点有哪些？

4. 了解发达国家，如美国、英国的专利制度，谈谈有哪些方面可以供我国借鉴。

5. 查找《专利审查指南》，了解专利申请流程以及不同类型专利申请中有什么不同的流程制度，思考各种专利流程体系的设置逻辑。

即测即练

【拓展案例】

让创新基因融入员工“血液”：山东临工的全员激励之路

山东临工工程机械有限公司，下文简称临工，由1972年设立的临沂机械厂演变而来。公司现有员工3400余人，公司排名位列“中国机械工业百强”第17位，跻身“世界工程机械50强”，是国内乃至全球生产、销售规模最大的装载机制造企业之一。

为了激发员工的创新基因，临工从外部经济形势与自身创新实践出发，提出了“一全二创三结合”的管理模式。其中“一全”即全员协同创新，“二创”是要坚持管理创新与技术创新同步进行，“三结合”要求技术人员、管理人员、生产人员相结合，联合创新。“一全二创三结合”的管理模式为山东临工注入了强劲的创新驱动力。自2014年7月该模式全面推广以来，临工获得了多项殊荣，并成为国家“万众创新”的企业典范。

在“一全二创三结合”管理模式提出以来，为了激发全体员工的创新热情，临工设置了奖金激励和精神激励两种激励方法。奖金激励方面，临工设置了合理化建议奖、成本节约奖、技术改造奖、科技创新及管理创新奖、市场开拓奖等项目奖励。其中合理化建议奖励以3%为基准，当建议得到采纳和实施后，所得效益的1%给建议提报者，1%给论证策划者，1%给实施者，以提升全体员工参与合理化建议工作的积极性。在精神激励方面，临工出台了《山东临工年终评比工作实施办法》，每年开展劳模、标兵、优秀员工的评选；临工相当重视对员工创新成果的认可，会以员工姓名冠名技改创新项目；同时，临工积极推荐员工申报政府和行业荣誉称号，并通过多种渠道和形式宣传先进模范人物和典型事迹。

临工通过搭建全员创新平台，实施奖金激励和精神激励双重激励，使得持续改善与创新已经成为一种习惯刻进临工的基因中，融入每一个临工人的血脉。临工真正实现了“人人有创新能力，事事有创新空间”的目标。

案例思考：

请结合案例分析山东临工员工激励机制的特色和实施效果，你还知道哪些可以激励员工创新的手段？

资料来源：百优案例库，《让创新基因融入员工“血液”：山东临工的全员激励之路》。

第六章

工程项目环境评价技术与方法

党的二十大报告指出的，“中国式现代化是人与自然和谐共生的现代化”，明确了我国新时代生态文明建设的战略任务，总基调是推动绿色发展，促进人与自然和谐共生。报告对提升生态环境综合治理能力高度重视，提出“健全现代环境治理体系”的新要求，持续构建由城市向建制镇和乡村延伸覆盖的环境基础设施网络，提升环境基础设施建设水平，推进城乡人居环境综合整治。环境评价作为约束建设项目与规划环境准入的法治保障，是在发展中守住绿水青山的第一道防线，为协同推进经济高质量发展和生态环境高水平保护发挥着重要作用。

【学习目标】

1. 价值目标：培养生态文明忧患意识，了解人类生产、生活活动的不合理将导致生态环境系统的结构和功能遭到破坏。

2. 知识目标：系统地了解工程项目环境评价的概念、目标、对象、程序方法等基本概念，熟悉如何预防和治理工程项目对环境的不良影响，掌握环境评价报告书的编制方法。

3. 能力目标：培育现代环境新观念，促进环境科学、环境法律、环境道德意识的养成。

【引导案例】

纯碱生产线扩建项目：如何破解环境难题

SH 公司作为纯碱行业最大的龙头企业，公司每年生产纯碱的能力超过 200 万吨，市场占有率为 14.48%，为了加快企业的进一步发展，SH 公司的王副总经理决定对原有 60 万吨的纯碱生产线进行扩建，然而在工程项目启动初期，扩建的决定却引起一片质疑声。究竟是什么原因让有利于公司发展的项目变成危机四伏的陷阱呢？

原来SH公司年生产的200万吨纯碱，每年要产生1500万立方米的废液。如果将这些废液直接排海，渤海莱州湾近海势必成为一片“白滩”，梭子蟹、对虾、蛤类等各种海产品将难以生存。至今，国内外许多大型氨碱法纯碱厂处理废液的方法仍然是稍加处理，就排入大海，使周边海域遭受了严重污染。同时，1吨纯碱会排放300~400千克废渣。目前公司的处理方法主要是将其堆放在盐场滩涂上，如果没有比较大的滩涂土地，那么废渣治理成本会很高，如青岛碱业由于环保问题不得不改用联碱法来解决废渣问题。

案例思考：

SH公司应该如何解决环境难题？是实现经济效益和环境效益的双赢，还是放弃公司发展的机遇？

资料来源：“化工废物利用：解决行业共性难题”（环境生态网，http://www.eedu.org.cn/news/etech/home/200902/33300.html）。

拓展视频

《焦点访谈》：“抚平生态‘伤口’不负绿水青山”

第一节　工程项目环境评价概述

环境，泛指人类生存的全部空间，通常包括大气、水、陆地、海洋、森林及生物等。环境为人类提供了基本的生活条件，是人类赖以生存的物质基础。随着经济的发展，人类对自然资源的需求不断增长。人类一方面肆无忌惮地掠夺地球资源，另一方面又随心所欲地排出废气、废水和废渣，造成环境质量急剧下降，降低了人类的生活品质。主要表现为大气遭到污染，地球变暖；淡水资源枯竭、水体污染、森林毁坏、水土流失、“三废”污染及化肥农药施用的残留等，已使土、河流、湖泊甚至海洋遭受污染破坏；生物多样性锐减，由于大气、水体的严重污染，森林面积的减少，使得生物的生存环境急剧恶化，生物的种类和数量不断减少，不少珍稀品种濒临灭绝。

因此，保护环境是全球人类共同的使命。就我国现状而言，加强环境保护是一项极紧迫且必要的艰巨任务。因此，首先要在可行性研究中搞好环境设计，对工程项目环境影响有一个比较全面的认识。

一、环境评价的目标

工程项目环境评价是指对建设项目可能对环境造成的影响进行分析、预测估计，提出应对不利影响的措施和对策的评价过程。它包括对项目地址的选择、生产工艺、生产管理、污染治理、施工期的环境保护等方面提出具体建议。项目的环境影响评价作为一项预测性和参考性的环境管理手段，在提高项目实施的决策质量方面被广泛接受。

工程项目环境评价对可持续发展的作用体现在其通过促进可持续性原则的实现，继而促进了可持续发展目标的实现，这一实现可持续发展的方式可以看作间接的，工程项目环境影响评价的总目标，即间接目标是实现区域可持续发展，其直接工作目标应围绕可持续发展所要求的可持续性原则，即自然资源的可持续利用和生态环境质量的持续良好。因此工程项目环境评价的主要目标有以下 4 点。

（1）从国家的技术政策方面对新建工程项目提出新要求和限制，以减少重复建设，杜绝新污染的产生，贯彻“预防为主”的环境保护政策。

（2）对可以开发的工程项目提出超前的预防对策和措施，强化建设项目的环境管理。

（3）通过环境评价有效地促进国家科学技术、监测技术、预测技术的发展。

（4）为开展区域政策环境影响评价，实施环境与发展综合决策创造先决条件。

同时，工程项目环境评价具体目标的制定应从如下方面考虑，包括：节约能源效果，清洁能源利用率，土地、水等资源有效利用，建设和运营过程中有毒有害物质的排放和治理，运营期结束后的工程项目再利用等。工程项目环境评价的制定应当采用定量和定性相结合的形式展开，做到技术可行、内容详细、经济合理。进一步分解目标以精细化环境评价的总体目标。工程项目应当以可持续发展建设为总体目标，并且在可持续建设中循序渐进地发展，因此环境评价的目标可以区分不同的层次。从工程项目全生命周期出发，围绕工程项目实施的各个环节分解环境评价目标，确定工程在前期策划、规划设计、施工、运营等各个阶段的评价内容，如图 6-1 所示。

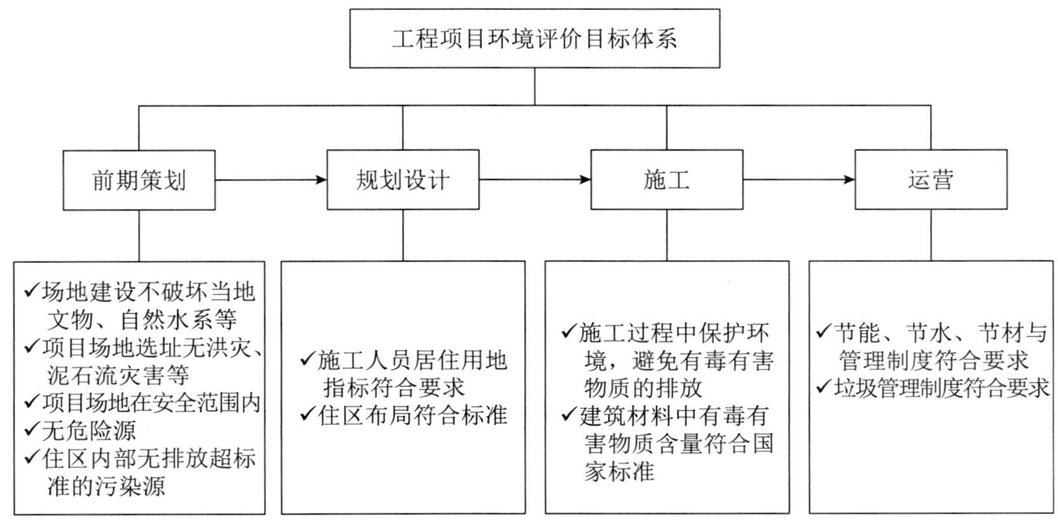

图 6-1　工程项目环境评价目标体系

二、环境评价的对象

（一）污染源的概述

工程项目的选址或选线，必须全面考虑建设地区的自然环境和社会环境，对选址或选线地区的地理、地形、地址、水文、气象、名胜古迹、城乡规划、土地利用、自然保护区现状及其发展规划等进行调研，收集建设地区的大气、水体、土壤等基本环境要素背景资料，进行综合分析，对工程项目进行整体的环境评价。凡排放有毒有害废气、废水、废渣（液）、恶臭、噪声、放射性元素等物质元素的工程项目，严禁在城市规划的生活区等地选址。铁路、公路等的选线应当尽量减轻对沿途自然生态的破坏和污染。

（二）污染物的概述

废气、粉尘等污染物。在生产过程中产生有毒有害气体、粉尘、酸雾、恶臭、气溶胶等物质，应当设计为密闭的生产工艺和设备，尽可能避免敞开式操作。如需要向外排放，应设置除尘、吸收等净化装置。含有易挥发物质的液体原料、成品、中间产品等储存设施，应有防止挥发物质逸出的措施；开发和利用煤炭的工程项目，其设计应符合《中华人民共和国大气污染防治法》（2018 年修订）；废气中所含的气体、粉尘及余能应尽可能地回收利用，无法利用的应采取妥善处理措施。

废水。工程项目必须坚持节约用水原则，生产装置排出的废水应合理回收重复利用。废水的输送设计按照清污分流原则，根据废水的水质、水量、处理方法，通过综合比较，合理划分废水输送系统。废水中所含物质，如固体物质、重金属化合物、易挥发性物体、酸或碱类、油类以及余能等，凡是有利用价值的应考虑回收或综合利用。当工业废水和生活污水（含医院污水）排入城市系统时，其水质要符合要求，且必须采取防渗防腐蚀处理。对于水质，应选用无毒、低毒、高效或污染较轻的水处理药剂。

废渣（液）。废渣（液）应根据数量、性质同时结合地区特点等，进行综合的处理和评估。对有利用价值的，采取回收和利用的措施；对于没有利用价值的，采取无害化堆置或焚烧等措施。一般的工业用废矿石可设置堆置处理厂统一存放；有毒有害的废渣在运输过程中，应采取密闭和增湿等措施，防止发生污染和中毒事件。

生产装置和辅助措施、作业场所、污水处理设备等必须集中处理，不得随意搁置或抛弃，防止有毒物质通过空气、土壤或水源等进行传播。

噪声。对于生产过程和设备产生的噪声，应首先从声源上进行控制，以低噪声的工艺和设备代替高噪声的；如仍达不到要求，则应采用隔声、消声、吸声、隔振、柔性连接、绿化以及综合控制等噪声污染防治措施。根据拟建项目多个方案的噪声预测结果和环境噪声标准，评述拟建项目各个方案在施工、运行阶段产生的噪声的影响程度、影响范围和超标状况。

三、环境评价的依据选取与特点

自 20 世纪 90 年代以来，我国在工程项目可持续发展领域陆续颁布实施了《中华人民共和国环境保护法》《中华人民共和国节约能源法》《中华人民共和国建筑法》等一系列法律，以及《建设工程质量管理条例》《建设项目环境保护管理条例》等系列规章办法，内容涉及能源利用，水、土地等资源利用，室内、室外环境，工程全生命周期综合性能等。我国环境影响评价的相关管理制度具有如下特点。

（1）具有法律强制性。我国的环境评价制度是国家环境保护法明确规定的一项法律制度，以法律形式约束人们必须遵照执行，具有不可违背的强制性，所有对环境有影响的工程项目必须执行这一制度。

（2）已纳入基本建设程序。工程项目的环境评价已经进入了基本建设的程序。目前环境评价和项目的可行性研究处于同一个阶段，各种投资类型的项目都要求在可行性研究阶段或开工建设之前，完成环境影响评价的报批。

（3）实行分类管理。对造成不同程度环境影响的项目实行分类管理：对环境有重大影响的项目，必须编写环境影响报告书；对环境影响较小的项目，可以编写环境影响报告表；而对环境影响很小的项目，仅填报环境影响登记表即可。

（4）实行评价资格审核认定制。为确保环境影响评价工作的质量，强调评价机构必须具有法人资格，具有与评价内容相适应的固定的专业人员和测试手段，能够对评价结果负法律责任。评价资格经审核认定后，颁发环境影响评价资格证书。

在评价工程项目环境的过程中，除依据相关的法律法规外，还应符合项目所在地环保部门的标准，确定评价标准时应掌握下列 4 个原则。

（1）有地方标准的应首先执行地方标准，无地方标准的执行国家标准，无国内标准的可参照国外标准或普遍公认的经验控制值。

（2）报告书需要附有当地环保部门对环境评价执行标准的确认件。

（3）评价标准宜用表格表示，明确标准出处及其具体的标准值。

（4）注意在引用标准的时候，一定要查阅原标准的适用范围和适用时限。在充分了解其标准的应用范围的基础上进行标准的确定。

四、环境评价中公众参与的重要性

工程项目环境评价是预防建设项目环境污染的重要手段，而公众参与又是工程项目环境评价中至关重要的法定程序，是公众行使环境知情权、参与权和监督权的重要途径。环境评价公众参与不仅包括公众的直接参与，建设单位和生态环境主管部门（下称环保部门）的环境评价信息公开作为公众参与的前提，也是环境评价公众参与的重要环节。

《中华人民共和国环境影响评价法》（2018 年修正本）第五条指出，国家鼓励有关单位、专家和公众以适当方式参与环境影响评价。环境评价的公众参与使公众对相关战略的类型、规模和重要意义有所了解，使公众对实施后的环境影响程度有一个客观、全面的认识，从而使公众参与到环境评价中来，进而增强公众对于该战略政策的认可程度。而一旦取得了公众的认可，便能够得到公众的理解和支持，从而得以顺利无阻地实施。在环境评价过程中，需要进行费用效益分析，即对环境污染和生态破坏所造成的损失和环境资源的价值进行估算。而估算过程中的价值和相关费用是无法用市场价格来衡量的，甚至缺乏明确的市场价值。这时，需要利用权变评价法进行定价，即通过公众参与来了解公众的意愿或选择意愿，以此为依据对公共资源以及其他享受性资源进行相应的估算。因此，公众参与是该估算方法中的必要因素。

通过公众的参与，可以多方面地收集战略执行区域和影响区域的环境信息，实现集思广益，不但能更为客观、全面地认识环境状况，更重要的是通过受影响者的实际感受，真正做到及时、准确地掌握环境信息，还能提高环境防范措施的适宜性和可行性，从而全面提高环境评价工作的质量。

公众在参与环境评价工作的过程中，需要对相关的政策、法规有一个充分的认识和了解，也可说公众参与的过程是一个公众提高环境知识、接受环境教育的过程。这将对促进可持续发展的战略目标的实现和提高全民素质都具有十分重要的意义。

让公众参与到环境评价工作中来，使政府依据环境评价工作的结果制定相关政策法规。这样一来，一方面，可以提高政府在群众中的公信力和对公众的责任意识；另一方面，公众参与还有可能改进政府的服务职能。二者最终都将有效地促进政府决策效率的提高。

综上所述，公众参与对环境评价工作来说，具有十分重要的意义。环境评价工作必须有公众的参与，公众的参与也有利于环境评价工作的顺利展开，甚至有利于相关工程项目的顺利开展。公众的参与不仅有利于提高公众的个人环保意识和环保知识，提高个人素质，还顺应了当今民主化的趋势，体现了我国政府制定方针政策的民主性。

第二节　环境评价的程序与方法

环境影响评价程序是指按一定的顺序或步骤指导完成环境影响评价工作的过程。分为管理程序和工作程序。管理程序用于指导环境影响评价的监督与管理（由环保局完成）；工作程序用于指导环境影响评价的工作内容和进程（由环评机构与申报单位完成）。

一、环境现状调查与评估

环境现状调查的方法主要有三种，即资料收集法、现场勘查法和遥感调查法。

（1）资料收集法应用范围广、收效大，比较节省人力、物力和时间。环境现状调查时，应首先通过此方法获得现有的各种有关资料，但此方法只能获得第二手资料，而且往往不全面，不能完全符合要求，需要其他方法作补充。

（2）现场勘查法可以针对使用者的需要，直接获得第一手的数据和资料，以弥补资料收集法的不足。这种方法工作量大，需占用较多的人力、物力和时间，有时还可能受季节、仪器设备条件的限制。

（3）遥感调查法可从整体上了解一个区域的环境特点。可以调查人类无法到达地区的地表环境情况，如一些大面积的森林、草原、荒漠、海洋等。但此方法准确度较低，不宜用于微观环境状况的调查，一般只用于辅助性调查。在环境现状调查中，使用此方法时，绝大多数情况下使用直接飞行拍摄的办法，只判读和分析已有的航空或卫星相片。

二、环境影响预测与评价

通过对工程项目环境影响进行预测与评价，监测和揭示该地区资源和环境系统存在的主要问题，并分析矛盾和问题产生的原因，及时提供给管理部门，以便采取对策促进自然资源的可持续利用和生态环境质量持续良好的发展。同时，通过定量预测和评价进行本地区自然资源的可持续利用和生态环境质量的持续良好水平的分析，为区域环境保护规划和资源利用规划的制定提供参考。

（一）环境影响预测与评价对象的确定

拟建扩建工程项目环境影响相关污染源的确定，应以物料平衡估算为主，配合同类污染源的类比调查或实测进行核实和调整。原则上采用“三本账”模式逐项分析计算（包括正常工况和非正常工况），并结合同类污染源的类比监测、调查分析结果。首先，要说明资料收集、类比调查及污染源现场调查监测等信息数据得出的依据，数据的科学性、可靠性、适用性（包括数据内容，来源，获得方法，类比工艺企业的可类比性，污染源现场监测方案与生产实际的相关性、符合性，以及理论测算公式的通用性、权威性等方面的说明）。其次，结合工程分析，按废水、废气、固废（残液）、噪声、放射源等分别论述项目污染源的来源、名称、类别、性质、发生量、组成（主要污染物）、浓度、排放方式（有组织、无组织、连续、间歇、稳定、波动）、排放高度、排放去向（回收利用、排入环境、进入处理系统等），及季节性生产差异。再次，说明产生的污染源经治理后（或按达标排放的要求），污染源和污染物排放量及排放速率。对特定的污染物提出治理效率和最终排放去向的要求和建议。最后，通过对治理工艺及技术水平分析，论述污染物的达标可行性。

水质常规预测因子应包括酸碱度、DO、CODMn、BOD_5、氨氮、总磷、石油类、SS。水质特殊预测因子结合项目及当地实际情况根据污染负荷指标确定1~3项。空气常规预测因子，涉及燃料燃烧时，应包括SO_2、NO_2，另外TSP、PM_{10}可根据排放特征选1~2项（可根据污染产生情况和除尘情况来确定）。污染源排放以PM_{10}为主或PM_{10}列入当地考核要求的应选PM_{10}。空气特殊预测因子等根据污染负荷标准确定1~3项。噪声评价因子选用等效连续A声级。固体废物鉴别因子应涉及项目区域内土壤现状（特别调查分析此前土地利用和受污染情况），工艺过程产生废物的种类、数量和性质，原料、副产品、产品的损益和废弃后的污染特性。生态环境因子主要从资源保护、生态功能保护和特殊生态保护进行考虑，包括土地、土壤、水、森林、景观、矿藏、生物物种、河流、湖泊、湿地、水源涵养地、生态林、生物多样性保护，类似洄游通道、索饵场等。对于可能污染地下水和土壤的项目，还应当充分考虑地下水和土壤的现状监测、调查工作。

（二）环境影响预测与评价方法

建设项目的工程分析应该根据项目规划、可行性研究和设计方案等技术资料进行工作。由于国家建设项目审批体制改革，环境影响评价成为项目核准备案的前置条件，有些工程项目，如大型资源开发、水利工程建设以及国外引进项目，在可行性研究阶段所能提供的工程技术资料不能满足工程分析的需要时，可以根据具体情况选用其他使用的方法进行工程分析。目前可供选择的方法有类比分析法、物料衡算法、资料复用法、实测法和实验法。

1. 类比分析法

类比分析法是利用与拟建工程项目类型相同的现有项目的设计资料或实测数据进行工程分析的方法。项目的相似性一般表现在如下几方面。

（1）工程项目一般特征的相似性。所谓一般特征包括工程项目的性质、建设规模、车间组成、产品结构、工艺路线、生产方法、原料、燃料成分与消耗量、用水量和设备类型等。

（2）污染物排放特征的相似性。包括污染物排放类型、浓度、强度与数量等，排放方式与去向以及污染方式与途径等。

（3）环境特征的相似性。包括气象条件、地貌状况、生态特点、环境功能以及区域污染情况等方面的相似性。因此在生产建设中通常会遇见这种情况，即某污染物在甲地是主要污染因素，而在乙地则可能是次要因素，甚至是可被忽略的因素。

类比分析法也常用单位产品的经验排污系数计算污染物排放量。但是需要注意的是，一定要根据生产规模等工程特征、生产管理以及外部因素等实际情况进行必要的修正。经验排污系数法的公式为

$$A = \mathrm{AD} \times M \tag{6.1}$$

$$\mathrm{AD} = \mathrm{BD} - (D_a + D_b + D_c + D_d) \tag{6.2}$$

式中，A 为某污染物的排放总量；AD 为单位产品某污染物的排放定额；M 为产品总产量；BD 为单位产品投入或生产的某污染物量；D_a 为单位产品中某污染物的量；D_b 为单位产品所生产的副产物、回收品中某污染物的量；D_c 为单位产品分解转化掉的污染物量；D_d 为单位产品被净化处理掉的污染物量。

当采用经验排污系数法计算污染物排放量时，必须对生产工艺、化学反应、副反应和管理等情况进行全面了解，掌握原料、辅助材料、燃料的成分和消耗定额。一些工程项目计算结果可能与实际情况存在一定的误差，在实际工作中应注意结果的一致性。

2. 物料衡算法

物料衡算法是用于计算污染物排放量的常规和最基本的算法。在具体工程项目产品方案、工艺路线、生产规模、能源消耗以及治理措施确定的情况下，运用质量守恒定律核算污染物排放量，即在生产过程中投入系统的物料总量必须等于产品数量和物料流失量之和。其计算方法如下：

$$\sum G_{投入} = \sum G_{产出} + \sum G_{流失} \tag{6.3}$$

式中，$\sum G_{投入}$ 为投入系统的物料总量；$\sum G_{产出}$ 为产出总量；$\sum G_{流失}$ 为物料流失总量。

当投入的物料在生产制造过程中发生化学反应，总物料衡算公式为

$$\sum G_{排放} = \sum G_{投入} - \sum G_{回收} - \sum G_{处理} - \sum G_{转化} - \sum G_{产品} \tag{6.4}$$

式中，$\sum G_{投入}$ 为投入物料中某污染物总量；$\sum G_{回收}$ 为进入产品结构中的某污染物总量；$\sum G_{处理}$ 为进入回收产品中的某污染物总量；$\sum G_{转化}$ 为净化处理掉的某污染物总量；$\sum G_{产品}$ 为生产过程中被分解、转化的某污染物总量；$\sum G_{排放}$ 为某污染物的排放量。

对某单元或某工艺操作进行物料核算，可以确定这些单元工艺过程、单一操作的污染物生产量，如对管道和泵输送、吸收过程、分离过程、反应过程等进行物料核算，可以核定这些过程的物料损失量，从而了解污染物生产量。

工程项目分析中常用的物料衡算有总物料衡算、有毒有害物料衡算、有毒有害元素物料衡算等。在工程项目提供的基础资料比较丰富或对生产工艺熟悉的条件下，应优先采用物料衡算法计算污染物排放量。

3. 资料复用法

资料复用法是利用相同类型工程已有的环境影响评价资料或可行性研究报告等资料

进行工程分析的方法。虽然此方法较为简单，但所得数据的准确性无法得到保证，所以只能在评价工作等级较低的工程项目分析中使用。

4. 实测法

通过选择相同或类似工艺实测一些关键的污染参数用于环境影响评价技术方法。

5. 实验法

通过一定的实验手段来确定一些关键的污染参数用于环境影响评价技术方法。

（三）环境影响评价基础数据库

一方面，环境影响评价制度在我国已有二十多年历史，积累了大量的有关环境影响评价数据与文件，但由于缺乏全面统一的数据管理，在日常的环境影响评价中存在着处理数据方法不统一、数据获取上人力和财力的浪费等问题。另一方面，环境影响评价涉及许多领域、部门，需要运用多种数据信息，而现实情况是任何一个部门都不能单独提供环境影响评价所需要的完整的数据信息，而有关部门之间在数据信息交流方面又很不畅通。为了发挥各专业方面的信息优势，建立必要的环境影响评价信息共享制度，促进各部门、各单位之间在环境影响评价方面的信息交流和信息共享，对于更好地开展环境影响评价工作，是很有必要的。《中华人民共和国环境影响评价法》第六条明确规定，国家加强环境影响评价的基础数据库和评价指标体系建设，鼓励和支持对环境影响评价的方法、技术规范进行科学研究，建立必要的环境影响评价信息共享制度，提高环境影响评价的科学性。国务院环境保护行政主管部门应当会同国务院有关部门，组织建立和完善环境影响评价的基础数据库和评价指标体系。

环境影响评价涉及多种基础数据，包括自然生态、大气、水体、气象、地质、地震、土壤、作物、噪声、震动、动物、植物、水生生物、放射性、电磁波以及社会经济、文物古迹和人体健康等。为了更全面、直观地反映这些信息，环境影响评价基础数据库拟包括环境影响评价基础数据库系统和自然与社会环境地理信息系统两大系统。

（四）环境影响预测与评价的经济损益分析

工程项目基于环境影响的经济损益的测度方法包括间接测度法、生产率下降法、人类健康损害法、数学模型法和直接测度法。

1. 间接测度法

间接测度法根据对环境成本分析处理的角度不同，分为收入损失型估价方法和维护成本型估价方法两类。收入损失型估价方法从工程项目引起的环境质量下降，给人类经济福利带来的损失和代价的角度出发，估计工程项目带来的环境恶化的社会成本。维护成本型估价方法从环境资产使用后，从维护其质量不下降所需的补偿费用角度出发，评估工程项目对非实物型自然资源消耗的环境成本，即环境恶化成本。环境资产维护成本的具体估算方法取决于维护环境资产质量不同活动的选择，如恢复活动、重置活动、防护活动等，对应方法分别为防护成本法、恢复成本法和影子工程法等。防护成本法是指为了消除或降低生态系统退化的影响而投入的防护费用，作为工程项目的环境损益评估。恢复成本法将工程项目引起的环境质量恶化的恢复成本作为环境恶化的成本估价。影子工程法（替代工程法）是恢复成本法的一种特殊形式。如果工程项目使某一环境资产的功能永久性失去，则用建造一个与原本环境资产功能相似的替代工程的成本，作为工程项目对原来环境资产的消耗成本。

对环境影响的经济损益计算方法的选择，采用维护成本型方法比采用收入损失型方法更合理。对工程项目的自然资源与环境恶化成本的估算，采用维护成本型方法更好。其原因在于：关于工程项目外部不经济性对自然资源和人类健康等造成的损害，目前尚不完全了解，因此难以对这些损害进行全面估算评价。例如，人类尚不能完全估计全球温室效应和臭氧层变薄给人类带来的潜在伤害和经济损失。虽然已经提出健康损害估算法，但仍缺乏对各种污染物、健康与福利之间的数量关系的了解。维护成本型估价方法符合马克思再生产补偿理论和可持续发展的要求。将自然环境资产与生产资产同等看待，估算一定时期环境资产使用后的维护成本，可对环境成本做出合理的估算，从而实现对环境影响和经济损益的科学估价。

2. 生产率下降法

生产率下降法是一种将自然环境看作传统生产要素的方法。工程项目向自然环境排放废物，引起环境质量下降，使环境要素的服务功能下降，即环境资产的生产率下降，表现为：在其他初始投入（资金和劳动力等）条件相同的情况下，产出量下降。因此，可以利用减少的产出量的市场价值作为环境资产质量恶化的成本。例如，菲律宾曾经对巴克尤特湾进行价值评估，若不禁止伐木，可产生伐木收入 980 万美元，但是会因此增大该海湾的沉积率，影响珊瑚礁和渔业资源，进而影响其旅游、海洋捕捞这两个赚取外汇的行业，这两个行业分别减少的收入为 1920 万美元、810 万美元。因此，伐木所造成的环境损害价值相当于 1750（1920+810−980）万美元，这就是禁止伐木保护环境的效益价值。生产率下降法易于理解和操作，但是该方法在有效获取环境资产质量下降引致的工程项目减少生产资料时，存在两个问题：第一，合理确定环境因素对工程项目的影响，实际工程项目的建造速率由多种因素决定；第二，对工程项目影响的滞后性，在计算模型中，环境恶化成本，建造速率变缓为本期数值，而实际上这并不是由当期经济活动造成的。

3. 人类健康损害法

工程项目的外部不经济性不仅表现为环境质量的下降，还体现在可能对人类健康造成损害，引起相关疾病的发病率上升，寿命变短，致使劳动力水平下降或提前丧失。环境污染给人类健康带来的危害所造成的间接经济损失分为两类：第一，人类健康受损后为了治疗疾病和恢复健康所花费的医疗费用，被称为第一类损失；第二，由于劳动力暂时丧失（住院）、永久性丧失（残疾等）和提前丧失（死亡）导致劳动生产率的下降等造成的国内生产总值（gross demestic product，GDP）的减少，被称为第二类损失。该方法把人看作生产要素之一——劳动，用环境污染引起的人类劳动损失的价值作为环境质量下降成本的估计量，这种方法也被称为“人力资本法”。

4. 数学模型法

利用数学模型可以确定由工程项目导致的环境质量下降的成本。以某工程项目污染物排放对某行业的经济影响分析为例，单位产量与空气污染程度等多种因素有关，其数学表达式为

$$Q=f(x_1,x_2,\cdots,x_n) \tag{6.5}$$

式中，Q 为单位产量；$x_1,x_2,\cdots,x_n$ 为各种污染物浓度；$x_{n+1},x_{n+2},\cdots,x_{n+m}$ 为污染以外的其他影响因素。

若上述关系为线性，则单位面积产量的数学模型为

$$Q=a_0+a_1x_1+\cdots+a_nx_n+\cdots+a_{n+m}x_{n+m} \tag{6.6}$$

式中，a_0，$a_1,\cdots,a_{n+m}$ 为相关系数，为污染物浓度与单位产量之间的相关程度。

其中，a_i 为第 i 种污染物浓度每上升 1 个单位，单位产量的减少量，当其他因素不变时，第 i 种污染物浓度上升 Δx_i 个单位时，单位产量减少量为

$$\Delta Q_i=a_i\Delta x_i \tag{6.7}$$

用单位产量减少量乘该种污染物加重受伤害 S_i 的面积与单位价格 P_i，则该种污染物加重的环境恶化成本为

$$C=\Delta Q_iS_iP_i \tag{6.8}$$

在实际应用中，数学模型法对模型参数的估计需要收集大量的多种变量的统计资料，随着统计资料的完善，此方法得到了更广泛的应用。

5. 直接测度法

典型的直接测度法是指意愿调查评估法（contingent valuation method，CVM），该方法先给被调查者提供一个某种工程项目环境服务的假定条件的描述，然后询问被调查者：在特定的条件和情形下，若有机会获得工程项目所提供的服务，将如何为其定价，以其所愿支付的价格作为环境经济价值的估计。意愿调查评估法既可以估算利用价值，也可以估算非利用价值，且它是目前估算环境服务非利用价值的唯一的方法。与间接测度法相比，经济学家认为该方法征问的是假设的问题，而间接测度法获得的是实际数

据，这是意愿调查评估法的不足。另外，意愿调查评估法与间接测试法相比具有以下两点优势：第一，它可同时用于利用价值和非利用价值问题，而间接测度法仅可用于利用价值问题，且包含弱互补性的假设；第二，从原则上看，与间接测度法不同，意愿调查评估法回答的是支付意愿或补偿意愿问题，直接得到理论上效用变化的准确货币计量。

三、不良环境影响的预防与治理

（一）环境管理与环境监测

不良环境的治理措施分析应分两个层次进行，首先是环境容量及污染物排放总量指标的确定，其次是提出实现去除率应采用的具体治理措施，并对推荐措施进行经济技术分析。污染治理措施应具有针对性，对工程的环境保护设计具有指导作用，同时也为环境管理提供依据。

1. 废气处理

分别对生产工艺废气（包括物料及溶剂回收系统）、燃料燃烧废气、储运系统废气等三类废气所采取的收集系统、治理设施名称、处理规模、处理工艺、污染物去向及去除率等进行管理，对于有回收系统的应说明回收利用方式和回收利用率数据。废气治理应论证排气筒高度的合理性，以及无组织排放源的收集点、捕集方式、捕集率。

2. 废水防治

对厂区排水体制（废水收集系统）、废水特征、污水处理能力、处理工艺，并附污水处理工艺流程图，各处理工段污染物去除率进行管理。根据节水政策提出工业用水循环率要求。

（1）分析工程项目发生的废水水量和水质，提出清污分流、污水的分质分类、分质预处理和综合处理的要求。

（2）提出拟选用的治理技术和处理工艺流程组合方案，并进行方案的可行性、适用性论述（包括处理水量和规模适应性、特殊污染物的处理适应性）。

（3）提出处理工艺中各级处理单元的处理效率，效率指标的合理性论述，个别污染因子的达标可行性分析。

（4）区域或城市管网的废水，应进行接管可行性及对终端污水处理厂冲击影响分析。

（5）提出污水厂内处理过程中二次污染的防治要求。

（6）提出事故性排放的应急措施及预案。

（7）若排放总量突破或纳污水体无环境容量及环境较敏感，应提出污水深度处理及处理尾水的综合利用要求。

3. 噪声治理

对各高噪声设备的噪声源强采取的具体降噪措施和降噪效果。

4. 固废（残液）治理措施评述

对各类固废厂内收集、储存方式及综合利用途径进行管理，分析储存处置方案是否达到国家固废处置法规及相关标准的要求。对自行处置危险废物的单位，必须分析其处置设施是否符合国家标准。委托其他单位进行危险废物处置的，应说明处置单位名称、处置资质、处置能力、处置工艺及效果。

（1）固废按照不同类别、不同毒性、不同性质进行区分，提出不同的收集、储存及处置要求。

（2）有机物料、溶剂、废催化剂、吸附剂、离子交换剂等按照具体溶剂的特点来选择相应的回收方法，实现回收利用可持续发展。

5. 电磁辐射、放射性污染防治措施评述

管理电磁辐射、放射性污染的基本要求是一套严格执行国家有关规定的电磁辐射污染防治的政策法规。环境保护行政主管部门应当严格遵守有关法律法规和保护控制方法，评估和批准建设项目的环境保护。根据工程项目的特点，分析项目运行可能产生的辐射照射途径，如贯穿外照射、气态以及液态等途径。根据分析的辐射照射途径、场所屏蔽和污染防治情况，说明采取的计算模式，给出计算方法的依据、计算公式、参数以及必要的示意图，估算项目工作场所及周围主要关注点的辐射水平，分析其理论计算值是否满足确定的工作场所表面污染、污染物浓度（比活度）、剂量率等控制水平的要求。

6. 生态保护

（1）水土保持方案管理，主要指土方平衡，取料场及弃渣场选址合理性分析，开挖面和弃渣场生态修复及绿化具体方案。对于工程项目已经编制水土保持方案的，原则上可引用水土保持方案内容，但需从环保角度论述其合理性。

（2）珍稀动植物保护管理。

（3）自然生态（水源涵养，湿地，生态林地，重要河流、湖泊和特殊生境等）保护管理。

（4）生物多样性及生物链平衡管理。

（5）防止外来生物侵袭管理。

（6）自然资源（土地、水、森林、景观、生物物种、重要矿产等）保护管理。

（7）海洋生态保护管理。

7. 稳定达标排放

从废水、废气治理设施处理能力、处理工艺、处理效果等方面，评述其长期稳定达

标的技术可行性和经济合理性。对废气、废水、固废，噪声、电磁辐射等污染源按各排气筒、污水排放口、厂界噪声等采用相应评价标准进行达标分析。介绍拟采取的污染防治措施在国内成功运行的实例。对于将污水区域集中处理的污水处理厂，应评述污水处理厂处理能力，时间上的衔接，服务范围，处理工艺，污水处理厂进、出水质要求等，论述厂区污水由污水处理厂集中处理的可行性和对污水处理厂的处理影响。配套建设或落实污泥无害化处置设施，委托其他单位处置污泥的，应说明委托单位的资质、能力和相关委托协议，分析介绍处置单位污染防治措施。需要特别强调的是，报告书应对环保行政部门监管企业污染治理措施是否达到稳定达标运行的在线监测、监控、数据传输、统计系统提出明确要求，从技术上保证环保监管执行力度。

8. 补充对策和替代方案

针对不能稳定达标排放或治理措施不具备工艺先进性、技术可行性和经济合理性的，提出改进、补充对策措施，必要时提出替代方案。

9. 绿化

明确绿化率指标，细化绿化方案（厂界绿化防护林带宽度、长度、树种等）。上述所有污染治理措施应汇总成表，以便一目了然。

10. 环境风险

对于涉及有毒有害和易燃易爆物质的生产、使用、储运等新建、改建、扩建和技术改造项目（不包括核建设项目），应要求进行专门的环境风险管理。

（二）预防治理措施的技术经济论证

预防治理措施的技术经济分析是一种分析和计算工程项目环境影响货币价值，评价工程项目对预防治理措施的效益和损失的定量估价的工作，是给出采取工程项目环境保护设施所能带来的社会经济效益价值的核算工作。这种经济分析的主要内容包括工程项目污染物排放量的经济分析、工程项目环境保护措施的实施费用和逐年费用分析、工程项目所能产生的环境经济效益和环境经济损失的分析等。在这种经济分析中有些方面不能用价值量来恰当地反映，因此需要采用“等效”原理和“价值替代”原理来进行必要的价值转换。所以对工程项目环境影响的经济评价的方法可以分为定性方法和定量方法两种。

1. 预防治理措施经济分析的定性方法

预防治理措施经济分析中的定性方法主要是专家判断法，这是通过有关专家来定性描述工程项目对环境产生的各种影响的价值。这种方法主要用于工程项目对环境产生的各种无形影响的分析与评估。例如，工程项目对珍稀动植物和生态环境的影响难以直接用货币计量，只能通过专家判断来度量工程项目对环境的影响。

2. 预防治理措施经济分析的定量方法

预防治理措施经济分析中的定量方法主要是费用－效益分析法，人们在工程项目环境影响的经济分析中可以把其中的费用和效益看作是工程项目对社会经济福利的一种贡献，从而将工程项目环境影响引起的社会经济福利变化用等量商品的价值量来表示。这种方法的具体做法就是使用净现值的计算方法进行预防治理措施的经济分析与计算。

四、环境评价报告书的编制

（一）编制要求

工程项目对环境的影响具有很强的异质性，不同行业、产品、规模、工艺、原材料产生的污染物种类和数量各不相同，对环境的影响也存在差异，即使是同一个项目在不同的地点、区域对环境的影响也有很大差别。因此，国家对工程项目的环境保护实施分类管理，对环境影响大的工程项目严格把控，坚决防治对环境的污染和生态的破坏，对环境影响相对较小的工程项目适当简化评价内容和审批程序，从而促进经济、资源与环境的可持续发展。

建设单位应当按照如下三条规定编制环境影响报告书、环境影响报告表或者填报环境影响登记表。

（1）可能造成重大环境影响的，应当编制环境影响报告书，对产生的环境影响进行全面评价。

（2）可能造成轻度环境影响的，应当编制环境影响报告表，对产生的环境影响进行分析或者专项评价。

（3）对环境影响很小，不需要进行环境影响评价的，应当填报环境影响登记表。

工程项目的环境影响评价分类管理名录，由国务院环境保护行政主管部门制定并公布。

（二）编制内容

根据建设项目环境保护分类管理要求，工程项目环境影响评价文件分为环境影响报告书、环境影响报告表和环境影响登记表。

《环境影响评价技术导则总纲》规定了环境影响报告书应根据环境和工程的特点及评价工作等级，选择下列全部或部分内容进行编制。

1. 总则

（1）结合评价项目的特点，阐述编制环境影响报告书的目的。

（2）编制依据：①项目建议书；②评价大纲及其审查意见；③评价委托书（合同）或任务书；④建设项目可行性研究报告等。

（3）采用标准：包括国家标准、地方标准或拟参照的国外有关标准（参照国外标准的应按国家环境保护局规定的程序报有关部门批准）。

（4）控制污染与保护环境的目标。

2. 建设项目概况

（1）建设项目的名称、地点及建设性质。

（2）建设规模（扩建项目应说明原有规模）、占地面积及厂区平面布置（应附平面图）。

（3）土地利用情况和发展规划。

（4）产品方案和主要工艺方法。

（5）职工人数和生活区布局。

3. 工程分析

报告书应对建设项目的下列情况进行说明，并作出分析。

（1）主要原料、燃料及其来源和储运，物料平衡，水的用量与平衡，水的回收利用情况。

（2）工艺过程（应附工艺流程图）。

（3）废水、废气、废渣、放射性废物的种类、排放量和排放方式，以及其中所含污染物种类、性质、排放浓度，产生的噪声、振动的特性及数值等。

（4）废物的回收利用、综合利用和处理、处置方案。

（5）交通运输情况及厂区用地的开发利用方案。

4. 建设项目周围地区的环境现状

（1）地理位置（应附平面图）。

（2）地质、地形、地貌和土壤情况，河流、湖泊（水库）、海湾的水文情况、气候与气象情况。

（3）大气、地面水、地下水和土壤的环境质量状况。

（4）矿藏、森林、草原、水产和野生动物、野生植物、农作物等情况。

（5）自然保护区、风景游览区、名胜古迹、温泉、疗养区以及重要的政治文化设施情况。

（6）社会经济情况，包括现有工矿企业和生活居住区的分布情况、人口密度、农业概况、土地利用情况、交通运输情况及其他社会经济活动情况。

（7）人群健康状况和地方病情况。

（8）其他环境污染、环境破坏的现状资料。

5. 环境影响预测

（1）预测环境影响的时段。

（2）预测范围。

（3）预测内容及预测方法。

（4）预测结果及其分析和说明。

6. 评价建设项目的环境影响

（1）建设项目环境影响的特征。

（2）建设项目环境影响的范围、程度和性质。

（3）当进行多个厂址的优选时，应综合评价每个厂址的环境影响并进行比较和分析。

7. 环境保护措施的评述及技术经济论证

（1）针对项目对周围地区的地质、水文、气象可能产生的影响，如地下水位下降、地面沉降等，采取防范和减少这种影响的措施。

（2）针对项目对周围地区自然资源可能产生的影响，如森林和植被破坏，影响野生动植物生存和繁殖等，采取防范和减少这种影响的措施。

（3）针对项目对周围自然保护区、风景游览区名胜古迹、疗养区等可能产生的影响，如土壤污染、水源枯竭等，采取防范和减少这种影响的措施。

（4）针对各种污染物排放量对周围大气、水、土壤的破坏程度及对居民生活区的影响范围和程度，采取污水、废气、废渣、粉尘及其他污染物的治理措施和综合利用方案。

（5）针对噪声、振动、电磁波等对周围居民生活区的影响范围和程度，采取消声、防振的措施。

（6）绿化措施，包括防护地带的防护林和建设区域的绿化。

针对上述措施，同时应突显技术的可行性、经济的合理性、长期稳定运行及达标可靠性，满足环境质量改善、排污许可可行性等从而达到管理及监管的有效性。

8. 环境影响经济损益分析

建设项目的环境影响经济损益分析，通过对项目建设期间和建成后造成的环境损失，包括土地资源损失、植被资源损失和植被污染、空气污染对人群健康和人力资源影响等项目的损失估算，以此衡量该建设项目的环保投资能收到的环保效果和经济实效，最大限度地控制污染，降低破坏环境的程度，合理利用自然资源，以最少的环境代价取得最大的经济效益和社会效益。在进行分析时，对可以量化的环境影响，应计算并列入经济评价中的现金流量表内进行分析。

9. 环境监测制度及环境管理、环境规划的建议

环境检测制度要求环境评价报告书明确监测布点原则、监测机构的设置和设备选择以及监测的手段目标。

在工程项目建设过程中的环境管理和规划问题，是以服务全局为目标，融入中心工作，坚决守好生态保护红线、环境质量底线、资源利用上线，客观真实反映环境质量现状，加强分析研判，全面提升环境监测规范化、精准化水平，更好地促进工程项目顺利开展。

（三）环境影响评价的结论

1. 项目概况

简要描述工程项目建设规模、主要生产工艺和公用工程消耗量，明确主要污染源和污染物排放量。

2. 环境质量现状

描述建设地点环境质量现状。内容包括：拟建场（厂）址周边工矿企业分布、生态环境、环境敏感点、自然遗迹、人文遗迹等现状；项目所在地区地形地貌、气象等自然条件，水环境、空气环境、噪声环境质量现状，固体废弃物储存场、危险废弃物填埋场环境现状，生态环境状况，土地利用现况，包含林地、果园农田、裸地、建设用地及水面分布等；改、扩、建项目依托企业水环境、空气环境、噪声环境质量现状、污水处理设施规模、处理工艺、运行等现状。

3. 污染环境因素分析

（1）废气（含气态污染物和颗粒物，颗粒物包括烟尘、粉尘）。分析废气排放点，计算污染物产生量和排放量、有害成分和浓度，研究排放特征及其对环境的危害程度。编制废气排放一览表，包括车间或装置名称、污染源名称、主要污染物、排放量、组成及特性数据（成分名称、排放量）、排放特性（排放温度、压力、排放点高度）、排放方式等。

（2）废水。分析工业废水（废液）和生活污水的排放点，计算污染物产生量与排放数量、有害成分和浓度，研究排放特征、排放去向及其对环境的危害程度。编制废水排放一览表，包括车间或装置名称、污染源名称、产生量、排放量、组成及特性数据（或数量）、排放特性（温度、压力）、排放方式等。

（3）固体废物。分析计算固体废物产生量与排放量、有害成分，及其对环境造成的污染程度。编制固体废物排放一览表，包括车间或装置名称、固体废物名称、产生数量、组成及特性数据、固体废物处理方式、排放数量。

（4）噪声。分析噪声源位置，计算声压等级，研究噪声特征及其对环境造成的危害程度。编制噪声一览表，包括噪声源位置、噪声源名称、台数、技术参数（规格型号）、噪声特征（连续、间断、瞬间）、声压级 dB（A）（估算值、参考值、采用值）。

（5）其他污染物。分析生产过程中产生的电磁波、放射性物质等污染物的特征，计算其强度值及其对周围环境的危害程度。

4. 破坏环境因素分析

分析项目建设施工和生产运营对环境可能造成的破坏因素，预测其破坏程度，主要包括：对地形、地貌等自然环境的破坏；对森林、草地植被的破坏，如引起土壤的退化、水土流失等；对社会环境、自然遗迹、人文遗迹、古树名木的破坏。

5. 环境污染防治措施方案

环境污染防治措施包括“三废”治理、废物回收利用、环境管理制度、环境监测设施等方面。所提出的环境污染防治措施应与环境影响评价报告中提出的措施协调一致。通常采用的环境污染防治措施主要包括以下几点。

1）水环境污染防治措施

这包括污水处理，中水回用，废液回收处理，废液焚烧，事故状态下“清净下水”的收集、处置措施等及回收利用方案。

2）大气环境污染防治措施

这包括气态污染物和颗粒物（工艺废气、焚烧炉废气、锅炉烟气、烟尘和工业粉尘）污染防治措施及回收利用方案。

3）固体废物处理措施

这包括固体废物（化工渣、燃煤灰渣、废矿石、尾矿和其他工业固体废物等）处理措施及回收利用方案。

4）危险废物处理措施

这包括危险废物包装，储存设施的选址、设计、运行与管理、安全防护与监测等处理措施，提出危险废物再利用或无害化处理方案。

5）噪声防护措施

这包括噪声控制及防护措施等。

6）水土保持措施

在山区、丘陵区、风沙区修建铁路、公路、水利工程，开办矿山企业、电力企业和其他大中型工业企业，需采取水土保持措施，对水土保持方案进行论述。水土保持方案内容要求包括建设项目概况，建设项目对建设地区水土保持的影响分析，并提出适用于建设项目的水土保持方案和初步结论，如修建铁路、公路和水利工程，应当尽量减少破坏植被，废弃的砂、石、土必须运至规定的专门存放地堆放，不得向江河、湖泊、水库和专门存放地以外的沟渠倾倒；在铁路、公路两侧地界以内的山坡地，必须修建护坡或者采取其他土地整治措施；工程竣工后，取土场，开挖面和废弃的砂、石、土存放地的裸露土地，必须植树种草，防止水土流失；开办矿山企业、电力企业和其他大中型工业企业，排弃的剥离表土、矸石、尾矿、废渣等必须存放在规定的专门存放地，不得向江河、湖泊、水库和专门存放地以外的沟渠倾倒；因采矿和建设使植被受到破坏的，必须采取措施恢复表土层和植被，防止水土流失。

7）公众参与及公众利益保护措施

为保护公众利益，需针对生产和运输过程中产生的废水、废气、固体废弃物、噪声、振动、烟（粉）尘、恶臭气体以及放射性物质等污染可能对公众的影响，提出保护公众利益的措施。对环境可能造成重大影响的建设项目需按照《环境影响评价公众参与暂行办法》[①] 规定，在环境保护篇（章）中纳入公众参与及公众利益保护措施内容。

6. 建设项目环境风险评价

需进行环境风险评价的新建化工、石化项目及其他存在有毒有害物质的建设项目，在环境保护内容中应分析建设项目产品，中间产品和原辅材料的规模及物理化学性质、毒理指标和危险性等；针对项目运行期间发生事故可能引起的易燃易爆、有毒有害物质的泄漏，或事故产生的新的有毒有害物质，从水、气、环境安全防护等方面考虑并预测环境风险事故影响范围，事故对人身安全及环境的影响和损害；简要说明环境风险事故防范、减缓措施，特别要针对特征污染物提出有效地防止二次污染的应急措施。

7. 环境污染防治措施方案比较及推荐意见

对提出的环境污染防治措施方案进行比较，包括以下 4 点。

①采用的清洁生产工艺的源头治理技术和末端治理的污染物处理技术，比较各方案技术水平。

②治理效果比较。从治理后的污染物排放浓度与排放量来衡量。

③监测方式比较。分析环境污染防治措施方案中拟采取的管理模式和检测手段的优缺点。

④污染治理效益比较。包括经济效益、社会效益、环境效益及公众利益保护等方面。

【思考题】

1. 什么是工程项目环境影响及评价？

---

① 中华人民共和国生态环境部 2018 年部令第 4 号《环境影响评价公众参与办法》，索引号 000014672/2018-01134。

2. 我国环境评价管理制度的特点是什么？
3. 工程项目环境评价的程序有哪些？
4. 工程项目环境评价包括哪些内容？
5. 工程项目环境评价的方法有哪些？

即测即练

【拓展案例】

某煤炭矿区规划范围4800余平方千米，规划开发总规模1.36亿吨/年，矿区共划分为18个井田和1个露天矿田、5个勘查区。根据煤层赋存条件和水文地质条件，矿区规划开发划分为A区、B区、C区和D区四个区（图6-2）。

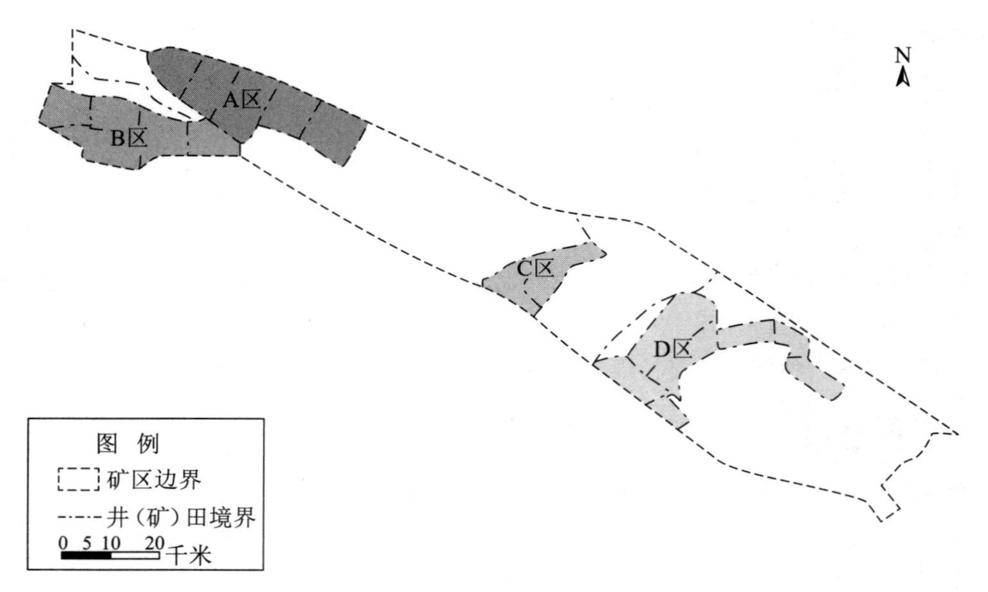

图6-2　矿区规划平面图

矿区北部和南部均为山区，矿区位于南北两山之间的盆地区域。矿区地表多为砾石覆盖，区域干旱少雨，多年平均降水量在50毫米以下，矿区内无常年性地表水体，仅在融雪季节和雨季过后，沟谷中会短暂形成地表径流。

1. 该矿区环境评价重点

矿区所在区域为戈壁荒漠化敏感生态功能区，属荒漠生态系统，主要生态服务功能是“荒漠化控制、生物多样性维护”，生态环境十分脆弱。矿区开发将对区域生态环境产生较大压力，规划实施的资源环境制约因素较为显著。如何充分发挥煤炭矿区规划环评的引导作用，客观评价矿区开发的生态影响，并提出有针对性的优化调整建议以及保护措施要求，维持区域生态功能基本稳定，是本煤炭矿区规划环评的重要任务和评价重点。

2. 评价思路及主要内容

本次评价范围内的生态环境保护目标主要包括戈壁荒漠生态系统、公益林、戈壁砾幕层和野生动物。

戈壁荒漠生态系统：区内灌木林地主要包括梭梭、柽柳等荒漠旱生、盐生群落类植物，矿区内灌木林地面积350.05平方千米，占矿区面积的7.26%；草地类型主要为其他草地，分布于沟道内以及绿洲边缘，主要为芨芨草、芦苇等盐生草甸，矿区内其他草地面积191.73平方千米，占矿区的3.98%。在A区北部山系脚下自流井周围植被生长良好，覆盖度较高，形成的湿地生态系统对于区域生态环境的调控起着重要的作用，具有重要生态功能。

公益林：矿区内分布有国家级公益林约55平方千米，地方公益林约80平方千米，植被类型主要为骆驼刺、琵琶柴群落和梭梭群落。其中，A区内分布的国家级公益林占矿区内国家级公益林面积的8.86%、地方公益林占矿区内地方公益林面积的28.79%；D区内分布的国家级公益林占矿区内国家级公益林面积的4.07%、地方公益林占矿区内地方公益林面积的21.53%，B区内分布的地方公益林占矿区内地方公益林面积的3.69%，C区内无公益林分布。区内公益林对区域生态安全、生物多样性保护具有重要作用。

戈壁砾幕层主要包括戈壁滩及石质山地上的石砾层等，是抵御风力侵蚀的重要保护层。评价区内出现频率最高的野生动物为国家二级保护动物鹅喉羚，还有可能出现活动范围较大的蒙古野驴、马鹿。

3. 矿区开发对环境的不良影响

矿区近期开发造成强烈和极其强烈侵蚀面积分别增加20.15平方千米和77.27平方千米；破坏灌木林地和其他草地面积分别为84平方千米和29.03平方千米，减少骆驼刺、琵琶柴群落植被面积4.42平方千米。其中，露天矿开采将破坏戈壁和灌木林地面积分别为23.74平方千米和3.73平方千米，同时还将造成局部砾幕层破坏，导致影响区域范围内的荒漠自然景观消失，对评价区内的生态系统完整性造成影响。

矿区开发后受沉陷影响的公益林面积将达到45.58平方千米，约占矿区内公益林总面积的34%。A区和D区及其周边的公益林分布相对集中，受开采沉陷影响的公益林范围相对较大。

案例思考：

请根据煤炭矿区的环境评价提出相应的规划优化调整建议。

资料来源：“环评怎么做？专家来解读”（环境影响评价网，https://www.china-eia.com/qyhp/202211/t20221117_1005179.shtml.）。

第七章

工程项目碳排放核算技术与方法

作为全球第二大经济体和最大的二氧化碳排放国，我国制定碳中和目标，积极响应《巴黎协定》应对气候变化的政策，主动作出减排承诺，不仅彰显了大国责任与担当，而且对于加速我国社会、经济、能源、技术等方面的转型与重构同样具有高瞻远瞩的战略意义。同时，为了全面贯彻党的二十大关于人才建设的要求，深入推进实施国家碳达峰、碳中和战略目标，我国将着力加强碳排放领域专业人才队伍建设。由此，本章节旨在为相关企业、咨询机构及投资机构等培养碳排放核算与碳排放核查等专业人才，促进《中华人民共和国职业分类大典》中“碳排放核算员”“碳排放核查员”专业人员的培养。

【学习目标】

1. 价值目标：坚持树立可持续发展原则，加强生命周期理念的认识。

2. 知识目标：了解什么是碳排放，什么是碳排放因子；熟悉工程项目碳排放核算的整体方法和流程；掌握民用建筑能耗及其碳排放核算的具体方法和流程。

3. 能力目标：学会运用科学方法，加强工程项目碳足迹全过程中数据的积累和记录，为制定合理的减排目标和发展战略打下基础。

【引导案例】

西门子轨道交通设备在中国的可持续发展与“零碳先锋计划”实施

西门子轨道交通设备（天津）有限公司成立于2018年4月，位于天津滨海高新区华苑产业区海泰创新5路，注册资本29700万元人民币。从2004年起便启动了地铁牵引产品的本地化生产供货。特别是伴随中国铁路第六次大提速引进了西门子 Velaro E 动车组技术，而由此也实现了为和谐号 CRH3 系列高速动车组配套的牵引电机、牵引变流器及辅助变流器的大批量本地化生产，使得该公司逐渐成为中国市场最重要的高速动车组牵引传动产品生产商之一。

2021年9月，西门子在中国正式启动“零碳先锋计划”，宣布了在低碳发展领域的清晰目标和行动计划，这标志着公司在可持续发展的道路上翻开了新篇章。通过“零碳先锋计划”的落地实施，西门子将以数字化创新和跨领域行业洞见，在中国携手各方伙伴共创绿色生态，赋能打造端对端的零碳产业链，助力中国实现“双碳”目标。

案例思考：

如何核算西门子轨道交通设备（天津）有限公司生产的产品的碳足迹，从而为西门子轨道交通设备（天津）有限公司开展持续的节能减排工作提供数据支撑。

资料来源：“西门子在华启动‘零碳先锋计划’推动产业绿色低碳转型”（新华网：https://w1.siemens.com.cn/press/NewsDetail.aspx?ColumnId=2&ArticleId=17495.）。

拓展视频

联合国秘书长呼吁达成减少碳排放协议

第一节　工程项目碳排放核算流程

一、碳排放核算的边界确定

依据工业企业温室气体排放核算和报告通则（GB/T 32150—2015）规定，碳排放核算的边界包括具有温室气体排放行为的法人企业或视同法人的独立核算单位的生产经营活动相关的温室气体排放。

在编制碳排放核算报告时，根据碳排放核算的目的，应确定碳排放核算边界与涉及的时间范围，明确工作对象。报告主体应以企业法人或视同法人的独立核算单位为边界，核算和报告其生产系统产生的碳排放。生产系统包括主要生产系统、辅助生产系统及直接为生产服务的附属生产系统，其中辅助生产系统包括动力、供电、供水、化验、机修、库房、运输等，附属生产系统包括生产指挥系统和厂区内为生产服务的部门和单位（如食堂等）。

核算边界的确定宜参考设施和业务范围及生产工艺流程图。核算边界应包括燃料燃烧碳排放，过程排放，购入电力、热力产生的碳排放，输出的电力、热力产生的碳排放等。其中，生物质燃料燃烧产生的温室气体排放，应单独核算并在报告中给予说明，但不计入碳排放总量。

核算的碳排放范围主要包括二氧化碳（CO_2）、甲烷（CH_4）、氧化亚氮（N_2O）、氢氟碳化物（HFC）、全氟碳化物（PFC）、六氟化硫（SF_6）、三氟化氮（NF_3）。工程技术的实际生产过程是千变万化的，实际排放源及温室气体种类需要根据实际情况进行分析，表 7-1 列出一些主要的排放源和相应温室气体可供参考。

表 7-1　碳排放因子获取优先级

核算边界	温室气体源类型	排放源举例	
		排放源	温室气体种类
燃料燃烧排放	固定燃烧源	电站锅炉	CO_2
		燃气轮机	
		工业锅炉	
		熔炼炉	
	移动燃烧源	汽车	CO_2
		火车	
		船舶	
		飞机	
过程排放	生产过程排放源	氧化铝回转炉	CO_2、CH_4、N_2O
		合成氨回转炉	
		石灰窑	
		水泥回转炉	
		水泥立窑	
	废弃物处理处置过程排放源	污水处理系统	CO_2、CH_4
	逸散排放源	矿坑	CH_4、SF_6
		天然气处理设施	
		变压器	
购入电力与热力产生的排放	由报告主体输入的电力、热力和蒸汽消耗源	电加热炉	CO_2、SF_6
		电动机系统	
		泵系统	
		风机系统	
		变压器、调压器	
		压缩机械	
		制冷设备	
		交流电焊机	
		照明设备	

续表

核算边界	温室气体源类型	排放源举例	
		排放源	温室气体种类
特殊排放	生物质燃料燃烧源	生物燃料汽车	CO_2、CH_4
		生物燃料飞机	
		生物质锅炉	
	产品隐含碳	钢铁产品	CO_2

二、碳排放核算的原则

（一）碳排放核算的技术原则

（1）相关性原则。应选择适应目标用户需求的碳排放源数据和方法。

（2）完整性原则。应包括所有相关的碳排放。

（3）一致性原则。应能够对有关碳排放信息进行有意义的比较。

（4）准确性原则。应减少偏见和不确定性。

（5）透明性原则。应发布充分使用的碳排放信息，使目标用户能够在合理的置信度内作出决策。

（二）碳排放核算的成本原则

（1）相关性原则。碳排放边界内发生的成本均与碳排放的某个环节相关，成本由搜集、运输或封存中某个工艺流程带来，与之不相关的排放不在成本边界内，不计入整个碳排放成本核算体系中。

（2）全面性原则。碳排放成本核算边界内发生的与碳排放过程中搜集、运输、利用和驱油①所有环节相关的，在建设期和运营期的碳排放成本均计入其中，既包括工艺流程带来的直接排放成本，也包括间接过程的碳排放成本。

当核算碳排放成本时，应全面考虑项目过程产生的碳排放成本，兼顾技术成本与经济成本。

三、碳排放核算的步骤

（一）边界确定和方法选择

首先，应在所确定的核算边界范围内，对各类碳排放源进行识别。然后，选择核算

① 驱油是指二氧化碳驱油，是一种把二氧化碳注入油层中以提高油田采油率的技术。

方法。核算方法包括以下几种。

1. 排放因子法

当采用排放因子法计算时，碳排放量为活动数据与碳排放因子的乘积。

$$E_{\mathrm{GHG}}=\mathrm{AD}\times\mathrm{EF}\times\mathrm{GWP} \tag{7.1}$$

式中，E_{GHG}为碳排放量；AD为碳排放活动数据；EF为碳排放因子；GWP为全球变暖潜势，数值可参考政府间气候变化专门委员会提供的数据。

2. 物料平衡法

根据质量守恒定律，用输入物料中的含碳量减去输出物料中的含碳量进行平衡计算得到碳排放量。

$$E_{\mathrm{GHG}}=\left[\sum(M_1\times CC_1)-\sum(M_0\times CC_0)\right]\times\omega\times\mathrm{GWP} \tag{7.2}$$

式中，E_{GHG}为碳排放量；M_1为输入物料的量；CC_1为输出物料的量；M_0为输入物料的含碳量；CC_0为输出物料的含碳量；ω为碳质量转化为温室气体质量的转化系数；GWP为全球变暖潜势。

3. 实测法

通过安装检测仪器、设备（如烟气排放连续检测系统，CEMS），并采用相关技术文件中要求的方法测量碳排放源排放到大气中的碳排放量。

按照一定的优先级对核算方法进行选择。选择核算方法可参考的因素包括以下几点。

（1）核算结果的数据准确度要求。

（2）可获得的数据情况。

（3）排放源的可识别程度。

（二）碳排放因子选择

燃料燃烧碳排放因子的计算数据原则上需要通过实际测试获得，以便正确反映当地燃烧设备的技术水平和排放特点，并应按用途区分为移动源燃烧和固定源燃烧。无实测数据时，含碳量、氧化率、热值的缺省数据可从《省级温室气体清单编制指南（试行）》、IPCC 2006报告、《建筑碳排放计算标准》（GB/T 51366—2019）、《综合能耗计算通则》（GB/T 2589—2020）、历年《中国能源统计年鉴》《公共机构能源资源消费统计制度》等国际、国内相关机构发布的权威报告、资料与标准中获得。

碳排放因子获取优先级如表7-2所示。

表 7-2　碳排放因子获取优先级

数据类型	描　　述	优先级
排放因子实测值或测算值	通过工业企业内的直接测量、能量平衡或物料平衡等方法得到的排放因子或相关参数值	高
排放因子参考值	采用相关指南或文件中提供的排放因子	低

1. 燃料燃烧排放

按照燃料种类分别计算其燃烧产生的碳排放量：

$$E_1=\sum E_i \tag{7.3}$$

式中，E_1 为燃料燃烧产生的碳排放量总和；E_i 为第 i 种燃料燃烧产生的碳排放量。

2. 过程排放

按照过程分别计算其产生的碳排放量：

$$E_2=\sum E_j \tag{7.4}$$

式中，E_2 为过程产生的碳排放量总和；E_j 为第 j 种过程产生的碳排放量。

3. 购入的电力、热力产生的碳排放

购入的电力、热力产生的碳排放通过购入的电力、热力量与排放因子的乘积获得：

$$E_{e1}=\mathrm{AD}_{e1}\times\mathrm{EF}_{e1}\times\mathrm{GWP} \tag{7.5}$$

$$E_{h1}=\mathrm{AD}_{h1}\times\mathrm{EF}_{h1}\times\mathrm{GWP} \tag{7.6}$$

式中，E_{e1} 为购入的电力所产生的碳排放量；AD_{e1} 为购入的电力量；EF_{e1} 为电力生产排放因子；E_{h1} 为购入的热力所产生的碳排放量；AD_{h1} 为购入的热力量；EF_{h1} 为热力生产排放因子；GWP 为全球变暖潜势。

4. 输出的电力、热力产生的碳排放

输出的电力、热力产生的碳排放通过报告主体输出的电力、热力量与排放因子的乘积获得：

$$E_{e2}=\mathrm{AD}_{e2}\times\mathrm{EF}_{e2}\times\mathrm{GWP} \tag{7.7}$$

$$E_{h2}=\mathrm{AD}_{h2}\times\mathrm{EF}_{h2}\times\mathrm{GWP} \tag{7.8}$$

式中，E_{e2} 为输出的电力所产生的碳排放量；AD_{e2} 为输出的电力量；EF_{e2} 为电力生产排放因子；E_{h2} 为输出的热力所产生的碳排放量；AD_{h2} 为输出的热力量；EF_{h2} 为热力生产排放因子；GWP 为全球变暖潜势。

综上所述，碳排放总量为

$$E=E_1+E_2+E_{e1}+E_{h1}-E_{e2}-E_{h2}-E_{\text{回收利用}} \tag{7.9}$$

式中，E为碳排放总量；E_1为燃料燃烧产生的碳排放总量；E_2为过程碳排放量；E_{e1}为购入的电力所产生的碳排放量；E_{e2}为输出的电力产生的碳排放量；E_{h1}为购入的热力所产生的碳排放量；E_{h2}为输出的热力产生的碳排放量；$E_{回收利用}$为燃料燃烧、工艺过程产生的碳排放经回收作为生产原料自用或作为产品外供所对应的碳排放量。

（三）核算工作的质量保证

加强碳排放数据质量管理工作，包括但不限于：

（1）建立企业碳排放核算和报告的规章制度，包括负责机构和人员、工作流程和内容、工作周期和时间节点等，指定专职人员负责企业碳排放核算和报告分析。

（2）分析各种类型的碳排放源的重要程度对其进行等级划分，并建立碳排放源一览表，对于不同等级的排放源活动数据和排放因子数据的获取提出相应的要求。

（3）依据《用能单位能源计量器具配备和管理通则》（GB 17167—2006）对现有检测条件进行评估，不断提高自身监测能力，并制订相应的监测计划。

（4）建立健全碳排放数据记录管理体系，包括数据来源、数据获取事件及相关责任人等信息的记录管理。

（5）建立碳排放报告内部审核制度，定期对碳排放数据进行交叉检验，对可能产生的数据误差风险进行识别，并提出相应的解决方案。

第二节　工程项目碳排放核算方法

工程项目全生命周期的碳排放，即工程物化、使用和拆除处置各阶段的各类温室气体排放量与其全球气候变暖影响潜能特征当量因子相乘所得到的总和，公式为

$$\mathrm{GWI}=\sum_{j}^{3}\sum_{i}^{6}W_{ij}\times \mathrm{GWP}_i \tag{7.10}$$

式中，GWI为工程项目生命周期碳排放指数，单位为kgCO_2；W_{ij}为工程项目生命周期内第j阶段（j=1，2，3）分别为物化、使用和拆除处置阶段所产生的第i种温室气体的质量，单位为kg；GWP_i为第i种温室气体的全球变暖影响潜能值，单位为kgCO_2/kg温室气体；i为温室气体的种类代号。

根据《京都议定书》条例内容的规定，温室气体包括6种：二氧化碳（CO_2）、甲烷（CH_4）、氧化亚氮（N_2O）、氢氟碳化物（HFC）、全氢化碳（PFC）、六氟化硫（SF_6），部分气体的全球变暖潜能值，如表7-3所示。

表 7-3　温室气体的当量因子潜能值

物　质	全球变暖影响潜能值（$kgCO_2/kg$ 温室气体）		
	20 年	100 年	500 年
CO_2	1	1	1
CH_4	72	25	7.6
N_2O	289	298	153
HFC（HFC-134a）	3820	1430	435
PFC（PFC-116）	8630	12200	1820
SF_6	16300	22800	32600

资料来源：IPCC Climate Change 2007。

不同温室气体对环境的影响差别很大，按照 CO_2、CH_4、N_2O、HFP、PFC、SF_6 顺序依次增大，由于 CO_2 的排放量最大，因此大部分的研究也侧重于对 CO_2 的排放量监测，但是随着研究的深入，更多的专家学者逐渐意识到对各种温室气体综合考虑的重要性。

一、能源消费碳排放因子

（一）化石能源（煤、石油、天然气）碳排放因子

根据化石能源的活动情况，碳排放一般分为两部分：开采、加工过程中的逸散排放和使用阶段的燃烧排放。

逸散排放是指化石能源在开采、加工、运输等过程中的温室气体排放，主要是指温室气体的泄漏、化学变化导致的气体排放，不包括上述过程能耗导致的碳排放。逸散排放与矿产特点、能源结构有关，很难在国家、地区层面上统一考虑，现在还没有权威的观点给出逸散排放的缺省值。同一种化石能源，如煤炭、露天煤矿和地下煤矿的逸散排放因子各不相同，因此碳排放因子无法确定。本书在工程项目碳排放计算中，只考虑化石能源燃烧导致的碳排放，逸散排放属于能源生产部门的碳排放。

燃烧排放是指化石能源在使用过程中的碳排放。共有三种计算方法。

（1）根据燃料的特性进行计算，CO_2 的排放因子主要取决于燃料的含碳量；排放因子缺省值一般由国际机构提供。

（2）与方法（1）的计算方法类似，但考虑特定国家燃料的种类、燃烧技术，将数据进一步细化，更能反映数据的真实性，用国家特定的排放系数替换缺省值。

（3）使用详细的排放模式测算排放因子，可以细化到具体的能源加工厂，根据具体的设备效率、燃烧情况、控制条件等来确定排放系数。

表 7-4 是由 IPCC 提供的化石燃料 CO_2 排放因子。

表 7-4　常用化石能源 CO_2 排放因子（IPCC）

燃料类别	燃料类别	排放因子（$kgCO_2/TJ$）	排放因子（$kgCO_2/kg$）	排放因子（$kgCO_2/kgce$）
煤	原料煤	94600	2.69	2.772348
	燃料煤	94600	2.53	2.772348
	自产煤	94600	2.46	2.772348
	无烟煤	98300	3.09	2.880780
	焦炭	10700	3.14	3.135742
	烟煤	94600	2.53	2.772348
	次烟煤	96100	1.98	2.816307
	焦煤	94600	2.69	2.772348
	油页岩	107000	1.01	3.135742
	褐煤	101000	1.69	2.959906
	泥煤	106000	1.11	3.106436
	煤球	97500	1.55	2.857335
液体燃料	原油	73300	2.76	2.148130
	航空汽油	70000	2.20	2.051420
	航空燃油	71500	2.39	2.095379
	柴油	74100	2.74	2.171575
	汽车汽油	69300	2.26	2.030906
	煤油	71900	2.56	2.107101
	液化石油气	63100	1.75	1.849209
气体燃料	天然气	56100	2.09	1.644067
	乙烷	61600	0.00317	1.805250
	炼油气	57600	2.173	1.688026
	炼焦炉气	44400	0.93	1.301186
	高炉气	260000	0.78	7.619560

资料来源：《2006 年 IPCC 国家温室气体排放清单指南》。

表 7-5 是结合国际、我国相关国家机构提供的化石燃料碳排放因子。

表 7-5　各机构提供的化石能源的 CO_2 排放系数

	序号	来　源	排放因子（$kgCO_2/kg$）		
			煤	石油	天然气
国家机构	1	中国工程院	2.49	1.98	1.5
	2	国家环境局温室气体控制项目	2.74	2.14	1.63
	3	国家科委气候变化项目	2.66	2.14	1.5
	4	国家发展和改革委员会能源研究所	2.74	2.17	1.63
国际机构	5	IPCC	2.77	2.15	1.64
	6	美国能源部 / 美国能源信息署	2.57	1.75	1.43
	7	日本能源经济研究所	2.77	2.16	1.65

（二）电力碳排放因子

电力在生产阶段是排放温室气体的，电力碳排放因子主要是指在电力生产阶段的排放，属于间接排放。电力的碳排放因子与发电形式有关，如火力发电、水力发电、核电等，而电力结构决定了电力的碳排放因子。不同的发电形式之间的差异是很大的，由于风力、核、电热、潮汐以及太阳能发电等均不适用含碳的化石燃料，可以忽略不计。值得注意的是，不同国家电力碳排放的差距较大，因此，电力的 CO_2 排放具有典型的地域性，不能引用与其他国家环境相符合的资料数据来取代。

（三）蒸汽、热水的碳排放因子

工程项目所用的能源中，购入、输出热力的碳排放量需分别按热水、蒸汽进行计算，它们的排放一般在工程主体之外，属于间接排放。蒸汽、热水的排放系数与其自身特性有关，如压力、温度、来源等，具体的排放系数一般由能源供给公司提供。

（四）生物质和可再生能源的碳排放因子

（1）生物质能是太阳能以化学能形式存储在生物质能中的能量形式，即以生物质为载体的能量。它直接或间接地来源于绿色植物的光合作用，可转化为常规的固态、液态和气态燃料，属于可再生能源。生物质燃料在使用过程中虽然产生碳排放，但是生物质燃料的特点是生产周期短，在生产时吸收 CO_2，按照其生产、加工和使用整个过程来看生物质能源的碳排放量很低。

（2）可再生能源包括核能、风能、水力等，其碳排放主要集中在初期生产、投入、运行管理等方面，属于隐含碳范畴，不存在能源使用阶段的碳排放。

二、非能源消费碳排放

对于工程项目的碳排放，除了使用的能源以外，大部分来源于工程使用的建设材料生产过程。建设材料（以下简称建材）的产品种类繁多，主要是指钢材、铝材、水泥、建筑玻璃、陶瓷、木材、砌块等。另外，不同的材料组合加工能够制成二次材料，如混凝土是由水泥、砂、石组成。

（一）建材碳排放因子计算方法

建材碳排放因子的确定包括两个部分：能源消耗导致的碳排放，包括化石燃料和电力消耗；来自硅酸盐材料化学反应分解产生的碳排放。建材生产阶段碳排放量计算：首先从能源的使用量与建材生产原料的含碳量来估算建材生产的碳排放量。考虑可回收建材的回收系数：从全生命周期的角度，计算建材的碳排放时必须考虑建材的可再生性。材料的可再生性是指材料受到损坏但经过加工处理后可作为原材料循环再利用的性能。具备可再生性的建材包括：钢筋、型钢、建筑玻璃、铝合金材料、木材等。回收的建材循环再生过程同样需要消耗能源和排放 CO_2。

（二）部分主要建材的碳排放因子

1. 钢材

钢材作为重要的工程项目材料，碳排放量与生产工艺关系密切，炼钢主要包括炼铁、轧钢等七个步骤，炼钢炉主要有转炉、电弧炉。本书只考虑在原材料开发、钢材生产阶段的碳排放，主要适用于能源消耗、燃烧导致的碳排放，忽略化学变化产生的碳排放。同时，回收重新利用的钢材碳排放因子按照原钢材碳排放因子的 40% 计算。因此，计算公式为

$$\text{钢材碳排放因子} = \text{钢材碳排放因子} \times (1 - \text{回收系数}) + \text{钢材碳排放因子} \times 40\% \times \text{可回收系数}$$

2. 水泥

水泥制造工艺主要有三种：湿法回转窑、立窑和新型干法工艺，由于新型干法工艺所占比重越来越高，已经是日后水泥的主要发展方向。水泥的碳排放主要是使用能源和熟料导致的，计算时应综合考虑。

3. 混凝土

根据加气混凝土的生产工艺，1 立方米加气混凝土的制造需要水泥 70 千克，砂的碳排放量与水泥相比可忽略不计，粉煤灰属于工业肥料废料不考虑在内，因此计算加气混凝土的碳排放因子只需要将水泥、煤耗、电耗的排放因子叠加。

第三节　工程项目隐含碳核算方法

隐含碳指的是工程项目生命周期内与之相关的全部产品或材料的碳排放，包括项目在施工、拆除过程中所产生的碳排放量，以及工程材料在制造、运输、组装、更换等过程中产生的碳排放。

一、基于消费端的碳排放核算

基于消费端的碳排放核算方法采用“自上而下”的形式，依靠工程项目对能源消费的宏观统计数据计算能源消费的碳排放量，可以有效避免由于统计口径问题而遗漏能源消费量。由于能源部分的碳排放产生主要是由于富含碳的化石燃料燃烧产生的，因此碳排放可以根据燃料的使用数量和不同燃料的排放因子确定，对于燃烧产生的 CO_2，燃烧条件相对不重要。因此，排放因子主要取决于燃料的碳含量，基于消费端的碳排放计算公式为

$$\text{能源消费碳排放} = \sum(\text{能源碳排放因子} \times \text{氧化率} \times \text{能源消费量}) \tag{7.11}$$

二、基于生产端的碳排放核算

基于生产端的碳排放核算方法采用“自下而上”的形式，描述工程项目整个生命周期内所产生的环境影响，通过分析工程项目的生命周期清单，得到工程中的能源消耗和产出等基本数据信息，利用基础数据建立碳排放计算模型，从而得到全生命周期的碳排放，最具代表性的方法是基于生命周期评价的过程分析法。工程项目的生命周期很长，从原材料的生产、工程制造、使用到项目拆除，整个过程都会产生碳排放。因此，基于生产端的工程项目全生命周期碳排放计算公式为

$$P = P_1 + P_2 + P_3 + P_4 \tag{7.12}$$

式中，P 为工程项目全生命周期碳排放量；P_1 为工程项目的材料生产阶段碳排放量；P_2 为工程项目施工阶段碳排放量；P_3 为项目使用和维护阶段碳排放量；P_4 为项目拆除和回收阶段碳排放量。

（一）项目材料生产阶段

项目材料生产阶段的碳排放是指原材料开采以及生产时由于消耗煤、石油、天然气等化石能源和电能及生产工艺引起的化学变化导致的温室气体的排放，属于工程项目上游的间接碳排放。

原材料开采、生产阶段碳排放计算公式：

$$P_1 = P_{j_1} = \sum_k (V_k \times Q_K) \tag{7.13}$$

式中，P_1为项目材料生产和生产阶段碳排放量；P_{j_1}为项目材料生产和生产阶段的间接碳排放量；V_k为第k种考虑回收系数的建材碳排放因子；Q_K为第k种建材用量。

（二）工程项目施工阶段

工程项目施工阶段是相关建造企业组织按照设计文件的要求，使用一定的机具和物料，通过一定的工艺过程将图样上的工程进行物质实现的生产过程。在这过程中会产生大量的污染与碳排放。建筑施工阶段主要包括原材料运输、工程项目施工两部分。工程项目施工阶段碳排放计算公式：

$$P_2 = P_{i_2} + P_{j_2} \tag{7.14}$$

式中，P_2为工程项目施工阶段碳排放量；P_{i_2}为工程项目施工阶段直接碳排放量；P_{j_2}为工程项目施工阶段间接碳排放量。

从项目工艺的角度：

$$P_{i_2} = \sum_k (W_k \times Y_K) \tag{7.15}$$

式中，W_k为第k种施工工艺完成单位工程量的排放量；Y_K为第k种施工工艺的工程量。

从能源使用的角度：

$$P_{i_2} = \sum_k (E_k \times N_K) \tag{7.16}$$

式中，E_k为第k种能源碳排放因子；N_K为第k种能源用量。

间接碳排放包括原材料运输导致的碳排放和施工耗电产生的碳排放。原材料运输碳排放的大小主要由建造材料的种类和数量、生产地到施工现场的距离以及运输方式等因素决定，通常单位质量的原材料海路运输碳排放最低，火车次之，汽车最高。电力导致的碳排放，可以通过统计耗电量或根据工程项目预算书进行估算后得出。

（三）工程项目使用和维护阶段

工程项目使用和维护阶段的碳排放包括使用阶段与更新维护阶段两大部分。

使用阶段的碳排放主要来源于项目投入使用后，其内部的用电、热水供应、采暖等设备的使用。该阶段的总能耗由各部分的分项能耗以及建筑使用年限决定。

更新维护阶段能耗是指在工程项目使用阶段的维护和修缮活动中涉及的能耗。在工程项目运行过程中，部分材料或构件达到自然寿命需要对其更新或维护。更换时，维护阶段的碳排放计算与工程项目的材料加工以及运输的碳排放计算相似，最终可以转化成运输能源的碳排放和相应材料的碳排放。更新维护阶段的数据来源主要有两种：其一，实际运行的监测数据，这种方法需要有比较完善的能耗分项统计系统和对工程项目较高的管理水平，尽管统计工作量大且数据收集较困难，但是结果不受使用者的用能习惯差异的影响；其二，使用能耗分析软件进行模拟估算，这种方法一方面受到模拟软件的约束，另一方面工程项目的实际使用情况可能与模拟输入条件有差异，但是模拟估算的方法简洁明晰、容易操作，适用于工程项目设计阶段对使用环节的碳排放进行预测。

（四）工程项目拆除和回收阶段

工程项目拆除和回收阶段是指废弃建筑在拆除过程中的现场施工，场地整理以及废弃建材和垃圾的运输、处理等过程。因此拆除和回收阶段的碳源包括两个方面。

（1）项目拆除解体阶段。传统建造模式下，项目的拆除能耗主要与拆除作业的机器设备、施工工艺和拆除数量有关，由于项目的建造结构不同，拆除方式也存在差异，但是都需要大量的人力与机器的配合。因此，拆除过程中的碳排放来自各种拆除工法与机具的能耗，包括破碎、构建拆除工艺、挖掘移除土方、平整土方、起重机搬运。

（2）废弃物回收再利用阶段。废弃物可以通过再利用、再循环、焚烧等方式进行回收。回收利用能避免二次污染，缓解环节原材料供应紧张，降低能耗减少碳排放，但是这个过程中的碳排放也不可避免，其碳排放主要来源于可再生材料以及处理耗能产生的碳排放。

第四节　民用建筑能耗与碳排放核算

一、民用建筑能耗概述

（一）民用建筑能耗特征与结构

建筑，按照使用功能，可将建筑划分为农业建筑、工业建筑、民用建筑等类别。农业建筑是以农业性生产为主要使用功能的建筑，如温室、畜禽饲养场、粮食与饲料加工站、农机修理站等。工业建筑是指以工业性生产为主要使用功能的建筑，如生产车间、辅助车间、动力用房、仓储建筑等。民用建筑是指供人们居住和进行公共活动的非生产性建筑。其中供人居住的建筑称为居住建筑，供人进行公共活动的建筑称为公共建筑。

按照产业结构，农业建筑、工业建筑、民用建筑分别是三大产业及生活消费的建筑基础。例如，2017 年北京市全市能源消费总量达 7132.8 万吨标准煤，其中第一产业占比仅为 1.0%，第二产业占比 25.8%，第三产业占比 49.3%，生活消费占比 23.9%。由此可以推算，民用建筑的能源消耗在北京市建筑的整体能耗中的占比极大。本章中是以民用建筑为具体能耗核算对象进行研究的。

民用建筑能耗，广义上是指从民用建筑材料制造、建筑施工，一直到民用建筑使用的全生命周期能耗；狭义上则特指民用建筑的运行能耗，即民用建筑在运行阶段人们日常的用能消耗，它是民用建筑能耗中的主体部分。一般而言，民用建筑材料制造、建筑施工等环节消耗的能源只占建筑全生命周期能耗的20%左右，在民用建筑长达50~70年的运行阶段，则会产生高达80%的能源消耗。此外，建材及建造能耗属于工业及建筑业范畴，其能耗管理及节能减排主要依赖于能源技术的创新发展，而民用建筑运行对能源的消耗受居住者或者使用者行为的影响巨大，拥有巨大的能源管理空间和节能潜力。因此，民用建筑运行能耗是建筑能耗管理与节能减排领域的主要关注对象，也是推动建筑绿色发展的主要任务所在。建筑及建筑能耗类型划分，如图7-1所示。

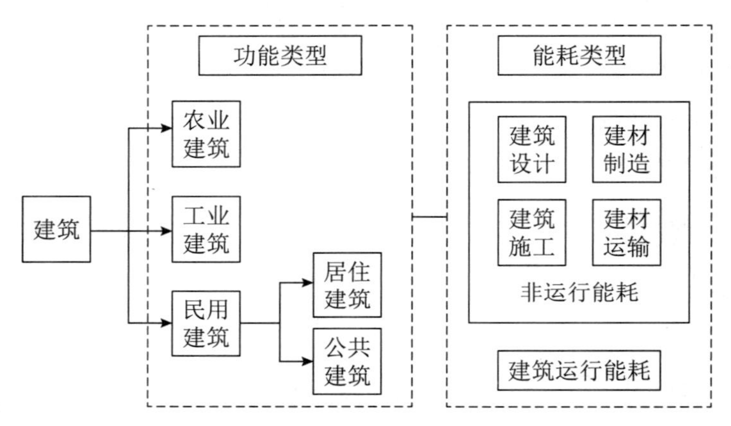

图7-1　建筑及建筑能耗类型划分

建筑能耗与工业能耗、交通能耗并称为社会三大能耗，亦是全社会节能潜力的主要来源。民用建筑能耗的准确核算与科学评价关系到社会能耗管理及节能潜力释放的有效开展。在设立分项指标对建筑能耗核算之前，需要对建筑能耗在不同维度的特征差异进行详尽的分析，作为指标设立依据，保证核算指标体系的可行性和完备性。我们从城乡经济差异、建筑功能差异、能源品类差异和区域采暖差异四个方面出发，对建筑能耗差异进行细致分析。

1. 城乡经济差异

一方面，由于城乡二元经济结构的存在以及社会保障制度、人力资本和生产效率等的差异，导致城乡居民收入及消费水平存在一定的差异，这将会进一步影响城乡民用建筑能耗的差异。另一方面，农村住宅绝大多数为农民自建房，以户为单位建造的独栋住宅。城镇建筑通常由政府或者开发商集中开发、统一建设，绝大部分城镇住宅为多户居住的住宅楼。城乡居住建筑在结构和建造方式上的巨大差异，对建筑用能、节能会产生深刻的影响。而且，现阶段建筑能耗数据收集以抽样调查为主，受基础设施、监测水平、地理位置等因素的限制，农村的能耗数据无论是在样本数量还是数据质量上均与城镇数据存在较大的差异。

因此，设置不同指标分别计算民用建筑能耗和农村建筑能耗，既有利于充分发挥城镇能耗数据的质量和规模优势，获取更加准确和详尽的结果，又有利于对比分析民用建筑能耗特征差异，制定针对性、差异性的建筑能耗管理政策。

2. 建筑功能差异

本章在民用建筑能耗核算分析中，按照建筑功能，将主要耗能建筑分为居住建筑和公共建筑。居住建筑与公共建筑的结构功能、建造方式、使用主体皆不相同，其能耗需求和能耗特征也具有明显差异。

居住建筑以满足居民日常生活为主要功能，具有较为固定的建筑形式、运行规范、设备系统与使用模式，以家庭为基本单元，炊事、生活热水和各类家电是主要的用能项，并且具有明显的用能规律。同时在建筑用能与节能管理方面，居住建筑具有业主明确、权责清晰、能耗归属一目了然的特点，为居住建筑绿色管理提供了良好的基础。

公共建筑主要服务于不同人群的工作和商业活动，以楼栋或功能空间为单元，采暖和空调、电梯和照明、办公及其他设备等服务是主要用能项。在公共建筑的全年能耗中，供暖空调系统的能耗占40%~50%，照明能耗占30%~40%，其他用能设备占10%~20%。而在供暖空调能耗中，外围护结构传热所导致的能耗占20%~50%（夏热冬暖地区大约占20%，夏热冬冷地区大约占35%，寒冷地区大约占40%，严寒地区大约占50%）。不同于居住建筑拥有固定的建筑特征和能耗特征，公共建筑类型繁多，如办公建筑、商场建筑、宾馆饭店、医疗卫生建筑、文体科研建筑，以及将多种功能综合在一起的综合建筑。各类公共建筑的能耗特征有所差异，但如果对公共建筑进行进一步的细分，将会导致建筑能耗核算指标繁多而难以表达和运用。因此，公共建筑宜以楼栋为用能单元，有利于建筑用能和节能的高效管理。世界各国统计部门及研究机构在研究民用建筑能耗时，都将民用建筑划分为居住建筑和公共建筑，并将公共建筑作为整体概念进行分析。

因此，设置不同指标分别计算民用的居住建筑、公共建筑能耗，有利于准确刻画不同类型建筑的能耗特征，从而制定出恰当的有针对性、差异性的建筑能耗管理政策。

3. 能源品类差异

在建筑中使用的能源主要包括煤炭、天然气、液化石油气、电力等，其中煤炭主要用于建筑采暖及边远农村日常生活领域，天然气、液化石油气主要用于炊事、生活热水及壁挂炉自采暖、燃气锅炉集中采暖等领域，而电力则应用于建筑用能的方方面面。

从能源消费现状及未来发展趋势考虑，设置不同指标分别计算民用建筑电力消耗、燃气消耗和热力消耗，不但有利于全面统计现阶段各类型能源在建筑领域的消费，而且有利于保证在未来能源结构更新之后，建筑能耗核算指标体系依旧适用。

4. 区域采暖差异

新中国成立初期，考虑到气候条件以及当时供暖需求，在能源紧缺和节约经济成本的前提下，国家决定集中供暖优先考虑气候寒冷的北方地区，于是划定了秦岭—淮河线为供暖分界线。同时北方气候干燥，湿度较低，冬季较为漫长，因此北方通常采取城市集体供暖。而南方的冬季或短或长，真正需要供暖的时间也不是很长，而且对于在是否需要集体供暖的选择上，很多人都存在争议，所以南方一般采取单独供暖。因此，将建筑采暖能耗和非采暖能耗分开统计、分析与管理，有助于对民用建筑实际能耗的准确核算和合理分析。

综上所述，民用建筑能耗在不同维度的特征差异，如图 7-2 所示。

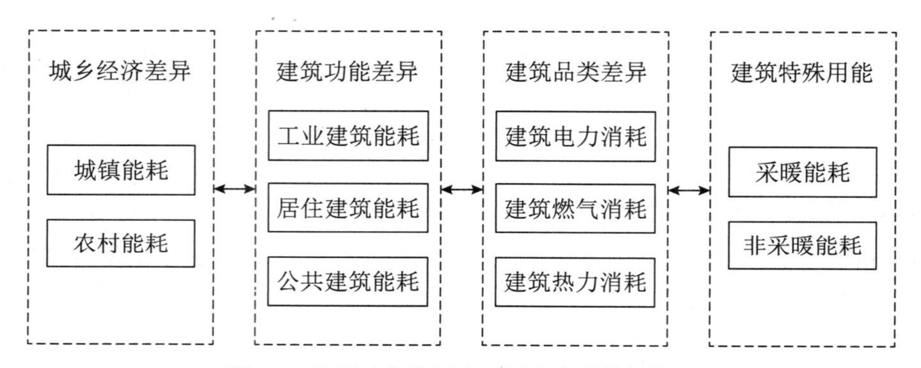

图 7-2　民用建筑能耗在不同维度的特征差异

通过对民用建筑能耗在不同维度的特征差异进行交叉匹配，可将民用建筑能耗划分为“城镇建筑能耗”“农村建筑能耗”两项一级指标。城镇建筑能耗包括“城镇建筑非采暖能耗”“城镇建筑采暖能耗”两项二级指标，农村建筑能耗包括“农村建筑非采暖能耗”“农村建筑采暖能耗”两项二级指标。

（二）民用建筑节能技术分类

1. 建筑围护构件节能技术

民用建筑的能耗水平主要取决于建筑围护结构、电气和空调等设备及人们使用电气设备的能耗情况。其中，围护结构的能耗占民用建筑能耗的 2/3 以上。因而，降低建筑围护构件的能耗是建筑节能设计的重点。建筑的围护构件主要包括墙体、屋面、门窗等，在设计阶段通过控制体形系数、窗墙面积比、遮阳系数等参数，可以在一定程度上控制建筑的能耗水平，建筑围护构件的节能设计需要在施工的设计阶段做详细的深化研究。精细化设计是实现民用建筑节能的最经济的手段，在建筑施工图设计前，应该进行建筑节能专项研究，如使用试验、计算机模拟等手段辅助设计，确保民用建筑设计实现节能优化。

2. 建筑给排水节能技术

建筑给排水系统的能耗包括生产、生活等活动中使用冷水、热水、污水、雨水、消防等能耗。给排水系统中的给水管网超压、未采用节水型卫生器具和设备、未充分利用雨水、未利用可再生能源生产热水等情况会造成水的浪费。因此，在民用建筑设计中，根据建筑特点来选择合理的给排水方式十分重要。

3. 建筑采暖系统节能技术

建筑采暖节能的目标是通过降低建筑物自身能耗和提高采暖空调系统效率来实现的，造成采暖系统能耗的原因主要有：①供热设备的热损耗，如农村很多地区采用火炉采暖，热效率平均只有20%左右；②管道热损耗，很多管网未进行有效的管道保温措施，导致供热管网系统热量损耗较大；③现行收费体制的原因，如我国某些中小城市采暖按面积收费，与用户需求情况无关而导致低效率、高能耗的重复浪费；④室内未采用热计量、室温自动调节设施。

因此，从建筑节能设计的角度，对不同气候区域民用建筑采暖实施不同的节能技术，建筑采暖节能新技术主要有太阳能采暖技术、热泵采暖技术、生物质能采暖技术，区别于传统的采暖方式有地面辐射采暖，顶棚、墙壁辐射板采暖。

4. 空调通风系统节能技术

为实现空调系统的高效运行和节能目标，必须了解空调系统能耗的构成及特点。因为空调系统能对空气进行温度、湿度、清洁度及气流速度的处理，进而满足生活和生产的需要；而其所消耗的全部能量称为空调系统的能耗。该能耗包括建筑物冷热负荷引起的能耗、新风负荷引起的能耗及输送设备（风机和水泵）的能耗。影响空调能耗的因素有很多，如室内温度、湿度设定值，室外空气量，空调方式，空调系统的控制运行和维护管理等。另外，建筑物的朝向和平面布置、建筑围护结构的保温性能、窗户隔热和建筑遮阳等因素也对空调能耗产生很大影响。因此，在空调设计运行时应综合考虑各种因素的影响，力求在最大限度上降低空调能耗。

5. 建筑照明节能技术

照明节能是民用建筑节能及环境节能的重要组成部分之一，照明节能范畴包括照明光源的选择、照度分布优化及照明时间的控制，以达到照明的有效利用率最大化的目的。照明节能的解决方案包括以下3点。

（1）自然光的充分利用：通过充分利用窗户、阳台和天棚的自然采光，采用电动遮阳控制技术，实现对自然采光的有效利用。

（2）节能光源的优选：采用节能的 LED 光源，在相同照度和色温的前提下，可以大幅度降低光源的能耗比。

（3）照度分布及照明时间的自动控制：采用智能照明控制技术通过对有效的照明区域、照度需求和照明时间的自动控制，提高人工照明的效率。

二、民用建筑能耗核算方法

（一）自上而下统计年鉴拆分方法

根据我国相关统计年鉴，将全国能源消费具体分为四大类，分别为第一产业、第二产业、第三产业和生活消费。其中第一产业为农、林、牧、渔业等，不属于民用建筑能耗，予以剔除；第二产业和第三产业中的采矿业、制造业、建筑业、交通运输、仓储和邮政业等几项不属于民用建筑运行能耗的范畴，予以剔除。生活消费中的汽油消费也不属于民用建筑能耗范畴，予以剔除。由此，可以得出民用建筑能耗的组成。

（二）自下而上分项指标加总方法

由于在自上而下统计年鉴拆分方法的统计口径中行业和产业的分类无法细分，能耗存在交叉的情况，部分非建筑能耗甚至生产用能也划归到建筑能耗中，因此为了综合考虑城镇和农村的用能差异、采暖和非采暖的能耗差异、能源品类的差异、采暖类型的差异等影响因素，本章构建了自下而上分项指标加总分的民用建筑能耗核算指标体系。指标体系包括自下而上的建筑能耗分项计算指标，分别是“城镇居住建筑电力消耗”“城镇居住建筑燃气消耗”“城镇公共建筑电力消耗”“城镇公共建筑燃气消耗”“城镇建筑燃气采暖能耗”“城镇建筑市政热力能耗”“城镇新能源和可再生能源供热能耗”“城镇建筑燃煤采暖能耗”“城镇建筑燃油采暖能耗”“农村住宅电力消耗”“农村住宅燃气消耗”“农村公建非采暖能耗”“农村住宅煤改电采暖能耗”“农村住宅煤改气采暖能耗”“农村住宅清洁煤采暖能耗”“农村公建采暖能耗”，保证在能耗核算过程中不重复计算、不遗漏能耗。

三、民用建筑碳排放概念界定

民用建筑全生命周期的碳排放是指将建筑的生命周期看作一个系统，该系统的碳排放是指由能源消耗、资源向外界环境排放等产生的 CO_2 总量。民用建筑全生命周期系统边界包含形成民用建筑实体与功能的一系列中间产品和单元过程流组成的集合，包括民用建筑原材料生产和构配件加工、运输、施工与安装、使用期民用建筑的运行与维护、循环利用、拆除与处置。民用建筑运营维护阶段的碳排放是指采暖、通风、空调、照明灯建筑设备对能源消耗造成的，不包含由于使用各类家用电器设备而导致的能源消耗与碳排放。

民用建筑碳排放核算范围界定的准则包括以下 3 点。

（1）质量准则。将民用建筑工程各阶段消耗的所有建筑材料按照质量大小排序，累计质量占总体材料质量 80% 以上的建筑材料纳入核算范围。

（2）造价准则。将民用建筑过程各阶段消耗的所有建筑材料按照造价大小排序，累计造价占总体材料造价 80% 以上的建筑材料纳入核算范围。

（3）能耗准则。将民用建筑工程各阶段所有机械、设备按照能源消耗大小排序，累计达到相应阶段能源消耗 80% 以上的机械、设备纳入核算范围。

四、民用建筑碳排放核算方法

（一）民用建筑碳排放核算方法

从全生命周期的角度对民用建筑进行碳排放计算：

$$J = J_1 + J_2 + J_3 + J_4 \tag{7.17}$$

式中，J 为民用建筑全生命周期碳排放量；J_1 为民用建筑材料生产和生产阶段碳排放量；J_2 为民用建筑施工阶段碳排放量；J_3 为民用建筑使用和维护阶段碳排放量；J_4 为民用建筑拆除和回收阶段碳排放量。

1. 民用建筑的建材生产阶段

建材开采、生产阶段碳排放计算：

$$J_1 = P_{j_1} = \sum\nolimits_k (V_k \times Q_K) \tag{7.18}$$

式中，J_1 为项目材料生产和生产阶段碳排放量；P_{j_1} 为项目材料生产和生产阶段的间接碳排放量；V_k 为第 k 种考虑回收系数的建材碳排放因子；Q_K 为第 k 种建材用量。

Q_K 建材用量包括钢筋、混凝土等构成建筑本身的材料，也包含施工过程中所用的模板、脚手架等临时周转材料。关于建材用量的统计一般采用两种方法：一是查阅相关资料，如工程决算书、造价指标等。这种方法统计的数值比较精确，但是有些建筑由于时间久、数据保存等问题，一些基本数据丢失，需要进行估算；二是估算法，根据建筑类型，按照体积、面积等相关指标进行估算。

2. 建筑施工阶段

建筑施工阶段碳排放计算公式：

$$J_2 = J_{i_2} + J_{j_2} \tag{7.19}$$

式中，J_{i_2}为建筑施工阶段直接碳排放量；J_{j_2}为建筑施工阶段间接碳排放量。

$$J_{i_2} = \sum_k (E_k \times N_K) \tag{7.20}$$

式中，E_k为第k种能源碳排放因子；N_K为第k种能源用量。

$$J_{j_2} = J_t + J_d \tag{7.21}$$

式中，J_t为建材运输碳排放量；J_d为施工设备耗电碳排放量。

$$J_t = \sum_k \sum_j (Q_k \times \gamma_j \times L_{k_j}) \tag{7.22}$$

式中，Q_k为第k种建材用量；γ_j为第j种运输方式运输单位质量建材单位距离的碳排放；L_{k_j}为第k种建材第j种运输方式的运输距离。

$$J_d = E \times E_e \tag{7.23}$$

式中，E为耗电量；E_e为电力碳排放因子。

3. 建筑使用和维护阶段

民用建筑的碳排放分为直接排放和间接排放，建筑直接利用的煤炭、石油、天然气等化石能源导致的碳排放属于直接排放，而建筑用的电力、热水、蒸汽导致的排放属于间接排放，这里所说的热水、蒸汽专指市政部门提供，建筑内自己生产的热水、蒸汽属于直接排放。

$$J_3 = J_{i_3} + J_{j_3} \tag{7.24}$$

式中，J_{i_3}为建筑使用和维护阶段直接碳排放量；J_{j_3}为建筑使用和维护阶段间接碳排放量。

$$J_{i_3} = \sum_k (E_k \times Q \times N) \tag{7.25}$$

式中，E_k为第k种能源碳排放因子；Q为建筑使用阶段各种能源每年的平均消费量；N为建筑运行时间。

$$J_{j_3} = J_{j_{3a}} + J_{j_{3b}} + J_{j_{3c}} + J_{j_{3d}} \tag{7.26}$$

式中，$J_{j_{3a}}$为建筑设备生产过程中产生的碳排放量；$J_{j_{3b}}$为建筑用电碳排放量；$J_{j_{3c}}$为建筑用热水碳排放量；$J_{j_{3d}}$为建筑维护产生的碳排放量。

4. 建筑拆除和回收阶段

$$J_4 = J_{i_4} + J_{j_4} \tag{7.27}$$

式中，J_{i_4}为建筑拆除和回收阶段直接碳排放量；J_{j_4}为建筑拆除和回收阶段间接碳排放量。

$$J_{i_4} = \sum_k (E_k \times Q_k) \quad (7.28)$$

式中，E_k为第k种能源碳排放因子；Q_k为第k种能源用量。

$$J_{j_4} = J_{j_{4a}} + J_{j_{4b}} + J_{j_{4c}} \quad (7.29)$$

式中，$J_{j_{4a}}$为建筑废弃物运输的碳排放量；$J_{j_{4b}}$为建筑垃圾的处理和回收的碳排放量；$J_{j_{4c}}$为建筑拆除用电的碳排放量。

（二）民用建筑碳排放趋势预测

1. 回归分析法

回归分析法首先确定影响民用碳排放的影响因素，收集有关时间序列的数据，然后建立能够反映民用碳排放发展规律的回归方程，预测未来的发展趋势。但是由于各个时期的历史波动较大，有些数据也不完整，并且无法充分考虑相关民用建筑减排政策的影响，因此回归分析法的预测结果误差较大。

2. 情景预测法

在全面了解民用建筑用能现状的基础上，厘清建筑的不同分类标准，确定建筑能耗的构成情况，准确刻画不同类型建筑的碳排放特点，对比分析不同维度的环境影响差异。从民用建筑碳排放现状及未来发展趋势的角度出发，设置多种具有典型性、代表性的发展情景，模拟不同路径下民用建筑碳排放趋势。

3. 预测模型法

在我国“双碳”政策的要求下，碳排放这一科学问题在近年来得到广泛重视，政府在进行低碳发展规划时往往会对未来的发展趋势进行预测，而预测模型成为政府决策部门必不可少的决策支持工具。LEAP模型（long-range energy alternatives planning system），即长期能源替代规划系统，是一个基于情景分析的自底向上的能源—环境核算工具，由斯德哥尔摩环境研究所与美国波士顿大学共同开发。LEAP模型拥有灵活的结构，使用者可以根据研究对象特点、数据的可得性、分析的目的和类型等来构造模型结构和数据结构，可以用来分析不同情景下的能源消耗和温室气体排放，这些情景是基于能源如何消耗、转换和生产的复杂计算，综合考虑关于人口、经济发展、技术、价格等一系列假设。

采用LEAP模型对民用建筑进行能源需求分析，包括能源供应、能源加工转换、终端能源需求等环节，从而预测不同驱动因素的影响下，全社会民用建筑长期的能源供应与需求，并计算能源在流通和消费过程中的大气污染物以及温室气体排放量。

【思考题】

某民用建筑建设项目拟用地面积为50719.17平方米，总建筑面积为55132.92平方米，其中地上建筑面积为48159.50平方米，地下建筑面积为6973.42平方米，容积率为0.95，建筑密度为29.84%，绿地率为36.75%。采用全生命周期方法计算建筑各阶段碳排放量。

1. 本项目建材生产阶段详细用量如表7-6所示，计算建材生产阶段碳排放量。

表7-6　建材生产阶段碳排放计算表

建材名称	用量	单位	生产因子
水泥砂浆	2803.1	吨	0.133 tCO_2/t
加气混凝土砌块B07	2018.31	平方米	0.250 tCO_2/m^3
钢筋混凝土	5992.64	吨	0.126 tCO_2/t
木窗框	2738.15	平方米	1.130 tCO_2/m^3
三银Low-E+12A+5=12A+5	968.22	吨	0.254 tCO_2/t

2. 本项目建材运输阶段具体情况如表7-7所示，计算建材运输阶段碳排放量。

表7-7　建材运输阶段碳排放计算表

建材名称	用量	单位	运输距离/千米	运输方式	运输因子
水泥砂浆	2803.1	吨	500	轻型汽油货车（载重2t）	0.000334t $CO_2/(t\times km)$
加气混凝土砌块B07	2018.31	平方米	500		
钢筋混凝土	5992.64	吨	40		
木窗框	2738.15	平方米	500		
三银Low-E+12A+5=12A+5	968.22	吨	500		

3. 计算本项目建造阶段碳排放量。

4. 本项目已有能耗数据如表7-8所示，计算建筑运行阶段碳排放量。

表7-8　建筑运行阶段碳排放计算表

能耗类型	年电耗/kW·h	建筑使用寿命/年
供暖	82371	50
制冷	98202	50
照明	191581	50
电梯	442701	50
生活热水	40267	50

5. 计算本项目拆除阶段碳排放量。

即测即练

第八章

工程项目风险与不确定性分析

风险分析与不确定性分析是工程项目经济评价的重要内容。在工程项目的设计、实施、运行过程中会遇到许多不确定因素，既包括经济形势、资源条件的变化等外部因素，又包括投资超支、生产能力达不到设计要求等内部因素，都会使项目的经济效果实际值偏离预期值。为此，在工程项目开展前进行不确定性分析对于保证工程项目的成功推进具有重要意义。

通过本章的学习，要求掌握风险决策方法、不确定条件下的决策分析以及工程项目风险应对方法。

【学习目标】

1. 价值目标：工程项目规划的制定既要考虑项目的可行性、经济评价、环境评价等，还要考虑潜在的风险及不确定性。通过阅读相关案例，了解工程项目风险与不确定性分析的必要性。

2. 知识目标：了解不确定性分析概念及原因，掌握不确定性分析决策准则与方法；了解工程项目风险分析相关概念，掌握工程项目风险识别与决策方法，提升风险防范、应急及善后管理水平。

3. 能力目标：学会应用不确定条件与风险分析决策方法为现实中工程项目提供决策依据。

【引导案例】

危则思变：民营企业苏博建材的风险管理探索之路

建筑行业中，有一类公司如同金庸先生笔下的“扫地僧”，在不起眼的表象下，隐藏着许多值得细细品味的玄妙之处。在“高手如云”的基建江湖中，混凝土外加剂行业初看并不显眼，但事实上，它其实是不折不扣的“隐形冠军”，市场规模已达600亿元，有望2025年超千亿元。得益于利好的市场局势，湖北省混凝土外加剂知名企业苏博建材近年来高歌猛进，企业规模不断发展壮大，有望从湖北省外加剂龙头企业发展成为全国外加剂龙头企业。然而，2019年年底突如其来暴发的新冠疫情对国内的各行各业均造成了冲击，我国的外加剂行业也在疫情中受到了巨大影响。作为湖北省外加剂龙头企业的苏博建材，如何化解并平稳度过这次风浪，在基建江湖中稳住自己的地位？苏博建材的朱华雄董事长的心中充满了焦虑与不安……

资料来源：中国管理案例共享中心，“危则思变：民营企业苏博建材的风险管理探索之路”（http://www.cmcc-dlut.cn/Cases/Detail/7111.）。

第一节　工程项目不确定性分析

一、不确定性的概念

在经济效果分析中，假定有关数据都是不变的，我们称这种情况为确定性经济分析。工程项目的不确定性指的是在项目的设计、实施和运行过程中存在的各种不确定因素，如产量、价格、成本、收入、残值、寿命、投资等，不确定性因素可能导致项目进度延迟、成本超支、质量问题或项目无法实施。从经济分析工作的实践来看，这种不确定性因素的存在几乎是不可避免的。建设工程方案评价时通常需要考虑技术、经济、时间进度、可持续性等因素，而这些因素受政治、文化、社会因素、经济环境、资源与市场条件、技术发展情况等因素的影响，这些不确定性因素在未来的变化构成了项目决策过程的不确定性。

二、产生不确定性的原因

由于下述原因，计算数据总是带有不同程度的不确定性，以此作为基础进行经济效果评价，也就不可避免地带有不确定性或风险性。

（1）外部环境因素：经济波动、市场需求变化、政策法规变化、自然灾害、社会事件等外部环境因素。

（2）技术和创新因素：新技术、新材料、新工艺的应用可能带来可行性、可靠性和成本效益的不确定性。

（3）项目复杂性：复杂项目涉及多个利益相关者、多个执行阶段和多个技术领域，更容易受到不确定因素的影响。

（4）资源限制：项目资源（如资金、人力、设备等）的不足或不稳定性可能影响项目执行过程的进度、质量和可行性。

（5）信息不完整或错误：缺乏准确、可靠和完整的信息可能导致错误的预测和决策。

（6）制度因素：不完善的规章制度、决策流程或项目管理体系，缺乏明确的责任和决策权可能带来项目执行过程中的不确定性。

（7）人为因素：项目相关人员的行为、合作、能力等因素可能导致不确定性。如错误的决策、缺乏有效的沟通和协作，以及技能不足。

三、不确定条件下的决策准则

人们的风险态度受许多因素影响，包括个人的性格特征、经验、价值观、风险偏好及资源状况等。因此，对于相同的风险决策问题，不同的人可能根据其个人风险态度作出截然不同的决策。典型的风险态度有三种表现形式：风险厌恶、风险中性和风险偏爱。与风险态度相对应，风险决策人有以下决策准则：满意度准则、期望值准则、最小方差准则和期望方差准则。

（一）满意度准则

最优决策（optimal decision）指在特定条件下找到最理想的决策选项，以达到最大化效益或最小化成本的目标。现实生活中的决策往往面临不确定性和模糊性，涉及多个利益相关者的偏好和价值观。在这种情况下，满意度决策（satisficing decision）可以提供一种更实用和可行的方法。满意度决策注重符合决策者的满意度要求，能找到满足关键需求和期望的最合适的选择，但不一定是最优解。这意味着满意度决策者可能会接受一个较好的或足够的解决方案，而不是花费更多时间和资源追求最佳方案。满意度决策考虑了决策者的主观偏好、信息不完全和不确定性，更侧重于实际可行性和满足基本要求。

【例 8.1】设有表 8-1 所示的决策问题。表中的数据除各种自然状态的概率外，还有指标的损益值，正的为收益，负的为损失。如果满意度准则如下：①可能有机会获得收益至少等于 5；②可能损失不大于 −1。试选择最佳方案。

表 8-1　例 8.1 已知条件数据

方案损益值 / 自然状态概率 P_i	P_1	P_2	P_3	P_4
	(0.5)	(0.1)	(0.1)	(0.3)
Ⅰ	3	−1	1	1
Ⅱ	4	0	−4	6
Ⅲ	5	−2	0	2

解：

按准则①选择方案时，方案Ⅱ和方案Ⅲ有等于或大于5的可能收益，但方案Ⅲ取得收益5的概率更大一些，应选择方案Ⅲ。

按准则②选择方案时，只有方案Ⅰ可能的损失不超过−1，所以应选择方案Ⅰ。

（二）期望值准则

期望值准则是一种常见的决策准则，用于在不确定条件下进行决策。它基于对不确定事件的预期结果进行评估，并选择具有最高期望值的决策选项。在使用期望值准则进行决策时，通常会遵循以下步骤。

（1）确定决策选项：列出可能的决策选项。

（2）识别相关的不确定事件：对于每个决策选项，确定与之相关的不确定事件。这些事件可能会对结果产生影响，但其具体结果无法确定。

（3）评估事件的概率：为每个不确定事件分配一个概率值，表示该事件发生的可能性。

（4）评估结果的价值：确定每个不确定事件发生时可能产生的结果，并为每个结果分配一个价值或效用。

（5）计算期望值：针对每个决策选项，将每个结果的价值乘以其对应的概率，然后对所有结果的期望值进行加权求和，以获得该决策选项的期望值。

（6）选择最高期望值的决策选项：比较各个决策选项的期望值，选择具有最高期望值的选项作为最终的决策。

使用期望值准则可以帮助决策者在面临不确定性的情况下作出理性的决策。通过考虑事件的概率和结果的价值，期望值准则能够量化不确定性，并在各个决策选项之间提供比较和权衡。期望值准则是根据各备选方案指标损益值的期望值大小进行决策，如果指标为越大越好的损益值，则应选择期望值最大的方案；如果指标为越小越好的损益值，则选择期望值最小的方案。由于不考虑方案的风险，实际上隐含了风险中性的假设。因此，该原则对决策者风险态度为中性时更为适用。

【例8.2】对例8.1的决策问题应用期望值准则进行决策。

解：

用期望值准则决策的结果见表8-2。

表8-2　例8.2期望值准则风险决策的结果

方　案	各方案期望值
Ⅰ	3×0.5−1×0.1+1×0.3=1.7
Ⅱ	4×0.5+0×0.1−4×0.1+6×0.3=3.4
Ⅲ	5×0.5−2×0.1+2×0.3=2.9

应选期望值最大的方案Ⅱ。

（三）最小方差准则

一般而言，方案指标值的方差越大则方案的风险就越大。决策者基于对不确定事件的概率和结果的变异性进行评估，并选择使结果变异性最小化的决策选项。所以，风险厌恶型的决策人有时倾向于用这一原则选择风险较小的方案。这是一种避免最大损失而不是追求最大收益的准则，具有过于保守的特点。

方差 D 的计算如下：

$$D=\sum_{i=1}^{n} i_2^x p_i-\left[\sum_{i=1}^{n} x_i p_i\right]^2 \tag{8.1}$$

【例 8.3】 对例 8.1 的决策问题应用最小方差准则进行决策，结果如表 8-3 所示。

表 8-3　例 8.3 最小方差准则风险决策的结果

方　　案	各方案期望值
Ⅰ	$3^2\times0.5+(-1)^2\times0.1+1^2\times0.3-1.8^2=1.66$
Ⅱ	$4^2\times0.5+0^2\times0.1+(-4)^2\times0.1+6^2\times0.3-3.4^2=8.84$
Ⅲ	$5^2\times0.5+(-2)^2\times0.1+2^2\times0.3-2.9^2=5.69$

应选择方差最小的方案Ⅰ。

（四）期望方差准则

期望方差准则是将期望值和方差通过风险厌恶系数 A 转化为一个标准 Q 来决策的准则，见式（8.2）。

$$Q=\sum_{i=1}^{n} x_i p_i-A\sqrt{D} \tag{8.2}$$

式中，A 为风险厌恶系数，取值范围为 0~1，厌恶风险程度越高，取值越大；Q 为期望值方差准则决策值，一般倾向于选取 Q 值大的方案。

通过 A 取值范围的调整，可以使 Q 值适合于任何风险偏好的决策者。

【例 8.4】 对例 8.1 中的决策问题应用期望值方差准则进行决策。

取风险厌恶系数为 0.7，用期望值方差准则决策的结果见表 8-4。

表 8-4　例 8.4 期望值方差准则风险决策的结果

方　　案	各方案 Q 值
Ⅰ	$1.7-0.7\times\sqrt{1.66}=0.80$
Ⅱ	$3.4-0.7\times\sqrt{8.84}=1.32$
Ⅲ	$2.9-0.7\times\sqrt{5.69}=1.23$

应选 Q 值最大的方案Ⅱ。

四、不确定条件下的决策分析

（一）盈亏平衡分析

1. 盈亏平衡分析基本概念

盈亏平衡分析法是通过分析工程建设项目正常生产年份的产品产量（或销售量）、生产成本（包括固定成本和变动成本）、产品价格及销售收入、产品组合（生产两种以上产品时）和盈利之间的关系，求出当销售收入等于生产成本，即盈亏平衡时的产量，从而在售价、销售量和成本三个变量间找出最佳盈利方案。

盈亏平衡分析就是要确定项目的盈亏平衡点（可用产量或销售量、总销售收入、生产能力利用率和销售单价等来表示），分析和预测这些平衡点指标对项目盈亏的影响。盈亏分析可以确定项目保本的最低生产水平和销售水平，可用实际产量计算的生产能力的最低利用率或销售收入量来表示，也可用最低销售价格或单位产出的最高经营成本来表示。

盈亏平衡点是方案盈利与亏损的临界点。根据生产成本及销售收入与产量（销售量）之间是否呈线性关系，盈亏平衡分析又可进一步分为线性盈亏平衡分析和非线性盈亏平衡分析，而盈亏平衡点也有两种不同形式，即线性盈亏平衡点和非线性盈亏平衡点。

2. 盈亏平衡分析方法的特点

由盈亏平衡分析的基本公式可知，盈亏平衡点的高低取决于年总固定成本 F，单位产品销售价格 P 和单位产品的可变成本 V 之差。因此，一个项目假定有几个不同方案可供选择，如果几个方案的 F 值相同，那么哪个方案的 P 与 V 的差值越小，得到的盈亏平衡点值越高；反之越低。如果各个方案的 P 与 V 的差值相同，则 F 值越大，得到的盈亏平衡点值也越高，盈亏平衡值越高，表明项目实际生产能力与设计的生产能力之间的差距越小，项目容易受生产（销售）水平变化的影响，项目的风险比较大。

盈亏平衡分析除了有助于确定项目的合理生产规模外，还可以帮助项目规划者对由于设备不同引起生产能力不同的方案，以及工艺流程不同的方案进行投资选择。设备生产能力的变化，会引起总固定成本的变化；同样，工艺流程的变化则会影响到单位产品的可变成本。当采用技术上先进的工艺流程时，由于效率的提高，原材料和劳动力都会有所节约而使单位产品的可变成本降低。通过对这些方案盈亏平衡点（break even point，BEP）值的计算，可以为方案抉择提供有用的信息。

盈亏平衡分析的缺点是，它建立在生产量等于销售量的基础上，即产品能全部销完而无积压。此外，它通常是以某一正常生产年份的数据作为基本分析数据，由于建设项目是一个长期的过程，生产经营状况会出现不同的变化，单纯用盈亏平衡分析法很难得到一个全面的结论。尽管盈亏平衡分析有上述缺点，但由于它计算简单，可以直接反映项目的盈利情况。因此，目前是作为项目不确定性分析的一种基本方法而被广泛采用。

3. 线性盈亏平衡分析

线性盈亏平衡分析主要有下列四个假设：

（1）产量等于销售量，销售量变化，销售单价不变，销售收入与产量呈线性关系，企业不会通过降低价格增加销售量。

（2）假设项目正常生产年份的总成本可划分为固定成本和可变成本两部分，其中固定成本不随产量变量而变化，可变成本总额随产量变动呈比例变化。单位产品可变成本为常数，总可变成本是产量的线性函数。

（3）假定项目在分析期内，产品市场价格、生产工艺、技术装备、生产方法、管理水平等均无变化。

（4）假定项目只生产一种产品或生产多种产品时产品结构不变，都可以换算为单一产品计算。

4. 线性盈亏平衡分析的方法

为进行线性盈亏平衡分析，必须将生产成本分为固定成本和可变成本。用 C 表示年总成本，F 表示年总固定成本，V 表示单位产品变动成本，Q 表示年总产量，则年总成本方程式：

$$C = F + V \times Q \tag{8.3}$$

用 R 表示扣除税金后的销售收入，P 表示单位产品销售价格，T 表示单位产品销售税金，B 为年利润，则年销售收入方程式及年利润方程式：

$$R = P \times Q - T \times Q \tag{8.4}$$

$$B = R - C = P \times Q - T \times Q - F - V \times Q = (P - T - V) \times Q - F \tag{8.5}$$

当盈亏平衡时，收入应与支出相等，即税后销售收入等于总成本，即 B=0，则年产量的盈亏平衡点：

$$\text{BEP}(Q) = Q^{*} = F / (P - T - V) \tag{8.6}$$

盈亏平衡点的表达形式有多种，除用产量表示外，盈亏平衡点还可以用销售收入、单位产品售价、单位产品的可变成本以及年总固定成本的绝对量表示，也可以用某些相对值表示，如生产能力利用率等。

销售收入的盈亏平衡点：

$$\text{BEP}(R) = R^{*} = P \times F / (P - T - V) \tag{8.7}$$

单位产品可变成本的盈亏平衡点：

$$\mathrm{BEP}(V)=V^{*}=P-T-F/Q \tag{8.8}$$

产品销售价格的盈亏平衡点：

$$\mathrm{BEP}(P)=R^{*}=F/Q+V+T \tag{8.9}$$

生产能力利用率的盈亏平衡点：

$$\mathrm{BEP}(\%)=E^{*}=\frac{Q^{*}}{Q}\times 100\%=\frac{F}{P-T-V}\times Q^{*}\times 100\% \tag{8.10}$$

为了说明经营风险大小，引入经营安全率：

$$S^{*}=Q-\frac{Q^{*}}{Q}\times 100\%=1-E^{*} \tag{8.11}$$

一般来说，当 S ＞ 30% 时，认为企业经营较安全，即盈亏平衡时的销售量 $Q^{*}\leqslant 70\%$（正常年份销售量），可认为风险性较小，经营安全。以上分析如图 8-1 所示。图 8-1 中横坐标表示产品产量，销售收入线与总成本费用线的交点称为盈亏平衡点。在平衡点的左边，总成本大于销售收入，为亏损区；在平衡点的右边，销售收入大于总成本，为盈利区；在平衡点上，企业不盈不亏。

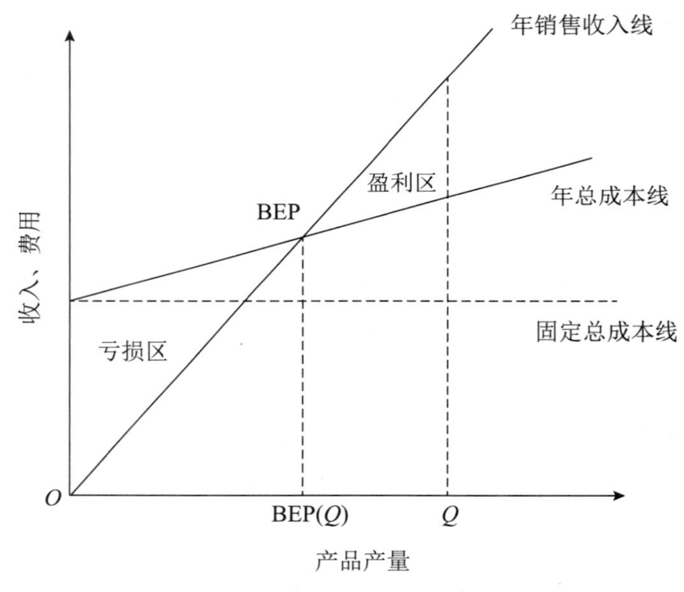

图 8-1　线性盈亏平衡分析图

从上述盈亏平衡点的计算公式可知，盈亏平衡点的产量越高，盈亏平衡点的销售收入越高，盈亏平衡点的生产能力利用率越高，盈亏平衡点价格越高和单位产品变动成本越低，项目的风险就越大，安全度越低；反之，则项目安全度越大，项目盈利的机会越大，项目承受风险的能力也就越强。

此外，固定成本占总成本的比例越高，盈亏平衡点的产量就越高，盈亏平衡点单位变动成本就越低。高的盈亏平衡产量和低的盈亏平衡单位产品变动成本意味着项目的经营风险较大，即会导致项目在面临不确定因素的变动时发生亏损的可能性增大。固定成本占总成本的比例一般取决于产品生产的技术要求以及工艺设备的选择。通常资金密集型项目的固定成本占总成本的比例较高，因而其风险也较大。

【例 8.5】某设计方案年产量为 12 万吨，已知每吨产品的销售价格为 675 元，每吨产品缴付的销售税金为 165 元，单位可变成本为 250 元，年固定成本是 1500 万元，试求以产量、销售收入、生产能力利用率、销售价格和单位产品可变成本表示的盈亏平衡点，并分析其风险性大小。

解：

盈亏平衡产量为

$$\mathrm{BEP}(Q)=Q^{*}=\frac{F}{P-T-V}=1500\times\frac{10^{4}}{675-250-165}=5.77\times10^{4}\text{（吨）}$$

盈亏平衡销售收入为

$$\mathrm{BEP}(R)=R^{*}=P\times\frac{F}{P-T-V}=675\times5.77\times10^{4}=3894.75\times10^{4}\text{（元）}$$

盈亏平衡生产能力利用率为

$$\mathrm{BEP}(\%)=E^{*}=\frac{Q^{*}}{Q}\times100\%=\frac{F}{(P-V-T)Q}\times100\%=\frac{5.77}{12}\times100\%=48.08\%$$

盈亏平衡销售价格为

$$\mathrm{BEP}(P)=P^{*}=\frac{F}{Q}+V+T=\frac{1500\times10^{4}}{12\times10^{4}}+250+165=540\text{（元 / 吨）}$$

盈亏平衡单位产品可变成本为

$$\mathrm{BEP}(V)=V^{*}=P-T-\frac{F}{Q}=675-165-\frac{1500\times10^{4}}{12\times10^{4}}=385\text{（元 / 吨）}$$

盈亏平衡年固定成本为

$$F=(P-V-T)*Q=(675-250-165)\times12\times10^{4}=3.12\times10^{7}\text{（元）}$$

经营安全率

$$S^{*}=Q-\frac{Q^{*}}{Q}\times100\%=1-E^{*}=1-48.08\%=51.92\%>30\%$$

因此，该项目经营安全。

5. 非线性盈亏平衡分析

在实际工作中，常常会遇到产品的年总成本和产量并不成线性关系，产品的销售也会受到市场和用户的影响，销售收入与产量也不呈线性变化的情况，这时就要用非线性盈亏平衡分析。产品总成本与产量不再保持线性关系的可能是：当生产扩大到一定限度后，正常价格的原料、动力已不能保证供应，企业必须付出较高的代价才能获得，正常的生产班次也不能完成生产任务，不得不加班加点，增加了劳务费用。此外，设备的超负荷运行增大了磨损，寿命的缩短与维修费用的增加等，使得成本函数不再为线性，而变成非线性了。造成产品的总成本与产量不成比例的原因，还可能是由于项目达到经济规模导致产量增加，而单位产品的成本有所降低，在产品的销售税率不变的条件下，由于市场需求关系以及批量折扣也会使销售净收入与产量不成线性关系。

确定非线性平衡点的基本原理与线性平衡点相同，即运用销售收入等于总成本的基本方程求解，只是盈亏平衡点有多个，需要判断各区间的盈亏情况。

【例 8.6】 某企业投产后，它的年固定成本为 60000 元，单位变动成本为 25 元，由于原材料整批购买，每多生产 1 件产品，单位变动成本可降低 0.001 元，单位销售价格为 55 元，销售量每增加 1 件，售价下降 0.0035 元。试求盈亏平衡点及最大利润时的销售量，可参见图 8-2。

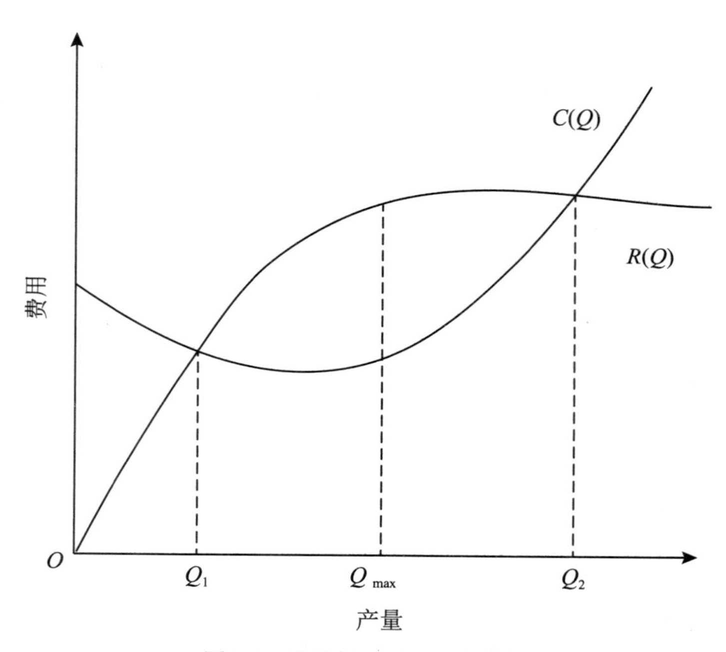

图 8-2　非线性盈亏平衡分析图

解：

单位产品的销售价格为 $55-0.0035Q$；单位产品的变动成本为 $25-0.001Q$。

（1）求盈亏平衡点时的产量 Q_1 和 Q_2：

$C(Q)=60000+(25-0.001Q)\times Q=60000+25Q-0.001Q_2$

$R(Q)=55Q-0.0035Q_2$

根据盈亏平衡原理，令 $C(Q)=R(Q)$，即

$60000+25Q-0.001Q_2=55Q-0.0035Q_2$

解得：$Q_1=2536$（件），$Q_2=9464$（件）。

（2）求最大利润时的产量 Q_{max}：

由 $B=R-C$ 得：

$B=-0.0025Q_2+30Q-60000$

令 $B(Q)=0$ 得：

$$Q_{max}=\frac{30}{0.005}=6000\text{（件）。}$$

6. 互斥方案的盈亏平衡分析

盈亏平衡分析还可以用在多方案的比选上。若有某一个共有的不确定性因素影响这些方案的取舍，则可以利用盈亏平衡分析法，先求出两方案的盈亏平衡点，再根据盈亏平衡点分析方案的趋势。

设两个方案的净现值（NPV_1，NPV_2）受同一个共有的不确定性因素 x 的影响，且可以表示成 x 的函数，即

$$NPV_1=F_1(x) \text{ 和 } NPV_2=F_2(x)$$

当两个方案的净现值相同时，即 $NPV_1=NPV_2$，有 $F_1(x)=F_2(x)$。使其成立的 x 值，为两方案的优劣平衡点，结合对不确定性因素未来取值范围的预测，就可以作出相应的决策。

【例 8.7】拟建某工程项目有 3 种方案，每一方案的产品成本见表 8-5，试分析各种方案在各种生产规模下的优劣。

表 8-5　例 8.7 成本数据表

方　　案	A	B	C
产品可变成本 /（元 / 件）	10	12	16
产品固定成本 / 元	600	400	200

解：

设 Q 为预计产量，则各方案总成本方程为

$C_A=CF+CV_A\times Q=600+10Q$

$C_B=CF+CV_B\times Q=400+12Q$

$C_C=CF+CV_C\times Q=200+16Q$

令 $C_A=C_B$ 求得 $Q_{AB}=100$（万件）

令 $C_B=C_C$ 求得 $Q_{BC}=50$（万件）

令 $C_A=C_C$ 求得 $Q_{AC}=67$（万件）

现以横轴表示产量，纵轴表示成本，绘出盈亏平衡图，如图 8-3 所示。

从图 8-3 可以看出，当 $Q<Q_{BC}$ 时，C 方案为最优；当 $Q_{BC}<Q<Q_{AB}$ 时，B 方案为最优；当 $Q>Q_{AB}$ 时，A 方案为最优。

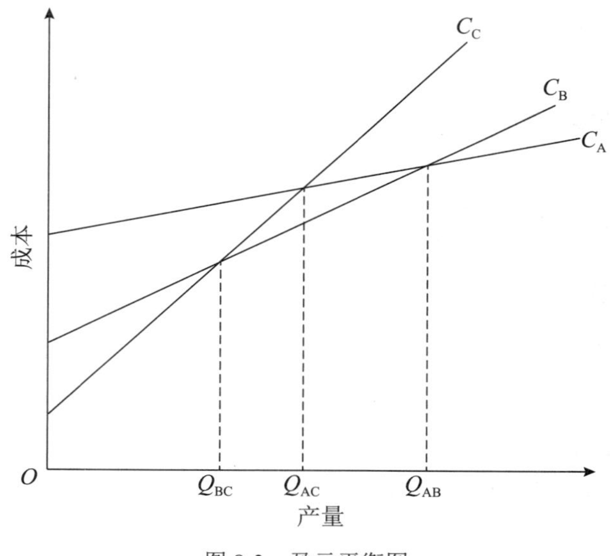

图 8-3　盈亏平衡图

（二）敏感性分析

1. 基本定义

由于工程技术项目经济评价所需要的数据有许多来自预测和估计，因此，其结果不可避免地存在不确定性和风险。为了使评价结果更好地为决策服务，需要进一步进行敏感性分析。其目的就是考察项目的主要影响因素发生变化时，对项目净效益的影响程度，如在项目规划阶段，用敏感性分析可以找出乐观的和悲观的方案，从而提供最现实的生产要素的组合。而且人们可以用敏感性分析区别出敏感性大的或敏感性小的方案，以便在经济效益相似的情况下，选取敏感性小的方案，尽可能减少风险。

所谓敏感性分析，是通过测定一个或多个不确定因素的可能变化所导致的决策评价指标的变化幅度，了解各种因素的变化对实现预期目标的影响程度，从而对外部条件发生变化时投资方案的承受能力作出判断。敏感性分析可以使决策者了解不确定因素对项目评价指标的影响，从而提高决策的可靠性，还可以启发评价者对那些较为敏感的因素重新进行分析研究，以提高预测的可靠性。

2. 敏感性分析的步骤与主要内容

1）确定分析指标

由于投资效果可用多种指标来表示，在进行敏感性分析时，首先必须确定分析指标。由于投资者关心的目标不同，所采用的经济指标也不尽相同。如果主要目的是分析方案状态和参数变化对方案投资回收快慢的影响，则可选用投资回收期作为分析指标；如果主要目的是确定产品价格波动对方案净收益的影响，则可选用净现值作为分析目标；如果分析的主要目的是投资大小对方案、对资金回收能力的影响，则可选用内部收益率作为分析指标。

方案评价的要求和深度不同，选用的经济评价指标亦有区别：如果在方案机会研究阶段，深度要求不高，可选用静态的评价指标；如果在详细可行性研究阶段，则选用动态评价指标。

2）选择不确定性因素

从理论上讲，任何一个因素的变化都会对投资效果产生影响，但在实际分析过程中并没有必要对所有可能变化的因素都进行敏感性分析。选择敏感性分析的主要不确定性因素，应该考虑以下两点。

（1）预计这些因素在可能的变化范围内，对投资效果影响较大。

（2）这些因素发生变化的可能性较大，通常包括项目总投资、项目寿命期、产品价格、销售量、经营成本、基准贴现率等。

3）计算影响程度

在计算某特定因素变化产生的影响时，假设其他因素保持不变。将该因素按一定幅度变化，计算相应的评价指标的变动结果，将计算结果列表或作图，以便测定敏感因素。

4）确定敏感因素

测定某特定因素敏感与否，可采用两种方式：一是假定需分析的因素均从基准值开始变动，且各因素每次变动幅度相同，通过计算并比较每次变动对经济指标的影响效果，就可以判断出各因素的敏感程度；二是假定某特定因素向降低投资效果的方向变动，并设该因素达到可能的“最坏”值，然后计算在此条件下的经济指标，看是否已达到使项目在经济上不可取的程度，如果项目已不能接受，则该因素就是敏感性因素。

5）综合评价，判断方案的风险程度

在项目的各方案比较中，对主要参数变化不敏感的方案，其抵抗风险的能力比较强，获得满意经济效益的可能性比较大，优于敏感方案，应优先考虑接受。

3. 单因素的敏感性分析方法

假定其他因素不变，每次只考虑一个不确定因素的变化对项目经济效果的影响，成为单因素敏感性分析。单因素敏感性分析还应求出导致项目由可行变为不可行的不确定因素变化的临界值。临界值可以通过敏感性分析求得。具体做法是：将不确定因素变化率作为横坐标，以某个评价指标，如内部收益率为纵坐标作图，由每种不确定因素的变化可得到内部收益率随之变化的曲线。每条曲线与基准收益率的交点成为该不确定因素的临界点，该点对应的横坐标即为不确定因素变化的临界点。

4. 多因素的敏感性分析方法

在单因素敏感性分析中，是在假定其他参数不变的前提下，计算某一参数的变动对评价指标的影响，但在实际的工程项目中，各个参数的变动可能存在着相互关联性，即一个参数的变动可能会引起其他参数的变动，如产品销售价格的下降可能会引起市场需求量的上升，进而导致产品原材料价格上涨、经营成本增加。因此，对工程项目仅进行单因素敏感性分析存在一定的局限性。为了弥补这一缺陷，可采用多因素敏感性分析方法，即在考虑多个参数同时变动的条件下，分析它们的变动对项目经济效益的影响程度。

由于多因素敏感性分析需要考虑多参数同时变动的情况，因此计算时会产生各参数不同变化幅度的多种组合问题，因而计算起来比单因素敏感性分析要复杂得多。而当变动的参数不超过三个时，可采用作图法和解析法相结合的方法进行分析。

5. 敏感性分析的局限性

敏感性分析在一定程度上就各种不确定因素的变动对方案经济效果的影响做了定量描述，这有助于决策者了解方案的不确定程度，有助于确定在决策过程中及方案实施过程中需要重点研究与控制的因素，对提高方案经济评价的可靠性具有重要意义。但是，敏感性分析有其局限性，它只考虑了各个不确定因素对方案经济效果的影响程度，而没有考虑各个不确定因素在未来发生变动的概率，这可能会影响分析结论的准确性。实际上，各个不确定因素在未来发生变动的概率一般是不同的，有些因素非常敏感，一旦发生变动对方案的经济效果影响很大，但它发生变动的可能性很大，实际带来的不确定比那些敏感因素更大。这个问题是敏感性分析无法解决的，必须借助于风险概率分析法。

（三）概率分析

1. 概率分析的含义

概率分析是采用概率分析方法，研究、预测各种不确定性因素和风险因素的变化的概率分布，及其对项目评价指标的影响，从而对项目或项目方案的风险情况作出比较准确的判断。概率分析一般是计算项目的净现值的期望值和净现值大于或等于 0 时的累计概率。净现值大于或等于 0 时的累计概率值越大，说明项目承担的风险越小，如累计概率为 0.7，代表项目净现值大于或等于 0 的可能性为 70%。项目净现值小于 0 的情况发生的概率，就是项目承担风险的可能性。有条件时，根据需要，应对项目进行概率分析，以便在决策过程中充分考虑项目所承担的风险，减少决策失误。

概率分析的关键，是确定各种不确定因素可能发生的变化率及该变化率发生的概率（可能性）。

2. 概率分析的内容与步骤

（1）列举不确定因素，不确定因素之间必须是相互独立的。

（2）确定不确定因素可能发生的几种情况，即水平或变化率。

（3）确定各不确定因素可能发生的几种情况的可能性，即概率。一个因素可能变化的几种情况的概率之和等于 1。

（4）计算项目各种可能发生的事件的净现值 NPV_j、加权净现值，以及净现值的期望值。

$$\mathrm{NPV}_j=\sum_{i=1}^{n}\left[\left(C_I-C_O\right)_i\left(1+i_e\right)^{-i}\right], j=1,2,\cdots,n \tag{8.12}$$

式中，n 为项目的计算期，j 为项目可能出现的状态序号。

$$\text{加权净现值}=\mathrm{NPV}_j\times P_j \tag{8.13}$$

式中，P_j 为项目第 j 种状态出现的概率。

净现值的期望值，即项目最可能出现的净现值：

$$E\left(\mathrm{NPV}\right)=\sum_{j}\mathrm{NPV}_j\times P_j \tag{8.14}$$

（5）计算净现值大于或等于 0 的累计概率：

$$P(\mathrm{NPV}\geqslant 0)=1-P(\mathrm{NPV}<0)=1-\sum_{\mathrm{NPV}_j}P_j \tag{8.15}$$

式中，P_j 为项目所有 $\mathrm{NPV}<0$ 的状态出现的概率。

（6）给出项目概率分析的结论或说明。

第二节　工程项目风险分析

一、风险概述

风险是指未来发生不利事件的概率或可能性，由于项目具有不确定性，因此可能会导致项目实施后偏离预期。

风险分析就是通过对风险因素的识别，采用定性分析与定量分析的方法估计各风险因素发生的可能性及对项目的影响程度，揭示影响项目成败的关键风险因素，提出项目风险的预警、预报和相应的对策，为投资决策服务。风险分析的作用是在投资决策阶段，通过信息反馈，改进或优化项目设计方案，起到降低项目风险的作用。

风险分析的过程包括风险识别、风险估计、风险评价、风险决策与风险应对。在决策分析中，首先，应从认识风险特征入手去识别风险因素，其次，根据需要和可能选择恰当的方法估计风险发生的可能性及其影响；再次，按照一个标准评价风险程度，包括单个因素风险程度估计和对项目整体风险程度估计；最后，提出针对性风险对策，将项目风险进行归纳，得出风险分析结论。

二、风险的来源与识别

（一）工程项目风险的主要来源

（1）市场风险，是指由于市场价格的不确定性导致损失的可能性。具体来说，就是由于市场需求量、需求偏好、市场格局、政治及经济因素等方面的变化导致市场价格有可能发生不利的变化而使工程项目经济效果或企业发展目标达不到预期的水平。比如，营业收入、利润或市场占有率等低于期望水平。对大多数工程项目而言，市场风险是最直接也是最主要的风险。

（2）技术风险，是指高新技术的应用和技术进步使建设项目发生损失的可能性。在项目建设和运营阶段会涉及各种高新技术的应用，由于种种原因，实际的应用效果可能达不到原先预期的水平，从而也就可能使项目的目标无法实现，形成高新技术应用风险。此外，建设项目以外的技术进步会使项目的相对技术水平降低，从而影响项目的竞争力和经济效果，这就构成了技术进步风险。

（3）财产风险，是指与项目建设有关的企业和个人所拥有、租赁或使用的财产，面临可能被破坏、被损毁或被盗窃的风险，财产风险的来源包括火灾、闪电、洪水、地震、飓风、暴雨、偷窃、爆炸、暴乱、冲突等。此外，与财产风险有关的损失还包括停产停业的损失、采取补救措施的费用和不能履行合同对他人造成的损失等。

（4）责任风险，是指承担法律责任后对受损一方进行补偿而使自己蒙受损失的可能性。随着法律制度的逐步健全和执法力度的加强，在工程建设过程中，个人和组织越来越多地通过诉诸法律要求补偿自己受到的损失。司法裁决可能对受害一方进行经济补偿，同时惩罚与责任有关的个人或组织。即使被告最终免除了责任，辩护案子的费用也是必不可少的。因此，经济主体必须谨慎识别那些可能对自己造成影响的责任风险。

（5）信用风险，是指由于有关行为主体不能做到重合同、守信用而导致目标损失的可能性。在工程项目的建设和生产营运过程中，合同行为作为市场经济运行的基本单元具有普遍性和经常性，如工程承发包合同、分包合同、设备材料采购合同、贷款合同、租赁合同、销售合同等。这些合同规范了诸多合作方的行为，是工程建设顺利进行的基础。如果有行为主体钻合同的“空子”损害另一方当事人的利益或者单方面无故违反承诺，则毫无疑问，建设项目将受到损失，从而产生信用风险。

（二）风险识别

风险识别，是指采用系统论的观点对项目全面考察、综合分析，找出潜在的各种风险因素，并对各种风险进行比较、分类，确定各因素间的相关性与独立性，判断其发生的可能性及对项目的影响程度，据此对风险因素的重要性进行排序，或赋予权重。风险识别是风险分析和管理的一项基础性工作，其主要任务是明确风险存在的可能性，为风险估计、风险评价和风险应对奠定基础。

1. 风险识别的一般步骤

（1）明确所要实现的目标。

（2）找出影响目标值的全部因素。

（3）分析各因素对目标的相对影响程度。

（4）根据各因素对不利方向变化的可能性进行分析、判断，并确定主要风险因素。

2. 项目风险识别的方法

项目风险识别是为了确定项目中可能发生的不确定性和潜在风险，需要在项目的各个阶段进行更新和审查。通过不断识别和评估风险，并制定相应的风险管理策略。以下是一些常用的风险识别方法。

1）系统分解法

项目风险识别最常用的一种方法是利用系统分解的原理，将一个复杂的项目分解成比较简单、容易识别的子系统或系统要素，从而识别出各个子系统或系统要素存在的风险。比如，在投资建造一个工厂项目时，可将项目风险分解成以下几个方面：市场风险、经营风险、技术风险、资源及原材料供应风险、环境污染风险等，然后对这些方面再做进一步的分解。

2）流程图法

项目流程图是确定项目的工作流程以及项目各个不同部分之间的相互关系等信息的图标，项目流程图包括系统流程图、实施流程图和作业流程图等各种形式。通过对项目流程图的分析，可以发现和识别项目风险可能发生在项目的哪个环节或哪个地方，以及项目流程中各个环节对风险影响的大小。运用这种方法得到的项目风险识别结果，还可以为后面项目实施中的风险控制提供依据。

3）头脑风暴法

头脑风暴法是一种运用创造性思维、发散性思维和专家经验通过会议的形式去分析和识别项目风险的有效方法，如果进行某个项目会遇到哪些风险？其后果的危害程度如何？这些风险的主要成因是什么？风险事件发生的征兆有哪些？风险有哪些基本特性？

4）情景分析法

情景分析法是一种用于评估项目或决策的方法，它通过设定不同情景和假设来预测可能发生的情况，并分析每种情景对项目结果的影响。情景分析法的优点在于它考虑到了多种可能性，并能够评估不同情景下的影响。这可以帮助决策者更好地了解项目的风险和机会，制定相应的应对措施，并提前做好准备以应对不确定性。然而，情景分析也有一些限制，如对假设内容的敏感性和模型的复杂性，需要谨慎使用和解释可能出现的结果。

5）事故树分析法

事故树分析是系统分解法的一种，事故树由节点和连接节点的线组成。节点表示事件，而连线则表示事件之间的关系。事故树分析是从结果出发，通过演绎推理查找原因的一个过程。

6）核对表法

风险识别实际上是对将来风险事件的设想，是一种预测。如果把人们经历过的风险事件及其来源罗列出来，写成一张核对表，据此项目管理人员更容易开阔思路，识别出该项目会有哪些潜在的风险。核对表可以包含多种内容，如以前项目成功或是失败的原因、项目其他方面规划结果、项目产品或服务的说明书、项目成员的技能、项目可用的资源等。

工程项目投资规模大、建设周期长，涉及因素多，因此，也可以按项目的不同阶段进行风险识别，而且随着项目寿命周期建设阶段的推移，当一种风险因素的重要性下降时，另一种风险因素的重要性则可能会上升。

三、风险估计与评价

（一）风险估计

风险估计是在风险识别之后，用定量分析方法测度风险发生的可能性及对项目的影响程度，即估算风险事件发生的概率及其严重后果。概率是度量某一事件发生的主观判断；客观概率估计是根据大量的试验数据用统计的方法计算得到的某一风险因素发生的可能性，是客观存在的规律。

风险估计的一个重要方面是确定风险事件的概率分布及期望值、方差等参数。常用的概率分布有离散型概率分布和连续型概率分布。

（二）风险评价

风险评价是在风险识别和估计的基础上，通过建立项目风险的系统评价指标体系和评价标准对风险程度进行划分，以找出影响项目的关键风险因素，确定项目的整体风险水平。

风险评价的内容包括单因素风险评价和整体风险评价。单因素风险评价是评价单个风险因素对项目的影响程度以找出项目的关键风险因素。整体风险评价是综合各个单一风险因素对项目目标的影响，对项目整体风险进行评估。

四、风险决策与方法

如何综合各个单一风险因素对项目目标的影响，对建设项目整体风险进行度量对决策者来说尤为重要。在实际操作中，风险决策方法主要有定性方法与定量方法。定性方法是指决策者自己或聘请专家凭借主观判断对主要风险因素进行识别，并判断这些主要风险可能产生的后果是否可以接受，从而对项目整体风险作出判断。定量方法是采用特定的计算方法，作出相应决策。常用的定量方法有专家打分法、概率树分析法等。

（一）专家打分法

专家打分法适用于项目决策前期，识别主要的风险因素，其基本步骤为以下 3 步。

（1）识别出建设项目可能遇到的风险，并据此列出风险表。

（2）将风险表提交给相关专家，对风险的重要程度进行评估。

（3）收集专家评估意见并计算出建设项目整体风险。

其中，第三步的具体内容包括：

①针对风险识别结果，根据风险对项目目标的影响程度确定每个风险因素的权重。

②确定每个风险因素的等级值。可将风险划分为严重、一般、较轻三个等级，分别赋值为 1.0、0.5、0.1。

③计算出每一风险因素的得分。其计算公式如下：

$$r_i=\sum_{j=1}^{m}\omega_{ij}s_{ij} \tag{8.16}$$

式中，r_i 为风险因素 i 的得分；ω_{ij} 为 j 专家对风险因素 i 赋予的权重；s_{ij} 为 j 专家对风险因素 i 赋予的等级值；m 为参与打分的专家数。

④将逐项风险因素的得分相加，得出建设项目整体风险的得分，总分越高，整体风险越大。总分计算公式如下：

$$R=\sum_{i=1}^{n}r_i \tag{8.17}$$

式中，R 为建设项目整体风险得分；r_i 为风险因素 i 的得分；n 为风险因素的个数。

（二）概率树分析法

概率树分析法是通过构造概率树来估计项目整体风险的一种方法。适用于状态树有限的离散型变量，根据每个变量的状态组合计算项目的评价指标。主要包括以下步骤。

（1）列出要考虑的各种风险因素（如投资、经营成本、销售价格等）及项目经济评价指标。

（2）设想各种风险因素可能发生的状态，分别确定各种状态可能出现的概率，并使每种风险因素可能发生的状态出现的概率之和等于 1。

（3）根据各风险因素可能发生的状态构造概率树。

（4）计算概率树中每一分支出现的概率及相应的评价指标值。

（5）根据具体要求计算并分析项目评价指标的期望值。

$$E(Z)=\sum_{j=1}^{n} z_j \times p_j \tag{8.18}$$

式中，$E(Z)$为经济评价指标 Z 的期望值；z_j为第j种风险因素组合状态下经济评价指标 Z 的评价值；p_j为第j种风险因素组合状态出现的概率；n为风险因素组合状态的总数。

项目评价指标的方差如下：

$$D(Z)=\sum_{j=1}^{n}\left[Z_j - E(Z)\right]^2 \times P_j \tag{8.19}$$

式中，$D(Z)$为经济评价指标的方差，其他符号与式（8.18）相同。

$$离散系数 = \frac{\sqrt{D(Z)}}{E(Z)} \tag{8.20}$$

若要考虑评价指标与某一数值的概率比较，可先将 Z_j 从小到大进行排序，列出各 Z_j 对应的 P_j，再计算累计概率。通过计算累计概率和离散系数的大小，判断项目风险的大小。

第三节　工程项目风险应对

一、工程项目风险应对对策

风险应对是指根据风险决策的结果，研究规避、控制与防范风险的措施，为项目全过程风险管理提供依据。风险应对的四种基本方法是风险回避、损失控制、风险转移和风险保留。

（一）风险回避

风险回避是一种风险管理策略，它指的是通过采取措施来尽量避免或减轻潜在的风险和不确定性的影响。风险回避的目标是通过避免或减少风险的发生，降低项目或决策的风险和潜在损失。风险回避并不意味着完全消除风险，而是通过采取适当的措施来降低风险的影响和潜在损失。风险回避应与其他风险管理策略相结合，综合考虑项目或决策的整体风险管理需求。在出现以下情况时将更有可能采取风险回避的方法。

（1）当出现 K 级风险时。

（2）投资主体对风险极端厌恶。

（3）存在可实现同样目标的其他方案，其风险更低。

（4）投资主体无能力消除或转移风险。

（5）投资主体无能力承担该风险，或承担风险得不到足够的补偿。

（二）损失控制

损失控制是一种风险管理策略，旨在减少或限制潜在风险事件的负面影响和损失。损失控制的目标是通过实施相应的措施来降低风险事件的发生概率或减少其影响程度。损失控制应与其他风险管理策略相结合，形成一个综合的风险管理体系。它需要根据具体项目或组织的风险特征和需求，制定相应的控制策略，并进行定期评估和改进。通过有效的损失控制措施，可以最大限度地降低风险造成的经济和商业影响。

（三）风险转移

风险转移是一种风险管理策略，旨在将潜在的风险责任和负担转移至其他地方。通过风险转移，组织或个人可以将潜在的损失和责任转移至第三方或保险公司，以减轻风险对其自身的影响。风险转移并不意味着完全摆脱风险，而是将部分责任和损失转移至其他地方。在选择风险转移方式时，需要进行充分的评估和谨慎的合同约定，以确保转移的有效性和风险管理的连续性。另外，对于无法转移的风险，还需要考虑其他风险管理策略，如风险预防、损失控制等。

（四）风险保留

风险保留是一种风险管理策略，即组织或个人主动选择承担某些潜在风险并留置相关的责任和负担。与风险转移不同，风险保留意味着自愿接受风险，并准备承担可能发生的损失。风险保留的优点包括更高的自主权和灵活性，以及对自身风险承担能力和资源的充分利用。然而，它也带来一定的风险和责任，需要确保有足够的能力来应对潜在的风险事件和损失。重要的是，在使用风险保留策略时要进行全面的风险评估和咨询，并根据组织或个人的实际状况和承受能力来制定适当的保留策略。风险保留包括无计划自留以及有计划自我保险。其中，无计划自留是指风险损失发生后从收入中补偿，而不是在损失前做出资金安排。当经济主体没有意识到风险并认为损失不会发生时，或将意识到的风险有关的最大可能损失显著低估时，就会采用无计划保留方式承担风险。一般来说，无计划保留应当谨慎使用，因为如果实际总损失远远大于预计损失，将引起投资者资金周转困难。

有计划自我保险，是指在可能的损失发生前，通过做出各种资金安排以确保损失出现后能及时获得资金以补偿损失。有计划自我保险主要是通过建立风险预留基金的方式来实现。

二、工程项目风险控制

在项目的整个生命周期内，跟踪已识别的风险，及时识别新的风险，保证风险计划的执行，并评估这些计划对降低风险的有效性。在整个项目实施的过程中，根据项目风险管理计划和项目实际发生的风险与变化控制活动进程。

1. 建立项目风险防范控制体制

在项目开始之前，要根据项目风险分析报告给出的项目风险信息制定出整个项目风险控制的仿真、项目风险控制的程度，以及项目风险控制的管理体制，这包括项目风险责任制度、项目风险信息报告制度、项目风险控制决策制度、项目风险控制的沟通程序等。

2. 确定要控制的具体项目风险

根据项目风险识别与分析报告所列出的各种具体项目风险，确定出对哪些项目风险要进行控制，而对哪些风险可以容忍并放弃控制。通常这要按照项目具体风险后果的严重程度和风险的发生概率，以及项目组织的风险控制资源情况去确定。

3. 确定项目风险的控制责任

所有需要控制的项目风险都必须落实负责控制的具体人员，同时要规定他们所负的具体责任。

4. 确定风险控制的计划和方案

项目风险的控制必须制订严格的时间计划和方案，许多由于项目风险失控造成的损失都是由于错过了风险控制的时机造成的，根据风险的特性和时间计划，项目风险控制人员必须制定出一个具体项目风险的控制方案。

5. 实施与跟踪具体项目风险控制

在实施项目风险控制时，必须不断收集风险事件控制工作的信息并给出反馈，及时跟踪确认所采取的项目风险控制活动是否有效，项目风险的发展是否有新的变化等，不断提供反馈信息，从而指导项目风险控制方案的具体实施。并根据项目风险的发展变化，不断地修订项目风险控制方案与办法。

三、工程项目突发事件应急及善后管理

（一）突发事件

在工程项目中，突发事件是指未预料到或无法完全控制的紧急情况或意外事件，可能对项目进展和目标造成重大影响。以下是在面对突发事件时采取的一些建议措施。

（1）紧急响应计划：在项目启动前，制订一个紧急响应计划。该计划应包含明确的责任分工、沟通渠道和应急程序，确保团队成员能够迅速有效地应对突发事件。

（2）人员安全和保护：确保项目团队成员的安全是首要任务。根据突发事件的性质，采取适当的安全措施和紧急撤离计划。确保项目团队了解处理突发事件的正确步骤，并能够在紧急情况下采取适当的行动。

（3）紧急通信和沟通：建立有效的紧急通信渠道，以便及时与项目团队、相关方和利益相关者进行沟通。确保及时分享信息、更新项目状态，并协调各方的应对行动。

（4）重新评估和调整：在突发事件发生后，重新评估项目的目标、计划和资源需求。根据突发事件的影响，可能需要重新规划和调整项目进度、资源分配和预算。

（5）风险记录和学习：对突发事件进行全面的记录和分析，以便学习和改进。识别造成突发事件的原因，并采取措施来防范和应对类似情况的再次发生。

（6）供应链管理：如果突发事件涉及供应链中的关键供应商或合作伙伴，应与其保持密切合作，确保他们能够及时恢复运作或寻找替代方案，以减轻对项目进展的影响。

（7）微调项目计划：根据突发事件的影响，对项目计划进行微调和重新安排。可能需要重新分配资源、重新评估风险、修改里程碑和交付时间等。

（二）应急管理

应急管理是指为更有效地降低突发事件所产生的负面影响，用最低的成本，采用计划、组织、控制等方法和手段，最大限度地实现目标。突发事件的应急管理活动是一项错综复杂的系统工程，需要建立起全过程的管理体系，包括事前的预警到事中的应急响应，再到事后的善后处理。对减轻工程建设项目突发事件的消极影响，保证项目目标的实现具有重大意义。

1. 事前预警

（1）应急准备。应急准备是指在突发事件发生前对可能出现的突发事件做好的预防工作。

（2）应急预案。应急预案是指事先制定的关于工程建设项目突发事件发生时进行紧急救援的组织、程序及协调等方面的方案和计划，是应急处理的行动指南。应急预案大体分为：综合应急预案、专项应急预案、现场处置方案。

（3）应急培训和安全教育。应急培训和安全教育对于防止和避免突发事件的发生、

提高企业安全生产水平具有十分重要的意义。针对突发事件的类型，管理人员、特种作业人员及企业员工都应定期接受应急培训和安全教育，安全教育可以通过安全生产日、安全会议、事故现场教育、板报标志牌等方式进行。

（4）制定相应的程序规则。由于工程建设项目具有规模大、周期长、参与单位多、技术复杂以及环境多变等特点，导致建设工程安全生产的管理难度大、风险高。因此，工程建设企业内部应建立安全生产责任制、安全生产费用保障制度等安全生产管理制度体系。工程建设企业应定期检查本单位各项安全防范措施的落实情况，及时消除事故隐患。

（5）资源准备。工程建设项目应按照工程规模及可能发生突发事件的概率和后果的严重性，事前布置好应急处置所需的人员、救援设备等紧急救援物资和资金，保证在突发事件发生后能够及时、充分地应对，避免在工程建设项目中出现人员和机械的过度损失，同时保障遇灾人员的基本生活保障。

2. 事中应急响应

当工程建设项目已经处于突发事件的干扰下，建设项目的进度、成本、质量目标已经受到严重的影响，采用应急资源、各类方法手段对突发事件进行及时有效的应急处理，使其对工程建设项目的影响和损失降到最低，使干扰向好的方向发展。应急处理的主要作用是把突发事件对建设项目的影响范围和强度限定在可控范围之内，防止突发事件的不断扩大和延续。

应急处理包括事故的上报、人员的疏散与急救、消防和工程抢险、事故调查、信息收集与应急决策以及外部救援等紧急措施，其目标是抢救受害人员、保护可能受到安全威胁的人群，尽可能控制并消除二次伤害的发生，将人员伤亡、财产损失降至最低。应急处理可以分为三个阶段：突发事件相关信息的收集确认；根据已有的、确定的信息科学决策，制定合理应对策略；决策的执行。

3. 工程项目风险善后处置

善后处置是指突发事件发生后经过快速有效的应急处置，使工程建设项目突发事件给社会、建设企业带来的消极影响的范围和程度得到有效控制。突发事件在得到有效处理后应立即进行灾后恢复的工作，尽可能消除突发事件带来的影响，使得项目管理恢复到事件前的正常水平甚至超越事前水平，保证工程建设项目的各项目标按计划完成。

建立完善的事后调查与评估工作体系。工程项目风险处理后应及时总结、分析发现风险管理工作中的问题和不足，为今后的应急管理工作提供指导和参考。同时要根据应急响应的具体情况，对编制的应急预案进行组织与评价，同时依照相应的评价结果来对应急预案的有关内容进行完善，保证其更具科学性、完整性、合理性与有效性。

【思考题】

1. 不确定性分析和风险分析有何区别？为什么要对拟建工程项目进行不确定性分析

与风险分析？

2. 什么是盈亏平衡分析？在工程技术经济学中盈亏平衡分析的主要作用是什么？

3. 总结多方案风险决策的基本方法。

4. 某建筑公司拟投资15万元购买设备，正常情况下，设备使用期为10年，年收益为70000元，年成本为43000元，基准收益率为8%，就使用期、年收益、年成本三项因素对该投资方案进行敏感性分析。

5. 某咨询机构对两个大城市之间的道路交通系统的投资和效益预报出四种状态（如表8-6）；假设这种系统使用寿命为20年，年折算利率6%，试求这种系统净效益现值的期望值、方差。

表8-6　交通系统数据表

寿命/年	K1	K2	K3	K4	备注
	0.1	0.2	0.4	0.3	发生概率
0	−6000	−4000	−2000	−1000	单位：万元
1~20	761	639	410	117	单位：万元/年

即测即练

【拓展案例】

机遇与挑战并存：CC生物质热电联产项目如何破解融资难题？

2021年2月21日，《中共中央国务院关于全面推进乡村振兴加快农业农村现代化的意见》，文件中明确提出“要加大农村电网建设力度，全面巩固提升农村电力保障水平，发展农村生物质能源”。2021年2月8日，国家能源局发布《关于因地制宜做好可再生能源供暖相关工作的通知》，通知中明确指出热电联产补贴优先。其实，从去年一月国家就陆续出台了一系列关于支持生物质发电产业政策。然而，如何牢牢抓住行业快速发展的重要契机，从而实现自身的跨越式发展，成为当前生物质发电企业面临最为迫切的问题。在2021年3月政府补贴新政出台的时候，陕西秦尧电厂CC热电联产项目负责人的心里还是非常欣喜的，因为当时的CC项目是第一个真正意义上的热电联产项目，然而，CC项目从推行至今一直面临资金不足的问题，如何借这个机会集思广益，破解融资难题成为当前亟待解决的一个重要问题。试结合生物质发电行业的特征和现状，分析CC项目可能面临的不确定性与风险，作为民营生物质发电企业，CC项目应如何应对外在环境所带来的不确定性并作出相应的决策分析。

资料来源：中国管理案例共享中心，“机遇与挑战并存：CC生物质热电联产项目如何破解融资难题？”http://www.cmcc-dlut.cn/Cases。

拓展视频

三分钟带你了解生物质发电

第九章

工程项目后评价

工程项目后评价是对已经投产竣工的项目进行综合评价，以验证项目是否已经达成了预定的目标，项目是否创造出了预期的成果和效益的过程。通过项目后评价，可以改进项目建设过程中出现的偏差，提高项目运行过程中的经济性和科学性。

本章主要介绍了项目后评价的含义和特点，项目后评价和前评价的区别，项目后评价的作用，项目后评价的主要内容，项目后评价的程序，项目后评价的方法，以及如何编制项目后评价报告。

【学习目标】

1. 价值目标：习近平总书记强调，基础设施是经济社会发展的重要支撑。基础设施建设是国民经济基础性、先导性、战略性、引领性产业，学会将项目后评价工作应用于我国重大基础设施项目建设实践中去。

2. 知识目标：理解项目后评价的含义，学习项目后评价的特点、内容和作用，了解项目后评价报告的编制。

3. 能力目标：掌握开展项目后评价的程序，学会计算项目后评价的相关指标，学会使用项目后评价的各种方法。

【引导案例】

华能如东 300MW 海上风电项目及其后评价工作

能源是工业的粮食、国民经济的命脉，攸关国计民生和国家安全。习近平总书记在中国共产党第二十次全国代表大会中强调加快推动能源结构优化调整，加快规划建设新型能源体系，为我们指明了能源变革的根本方向。中国华能集团有限公司积极推动清洁能源工程建设，如东 300MW 海上风电项目，是华能首个，也是当时亚洲在建容量最大的海上风电项目，具有机组类型多、机型新、设备国产化率高、单机容量大、电气设计先进、海域情况复杂、施工要求高等特点。

如东 300MW 海上风电项目创新技术推动了我国海上风电设计、施工、制造、运输等多领域的技术进步，为我国海上风电高质量发展奠定了重要的技术和工程基础，在华能如东、大丰等多个海上风电场工程中得到成功应用，全部并网后，每年可节约标煤 250 万吨，CO_2 减排 750 万吨，减少灰渣排放 69 万吨，节水 1648 万吨，具有良好的环保和社会效益。

2022 年项目竣工后，中国华能集团有限公司紧抓项目后评价工作，积极对华能如东 300MW 海上风电场工程后评价服务采购进行招标，以期对如东 300MW 海上风电项目的前期论证决策、设计施工、竣工投产等投资活动全过程，以及项目目标、效益、持续性进行客观且系统的分析和综合评价。中国华能集团有限公司紧扣新时代新征程央企使命任务，通过“四个聚焦”深入开展投资后评价工作。据统计，自 2010 年开展后评价工作以来，中国华能累计完成 92 个投资项目后评价、10 个基建投产项目经济效益后评价，涉及火电、水电、新能源、煤矿等行业，评价结果提交集团相关部门和单位决策参考使用，积极推动提升投资决策水平，助力集团奋进新征程、加快建设成为世界一流企业。

案例思考：

为什么中国华能集团有限公司如此重视项目后评价工作？在华能如东 300 MW 海上风电场工程竣工后，该从哪些方面对项目进行后评价？

资料来源：人民论坛网，“中国华能坚持‘四个聚焦’靶向发力 深入推动投资后评价工作 助力企业高质量发展”(http://www.rmlt.com.cn/2023/0530/674398.shtml.)。

拓展视频

探秘华电首个海上风电项目

第一节　工程项目后评价概述

一、项目后评价的含义

项目后评价源于 19 世纪 30 年代的美国，直到 20 世纪 60 年代逐步被许多国家和世界银行、亚洲银行等双边或多边援助组织用于世界范围内的资助活动结果评价中来。随着我国改革开放的实施，许多外资项目逐渐投入建设，国外许多先进的技术、投资决策的先进管理经验伴随项目投入也被“引进来”。项目后评价作为项目管理的重要内容，在20世纪80年代初，也逐渐被国内研究机构作为项目管理研究的重要组成部分，通过与一些国家和国际机构的交流，逐步形成我国的后评价的理论和方法基础。

在项目投资建设的前期阶段，需要先对项目进行项目可行性研究和项目评价，对项目建设的经济社会效益和风险状况进行评估，达到项目建设完成后良好运营的目的。但是项目可行性研究和项目评价都是在项目建设前的决策阶段开展的，项目真正的运行效益是否能达到预期的效果还未可知。验证项目是否实现了预期的成果和效益，检查项目建设的目标是否达成，都需要项目后评价来实现。项目建设完成后，通过分析再评估项目实际建设完成后的经济社会环境效益与预期估计效益之间的差距，并找出产生差距的原因，总结项目建设中的经验教训，这种再评估就是项目后评价。项目后评价作为项目生命周期的最后一个阶段，是工程项目管理的重要组成部分。通过项目后评价，可以及时反馈项目建设中的信息，对于可以改进的项目建设，能够及时提出改进措施，弥补项目中出现的问题，达到提高项目效益的目的；对于不能进行改进的项目，可以总结项目投资中的管理决策和项目建设中的经验教训，为未来新项目的投资建设提供项目建设的实践指导，提高未来项目建设的决策科学化、建设先进性水平。

二、项目后评价的特点

在项目后评价的过程中，有如下特点。

1. 现实性

与项目可行性评价预估的结果不同，项目后评价立足于现实情况，对项目建设、投产、运营的过程和存在的问题进行分析评价。其调查收集的数据和资料都是项目建设过程中真实发生的情况，总结的也是真实存在的经验教训，提出的改进措施也是切实可行的行动方案。

2. 全面性

项目后评价所检查的环节包括项目建设周期的全过程，不仅包括项目的立项、筹备、决策、设计、施工等投资建设过程，还包括项目建设完成后的投产和运营过程。评价的效益不仅包括经济效益，还包括社会效益、环境效益等潜在效益。评价的内容不仅包括项目目标的完成情况、项目的实施过程、项目的效益评价，还包括项目建成后的影响评价和可持续性评价等方面。

3. 反馈性

项目后评价的目的在于对项目立项、建设和运营的全过程进行审查评价，查找项目管理过程中的问题和难点，根据项目信息和资料提出改进方案，总结成功的典型经验和失败的教训，把积累的经验教训及时进行反馈，从而提高以后项目投资决策的科学化和准确性水平。

4. 探索性

项目后评价通过分析项目建设的现状，发现项目建设中的问题并及时予以解决，探索出一条有效进行项目建设的道路，为以后新项目建设指明方向。项目后评价工作有一定的探索性和创新性，因此要求项目后评价工作人员具有较高的专业素质和创造能力，能够瞄准项目建设的问题并提出切实可行的改进建议。

5. 可靠性

项目后评价的现实性是可靠性的基础，后评价工作的数据和资料来源于项目实际发生的建设和运营情况，依据科学实用的评价方法和指标来分析项目取得的实际效益，从项目本身出发总结经验教训，整个后评价过程都是客观和可靠的。

三、项目后评价与前评价的区别

项目前评价和项目后评价是项目建设过程中的两次主要的项目评价过程，是对同一评价对象不同时间过程和工程进度的评估。在评价内容上，项目前评价是项目后评价的基础和参照，研究项目后评价是项目前评价的验证和反馈。两者之间相互联系又存在明显区别，主要区别表现在以下三个方面。

1. 评价的主体不同

项目前评价主要是由投资主体针对项目实施的可行性组织评估的；而后评价多是由项目主体之外的第三方针对项目目标完成情况和效益情况进行评价。

2. 在项目建设中所处的阶段不同

项目前评价是在项目决策前的前期工作阶段进行，作为投资决策的依据；项目后评价是在项目投入运营一段时间后进行，对项目全过程（包括建设期和生产期）的效益进行评估。

3. 评价的内容不同

项目前评价主要是通过对项目建设的必要性、可能性、技术方案及建设条件等进行评估，对项目未来经济和社会效益进行科学的预测；项目后评价除了对上述内容进行评估外，还要对项目立项决策和实施效率进行评估，并对项目实施运行的状况进行深入分析和评价。

四、项目后评价的作用

根据项目后评价工作的含义和特点以及在项目管理工作中所处的位置来看，项目后评价能够及时对项目建设中的信息进行规范，改进出现的偏差，还能够提高项目投资的科学化水平。具体而言，项目后评价对于企业、行业、社会和国家发挥了如下重要作用。

1. 有利于提高企业项目投资决策的科学性和准确性

通过建立严谨的项目后评价指标和科学的项目后评价方法体系，对项目前评价阶段的工作进行检验，一方面可以增强项目前评价工作人员的责任意识，提高项目前评价的准确性和科学性，减少项目投资中因相关人员不负责任而触发的项目风险；另一方面可以对工程项目竣工之后的实施结果进行全面客观评估，检验在项目全阶段决策过程中计划工作是否严谨，理论和方法是否合适，是否作出科学决策，将后评价的结果反馈到新的项目决策工作中去，为今后相同类型项目的投资决策提供实践依据，积累项目投资决策经验，提高项目投资的可行性，减少以后项目建设中的盲目性和随意性。

2. 有利于提高企业和相关单位的未来项目管理水平

项目后评价过程通过对项目投资决策开始到项目结束时期内所有的计划、组织、指挥、协调、控制和评价全过程的总结和分析，贯穿项目立项、建设和运营的全链条，考核工作流程、管理制度、机构设置、人员配备、方案选择是否科学合理，提炼出对未来项目建设有益的做法和模式，立足项目全过程视角，提高项目的综合管理水平。

3. 有利于及时修正偏差，实现项目最优控制

在实际中，进行项目后评价的项目一般都是建设周期长，资金投入多，对行业和地区有重大影响的项目，又因项目具有不可复制的特点，因此在项目建设过程中经常出现无法预料的意外和建设风险，通过对项目后评价与项目可行性研究阶段的结果进行对比分析，及时找出两者之间的重大偏差，分析原因，制订补救方案，及时纠正偏差或修改项目目标，实现项目建设的有效控制。

4. 有利于为银行部门及时调整信贷政策提供依据

项目后评价工作中经济效益评价是评价工作的重中之重，通过后评价，可以及时发现项目中资金使用存在的问题，分析项目在资金筹集和使用过程中成败的原因，为银行等信贷部门调整信贷政策提供参考，降低银行等金融机构的资金使用风险，确保资金的按期收回。

5. 有利于国家今后投资计划、政策制定的合理性

项目后评价能够发现宏观投资管理中存在的问题，有利于国家对不符合实际情况的投资计划和政策进行修正，修改不合理的评价指标内容和指标范围。同时根据项目后评价工作反馈的信息，合理确定投资的规模和资金流向，保障各部门、各行业的协调有序发展，促进投资管理的良性循环。

第二节　项目后评价内容

项目后评价工作涉及多项评价内容，主要包括项目目标评价、项目实施过程评价、项目效益评价、项目影响评价和项目可持续性评价等，具体的评价内容如图 9-1 所示。

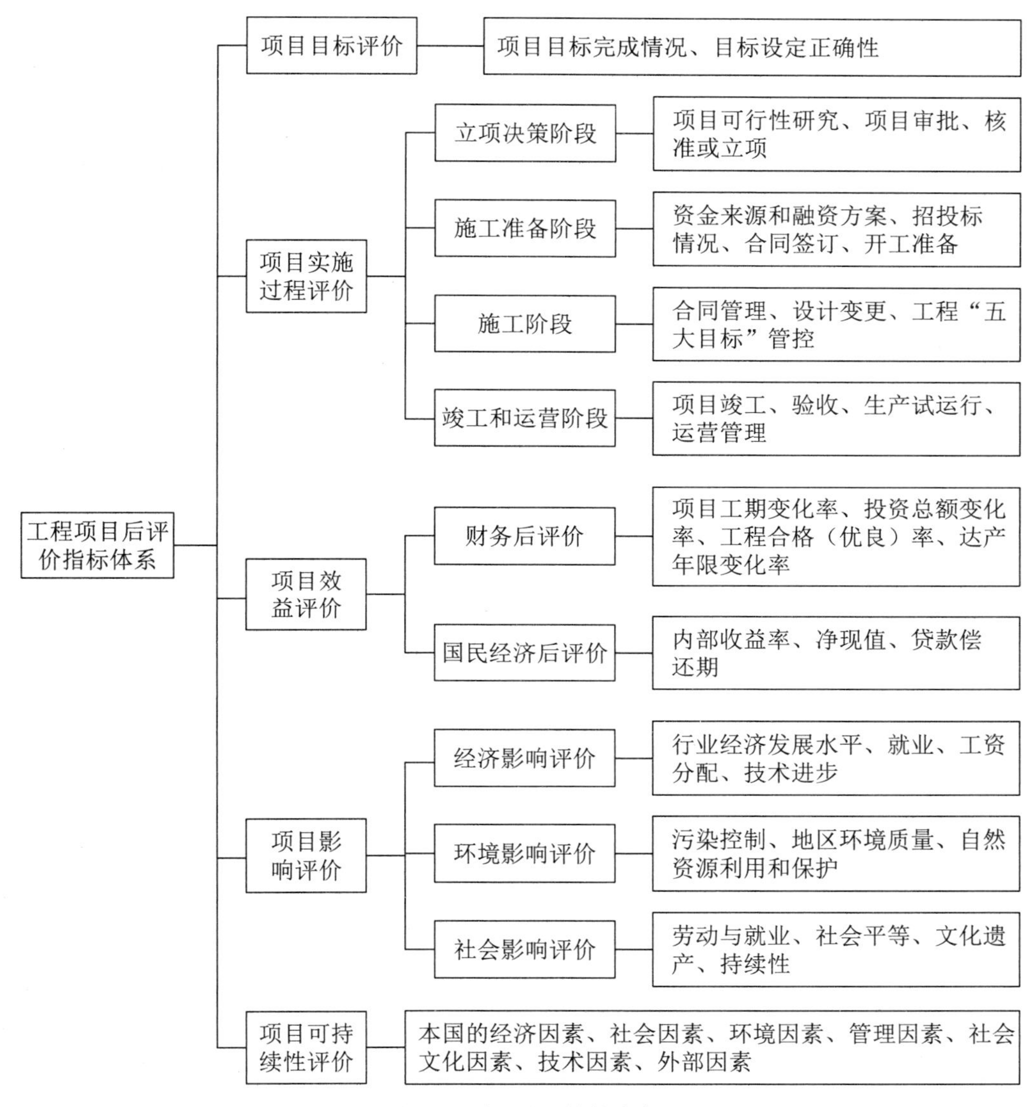

图 9-1　项目后评价的内容

一、项目目标评价

评定项目立项时所设定目标的实现程度，是项目后评价的重要一环。对项目实施之前设定指标的完成情况进行客观的评估，进而对项目的完成情况进行评价。对未达到预期目标的情况，及时查找疏漏，分析原因，并提出相应的补救措施。对于可以补救的，及时进行改进；不能在此项目中进行补救的，总结经验教训，争取在下一次项目实施过程中不再出现此纰漏。目标评价的另一任务，是对目标设立正确性、合理性和实践性程度进行把握。例如，首先有些项目在实施过程中发现目标提出不明确，或与实际情况产生较大偏离；其次在项目实施过程中客观环境发生较大改变，如项目实施过程中的政策环境与起初的政策环境不同。因此，在进行项目后评价时要对项目目标进行重新分析评估以确保目标设立的合理有效性。

二、项目实施过程评价

项目实施过程评价指在实行项目立项评价和可行性评价时，将项目所预计情况与实际实施过程中的情况进行对比和分析，找出预期和实际之间的差距并分析差距产生的原因。通过项目实施过程的推进，对其的评价可分为以下几个方面：①立项决策阶段评价，包括项目可行性研究、项目审批、核准或立项等；②施工准备阶段评价，包括资金来源和融资方案、招投标情况、合同签订、开工准备等；③施工阶段评价，包括合同管理、设计变更、工程“五大目标”管控（质量、进度、费用、安全和环境）等；④竣工和运营阶段准备，包括工程项目竣工、验收、生产试运行、运营管理等。

三、项目效益评价

项目效益评价即财务评价和国民经济评价，其目的是衡量项目投资的实际经济效果，比较和分析实际投资效益与预期投资效益的偏离程度和产生的原因，主要分析指标与项目前评估的分析指标类似，如国民经济评价中常用的内部收益率、净现值和贷款偿还期等盈利能力指标和清偿能力指标。还有一些财务指标，如项目工期变化率、投资总额变化率、工程合格（优良）率、达产年限变化率、生产能力变化率等也是进行项目后评价的常用指标。但后评价需要注意的两点是：①项目前评价的效益评价采用的是财务预测值，而相应的项目后评价因为项目已经完成，相应的经济收支都是实际发生的情况，因此对财务现金流和经济现金流采用实际值计算；②因为项目建设都有一定的工期，对大中型项目而言建设工期更长，实际发生的财务会计数据都包含了通货膨胀因素。因此，对项目后评价和前评价进行经济效益对比时，要提出通货膨胀因素，实现前后的一致性和可比性。

四、项目影响评价

项目影响评价包括经济影响、环境影响和社会影响。

1. 经济影响评价

项目经济影响评价主要分析项目实施后对于所在地区和行业，甚至是所在国家层面经济方面的影响，评价的内容主要包括所在地区的行业经济发展水平、就业、工资分配、技术进步等。

2. 环境影响评价

项目环境影响评价主要是指评价项目在建设过程和投产运营期间对大气、水资源、土地、生态等方面的影响。比较实际监测结果，分析可研阶段的环境影响报告是否准确，环保措施是否有效，必要时，根据评价结果再次制定切实可行的措施与改进方案，使之更好地融入周围环境，降低对生态环境的影响，做到与周围环境的和谐共生。评价指标包括污染控制、地区环境质量、自然资源利用和保护、环境管理等方面。

3. 社会影响评价

项目社会影响评价主要评价项目建设对社会造成的有形或无形、短期或长期的效益或结果，重点是评价项目对所在地区或社区的影响。评价指标包括劳动与就业、项目区生活水平与生活质量的提高，文化遗产，因项目引起的连带经济发展、社会平等和持续性等。

五、可持续性评价

项目的可持续性是指在项目建设完成后，评价项目能否可持续地发展下去，项目是否具有可重复性，在未来能否以相同的方式应用到新项目的投资建设中去。分析项目后评价的可持续性评价指标，包括本国的经济因素、社会因素、环境因素、管理因素、社会文化因素、技术因素、外部因素等各种宏观情况。

第三节　项目后评价的程序

虽然不同项目规模不同、建设工期不同，不同项目建设的复杂程度也存在差异，致使在项目后评价过程中所遵循的程序也不完全相同，但从整体情况来看，无论项目差异如何，项目后评价都遵循一个客观的、循序渐进的过程，包括提出问题，筹划准备，调查收集资料，资料的加工处理，最后形成项目后评价报告的一系列执行过程。具体步骤如下。

一、提出问题，明确项目后评价对象

项目后评价的第一步是明确评价的对象、评价的目的以及评价的具体要求和指标。

通过项目后评价，可以提高行业企业项目的管理水平，实现建设项目的最优控制，进而为金融机构调整信贷政策和国家投资计划的制订提供依据。项目后评价的提出单位可以是企业本身，也可以是各主管部门、银行部门、国家各计划部门等。

理想情况下，项目后评价应纳入项目管理程序的一环之中，但在现实中因受各种条件的限制，并非所有的项目都会进行项目后评价。现阶段，我国会优先考虑对以下项目进行后评价工作。

（1）投产后项目经济效益明显低于预期的项目。例如，投产后生产能力一直无法有效发挥的项目，投产后一直处于亏损阶段且看不到盈利希望的项目，工程技术水平一直远低于行业平均水平的项目等。通过项目后评价可以查找出经济效益低下的原因，向国家决策部门反馈情况，总结项目建设的经验教训。

（2）国家急需发展的短线产业部门的投资项目。其中主要是国家重点发展的投资项目，包括农业、能源产业、交通运输、通信行业等。通过项目后评价可以对产业发展状况进行宏观了解，进而为制定行业发展政策服务。

（3）国家限制发展的长线产业投资项目。包括某些家用电器的未来发展前景不好的投资项目，如化学原料和化学制品制造等环境风险较大的项目等。通过项目后评价可以对该项目未来发展前景有总体的概括，为行业未来的市场收缩或退出提供评价参考。

（4）项目周期长，投资额巨大，对国计民生有重大影响的项目，如三峡工程、京九铁路等。通过项目后评价可以积累重大项目建设经验，为国家决策部门提供重大参考依据，从而提高我国整体的项目建设水平，对国民经济和社会发展具有重要意义。

（5）其他一些需要项目后评价的特殊项目，如国家重点投资的创新技术开发项目、技术引进项目、中外投资项目等。通过项目后评价可以占据项目科技创新高地，实现未来技术的跨越式发展。

二、筹划准备

在提出问题，明确项目后评价的对象、评价的目的以及评价的具体要求和指标之后，项目后评价的负责单位要进行的是后评价的筹划准备工作。该阶段的主要任务是成立一个评价工作小组，并按照后评价委托单位的要求尽快制订后评价工作计划。项目后评价计划的具体内容包括评价人员的配备和相应职责、评价的时间和地点安排、评价的内容范围、预算安排、评价方法的选择等。通过后评价工作计划，解决后评价工作中如何做、何人做、何时做、何地做、以及需要多少资源投入的问题。

根据项目后评价的特点和发挥的作用，项目后评价工作小组人员应该符合以下基本要求。

（1）满足公平、公正、客观性要求。要想对项目建设过程中的各项工作做出真实客观的反馈，在项目后评价工作中必须坚持公正公开的原则，实事求是地对项目工作进行反映。这是项目后评价工作人员的首要基本要求。

（2）具备项目后评价工作的专业能力，具有一定的信息处理能力。项目后评价工作需要有具备评价工作专门知识的人员负责，同时在评价工作开展时，需要对各种信息进行汇总、分析和提炼，这是对项目后评价工作人员的技术要求。

（3）具有反馈检查的能力。项目后评价工作的实质是对建设完成的项目决策进行评价，再接着在对项目信息进行梳理后向企业、相关部门或社会反馈，进而为之后投资决策提供科学化服务。反馈检查能力是对项目后评价工作人员的服务性要求。

三、深入调查、收集资料和选取数据

在筹划准备工作做完之后，接下来就要开展实际的调查工作。本阶段首先要做的是制定一份详细的调查提纲，确定调查对象和调查目标，选择合适的调查方法，展开调查工作，收集后评价工作所需的数据和资料。调查工作收集到的资料是项目后评价工作的基础，数据和资料的真实性和质量水平对后续评价工作影响很大，因此一定要保证调查工作的实事求是。需要收集的数据和资料一般分为以下几类。

（1）项目建设资料（档案资料）。主要包括建设项目的规划方案、项目建议书和批文、可行性研究报告、评价报告、设计任务书、初步设计资料和批文、施工图设计和批文、竣工验收报告、工程大事记、各种合同书和协议书、工艺方案选择、设备方案选择的论证材料等。

（2）项目实施、运营情况的有关资料。主要包括生产、销售、供应、人员工资、财务、管理、技术等部门的统计年度报告。

（3）经济效益预测的基础资料。主要包括项目立项以来的关于利率、汇率、税率、补贴、价格、物价指数等有关资料。

（4）与项目相关的其他资料。主要包括国家和地区颁布的相关法律法规，与行业结构调整相关的政策文件和发展规划，同行业中的项目建设资料和技术资料等。

四、分析和加工收集的资料

对于调查收集到的资料，项目后评价人员根据项目对象及其目标，有针对性地对数据和资料进行核查、筛选、汇总、分析，整理出项目后评价工作可直接分析使用的数据资料格式，制定评价指标，编制出各种评价报表，对项目建设结果进行客观真实评价。根据评价报表中评价指标反映的情况与项目前评价预测的结果进行比较，分析两者之间的差距并找出产生差距的原因，对结果进行反馈并总结经验教训，如果后评价结果远低于预期结果，寻找补救措施，也可以为接下来新项目建设工作提供新思路。

五、编制项目后评价报告

项目后评价报告的编制是项目后评价工作的最后一环，也是整个项目后评价工作的结果输出。项目后评价人员系统化整理制定的评价指标和评价报表，按照一定的格式要求，编制项目后评价报告，提交委托单位和被评价单位。项目后评价报告格式因不同的行业和企业而异，没有固定的格式要求。一般而言，我国项目后评价报告都会包括以下方面的内容：项目的总体情况概述、项目建设前期工作后评价、项目建设后评价、项目运营阶段后评价、项目经济效益后评价和项目后评价的结论及建议等方面。

第四节　项目后评价的方法

在项目后评价的过程中已形成多种评价方式互补的评价指标权重构建方法，总体上可分为定性方法与定量方法两大类。常用的定性方法有对比法、逻辑框架法、成功度评价法、调查法等。实践中常用的定量方法主要有层次分析法和模糊综合评价法等。

一、对比法

对比法是在项目后评价过程中最基本和最常用的方法，即将项目实施后的实际指标与立项时或可行性分析阶段预估的指标进行比较，并找出其中的差距和产生差距的原因，进而优化项目运用的方案。根据比较方式的差异，对比法可分为：前后对比法、有无对比法和横向对比法。

1. 前后对比法

前后对比法是在开展项目后评价工作时，对比分析项目运营前预估结果与可行性分析结果和项目实际成果的方法，目的是找出工程前期准备阶段预期情况和运营阶段产生实际结果之间的差距并分析出现的原因。前后对比法可以有效反映出项目实施前的计划和决策的准确性，以及项目实施过程的质量。

2. 有无对比法

有无对比法是将项目实际发生的情况与预估该地区若未建设该项目时发生的变化进行对比，目的是度量该项目建设对地区产生的真实效益和影响。因地区发生的改变可能是各种因素综合作用的结果，如政策、技术进步等因素，故进行有无对比的关键是要剔除其他因素的影响，准确评价项目所在地区的改变与项目建设有多大关系。

3. 横向对比法

横向对比法是将本项目与本行业中相似的项目进行比较，可以达到正确评估本项目的竞争力和项目建设过程中的工作绩效水平，同时学习先进项目的建设经验，优化项目建设运营的目的。横向对比法的比较对象并非项目本身的目标设定和项目前预期的效果，而是与国内外、同行业中相同类型的项目进行比较。

二、逻辑框架法

逻辑框架法（logical framework approach，LFA）是美国国际开发署在 1970 年开发使用的一种设计、计划和评价工具，目前已有 2/3 的国际组织把逻辑框架法作为后评价的主要方法。

LFA 方法是一种整体全面研究和分析项目的方法，其基本的表现形式是设计一个矩阵。将 LFA 方法运用于项目后评价过程中，可以通过一张简单的框图来厘清一个复杂项目的内涵和关系。LFA 将几个内容相关、必须同步考虑的动态因素纳入一个框架中考量，按照宏观目标、微观目的、项目产出和项目投入的层次逻辑对投资项目的目标及与目标相关因素的因果关系进行了归纳。在矩阵的垂直逻辑上，即用于描述上述各层次目标的内容及其相互之间的因果关系，厘清项目手段与结果之间的关系，确定项目所处地区的经济、社会、文化、政策环境等中的不确定性要素。在水平逻辑上，其由客观验证指标、验证方法和外部条件构成，用于衡量一个项目自有资源与实现的运营结果之间的状态。水平逻辑的验证指标、验证方法和外部条件与垂直逻辑每个层次的目标相对应，对各层次的目标实现过程进行细致的分析说明。逻辑框架法基本模式如表 9-1 所示。

表 9-1　逻辑框架法的模式

层次描述	客观验证指标	验 证 方 法	重要的外部条件
宏观目标	目的指标	综合监督与测评的方法	实现目标的主要条件
微观目的	目的指标	监督和测评的手段和方法	实现目的的主要条件
项目产出	产出物定量指标	分析项目完成报告和工程监测报告	实现产出的主要条件
项目投入	投入物定量指标	评估项目组织机构、资金来源与投入情况	实现投入的主要条件

三、成功度评价法

成功度评价法又称作专家打分法，依靠邀请该领域有经验的专家，通过其专业知识和经验在项目运行过程中构建一套完整有效的综合项目指标体系，专家通过项目中指标的完成情况进行评价定级，最终得出整个项目的综合水平等级。成功度评价法与专家自身的专业能力和经验密切相关，因此在选择专家时要做到审慎严谨。成功度评价法具有操作简单、结果清晰的特点，因此在实践过程中被广泛采用。但是成功度评价法完全依赖于专家对指标的重要性进行排序和定级，因此在实施过程中有很大的主观性，在实际操作过程中应该与其他方法结合使用，才能够更准确、真实地衡量目标的完成情况。表 9-2 为成功度等级表的一种形式。

表 9-2　成功度等级表

等级	成功度	内容标准
1	成功	完成设定目标，与成本相比取得巨大经济效益和社会效益
2	基本成功	基本完成设定目标，与成本相比达到预期的经济效益、社会效益
3	部分成功	原定目标部分完成，与成本相比实现一定的经济效益、社会效益
4	不成功	目标完成程度有限，与成本相比基本没有经济效益和社会效益
5	失败	目标几乎无法成功，与成本相比，项目无法继续进行

四、调查法

调查法是根据项目设定目标的要求，采用科学的方法，全面收集研究对象所需的相关材料，并对收集到的材料进行加工汇总和分析，使其更加条理化、系统化，进而得出调查结果，以达到预定目标的方法。在进行调查法时，应该首先制定一个指导调查全过程的实施方案，包括：明确调查目的；明确调查对象和调查单位；明确调查时间和调查地点；制订调查的组织实施计划等。

常用的调查法包括专项调查法、典型调查法、普遍调查法、抽样调查法、综合调查法、专家调查法等；按照调查的手段可分为直接观察法、报告法、问卷调查法、访谈法、电话调查法等。

五、层次分析法

层次分析法（analytic hierarchy process，AHP）是指将一个复杂的多目标决策问题视为一个系统，将与总决策有关的元素分解为多个目标或准则，进而分解为多指标（或准则、约束）的若干层次，通过定性指标模糊量化方法算出层次单排序（权数）和总排序，以作为目标（多指标）、多方案优化决策的系统方法。

层析分析法将项目中的决策问题按照目标间的关联关系和隶属关系划分成项目总目标，下一级目标，再到子目标的评价准则，直至各行动方案的不同层次聚合的目标体系形成一个多层次、有隶属关系的目标结构模型后，通过求解判断矩阵特征向量，求出每一层次各元素所隶属的上一层次该元素的优先权重，最后通过加权求和的方法递阶归并各备择方案对总目标的最终权重，此最终权重最大的即为最优选择方案。其实质为最底层目标（如行动方案、措施等）对最高层次目标（项目总目标）的相对权值的确定或相对优先次序的排列。

在实施过程中，层次分析法从以下四个步骤中展开：①目标层次结构模型的构建；②确定各要素的权重数值，构造判断矩阵；③层次单排序及一致性检验；④层次总排序及一致性检验。

六、模糊综合评价法

模糊综合评价法是根据模糊数学中的模糊度理论，通过构造等级模糊子集的方法可以将定性评价的指标进行定量化的反映（确定隶属度），从而实现对各种类型的指标在同一框架内综合评价。模糊综合评价法运用数学原理可以实现工程项目评价过程中定量因素与定性因素的结合，对于项目后评价过程中模糊的、难以量化的问题具有很强的适用性。

其具体的操作步骤如下：①确定被评价对象的因素集和评价集；②确定各元素的权重及相应隶属向量，构建模糊评价矩阵；③计算模糊评价矩阵和因素权重向量的运算结果，并对结果归一化，得到模糊综合评价结果。

第五节　项目后评价报告

项目后评价的最后一项工作是编制项目后评价报告，项目后评价报告的编写是项目后评价工作的成果表现形式，是对项目后评价所有工作的概括和汇总。因项目规模、所属行业、项目类型等诸多因素的差异，项目后评价报告没有固定的编制格式，但项目后评价报告一般包括项目的总体情况概述、项目建设前期工作后评价、项目建设后评价、项目运营阶段后评价、项目经济效益后评价和项目后评价的结论及建议等方面。

一、项目的总体情况概述

项目的总体情况主要包括项目基本情况、后评价的目标、项目后评价的组织机构设立、后评价工作资料调查方案、获取的资料渠道、后评价的指标和方法、后评价工作的时间进度、项目后评价的编制单位和编写依据等项目实施过程的总体概述。

二、项目建设前期工作后评价

项目建设前期工作即项目建设之前的准备工作，包括从项目的酝酿、项目建议书等项目存在的逻辑起点到项目正式开工建设之前的所有工作，这决定了后续项目如何立项、建设时间和地点、如何建设、资金来源、资源获取等一系列项目建设重大问题。项目建设前期工作后评价内容包括以下 6 点。

（1）项目前期决策工作的后评价。包括项目决策单位、决策方案、决策程序、决策的可行性程度、决策效率等。

（2）项目筹备阶段的后评价。包括项目筹备机构及人员组成、筹备的计划安排、资金的获取渠道和资金结构、物资的采购方式和采购成本等一系列的前期筹备工作。

（3）项目厂址选择的后评价。包括厂址的自然资源情况、地区经济结构和产业布局情况、原材料市场等。

（4）征地拆迁工作的后评价。包括征地拆迁工作安排和安置补偿措施等。

（5）项目委托设计与施工的后评价。包括委托设计单位和方式、设计费用、施工单位资格、施工合同、施工进程等。

（6）对资金和物资等落实情况的后评价。

三、项目建设后评价

项目建设阶段包括从项目开工到施工建设，再到工程竣工交付运营的阶段，项目建设阶段资金投入较大且集中，面临的资金回收期较长，因此面临较大的资金投入风险。但此阶段的安全可靠推进对以后项目的健康良好运营发挥着至关重要的作用，工程建设质量越好，工程运营阶段的稳定性越强，越能创造营收，因此项目建设阶段的后评价是整个后评价过程的重中之重。项目建设过程后评价内容包括以下 9 点。

（1）项目开工准备过程后评价，包括项目开工的条件、项目开工的手续、政府的相关批文是否齐全等。

（2）项目变更后评价，包括项目范围的变更、投入资金的变更、变更的实际影响等。

（3）施工项目管理后评价，包括施工过程中的施工程序和进度、材料物资采购和使用、施工工程成本、工程质量、劳动安全和卫生等。

（4）项目建设资金投入与分配过程后评价，包括资金在各子项目之间分配比例是否合理、使用是否适度、资金占用情况、资金的使用效率等。

（5）项目建设工期后评价，包括项目开工竣工日期、提前或延期的原因等。

（6）项目建设成本后评价，包括材料的实际消耗与预期消耗间的差距、管理费用的支出等工程成本节约或超支情况及原因等。

（7）项目工程质量和安全情况后评价，包括工程质量优良品率和合格品率、设备投入使用情况、有无发生工程事故、员工安全保障等。

（8）项目竣工验收及试生产后评价，包括竣工验收程序、验收资料是否齐全、技术是否达标、招投标合同执行情况等。

（9）项目建成后生产能力和单位生产能力投资的后评价，包括生产能力大小、生产能力与原材料供应是否匹配、生产能力与市场需求量的关系等。

四、项目运营阶段后评价

项目营运阶段是指项目从交付使用到项目后评价之间的工程使用过程，通过项目运营阶段后评价，可以对项目预估的生产能力进行验证，明确将要获得的项目建设时期投入资金和实物流的回报量。通过开展项目运营阶段后评价，可以全面衡量工程未来一段时期内的生产能力和盈利能力，改进工程项目的生产效率，提高项目的实际生产效益。项目运营阶段后评价内容包括以下 7 点。

（1）生产准备工作后评价，包括机构设置、人员配备、制度设立、岗位职责、决策和激励机制、生产运营所需资金和材料的获取等。

（2）企业经营管理状况后评价，包括管理机构设置和人员组成、管理人员专业技能和管理素质、企业现行规章制度、经营管理策略等。

（3）项目产品方案后评价，包括产品种类和范围、产品在市场上的差异性和竞争性、产品调整的成本、产品质量等。

（4）项目技术后评价，包括人员技术水平、技术优势、机械设备技术含量、技术操作流程、技术引进和技术开发能力等。

（5）项目达产年限后评价，包括实际达产年限计算、实际达产年前与预期的时间差和影响效果等。

（6）项目产品成本后评价，包括单位总成本和单位生产成本计算、与相似产品成本的比较等。

（7）项目产品销售利润后评价，包括实际利润与预期利润的差距及原因、实际利润与相似产品利润差距及原因、利润改进措施等。

五、项目经济效益后评价

项目经济效益后评价是项目后评价中的一项重要工作，是对工程项目建设过程的投资效益的评价和反馈。通过项目后评价报告的经济效益后评价部分可以分析出整个项目中各类资源是否得以有效配置，投资效益是否充分发挥出来。项目经济后评价包括项目财务效益后评价和项目国民经济后评价。

（1）项目财务效益后评价，主要包括项目财务状况、主要财务指标的比较、财务状况的变化趋势和未来预测等。

（2）项目国民经济后评价，主要包括国民经济效益状况、项目国民经济效益指标的比较、项目国民经济效益的变动趋势等。

六、项目后评价的结论和建议

该部分是对上述各种评价内容进行总结，得出结论，并提供相应的行动建议。一般包括项目立项、建设、竣工和试运营等阶段决策计划、资金投入、人员分配、物资供应等各方面经验教训的总结；对项目建设前可行性分析阶段预测结果与实际结果的差距及原因剖析的综合评价；项目未来发展趋势和市场前景预测；项目未来经济效益的预测等方面。

综上所述，项目后评价报告是对项目后评价工作的凝练和成果展示，应根据国家相关部门规定的条例和格式规范进行编制。

【思考题】

1. 什么是工程项目后评价？工程项目后评价的特点和作用是什么？
2. 简述工程项目后评价的基本内容。
3. 进行工程项目后评价的指标和方法都有哪些？
4. 工程项目后评价的基本程序包括哪几个步骤？
5. 建设现代化铁路强国，是满足美好出行需要的重要举措，也是实施创新战略的重要支撑，更是实现高质量发展的重要动力。在我国铁路持续大规模建设、路网质量不断提升的背景下，高铁项目建设应如何开展项目后评价？

即测即练

【拓展案例】

某油田是1997年以勘探开发一体化方式实施的，1999年建设项目全部竣工的大庆外围油田。该油田建设项目探明储量2178×10^4t，设计钻井669口，产能规模47.2×10^4t，调整方案产能规模41.3×10^4t。项目建成后，复算地质储量1615×10^4t，实际钻井594口，2000年实际完成产量50.7×10^4t，超9.4×10^4t，2000—2002年三年平均产量42.0×10^4t，产能到位率高。项目建设投资估算13.9亿元，概算13.3亿元（钻井投资由于没有概算，按实际发生数算），实际结算12.6亿元，节约投资0.7亿元。整个项目回收期5.2年，财务税后内部收益率13.8%。截至2002年年底，已实现利润16.9亿元，已全部收回投资，投资利税率 9.97%，取得了较好的经济效益。

按照油田建设项目综合评价法的具体操作步骤，成立调研与评判专家组。专家经过充分调研分析研究，运用综合评价法对该工程进行评判。由于篇幅所限，对于项目的详细评价过程在此不再赘述，仅对工程项目实施的几个阶段打分、计算、评判等环节进行重点介绍。

专家评测得分数据如表 9-3 所示。

表 9-3　专家评测得分表

阶　段	项　目	项目得分 / 分	项目权重	阶段得分 / 分	阶段权重
前期工作	决策研究	7	0.6	7.4	0.2
	评估报告	8	0.15		
	决策程序	8	0.25		
油藏地质工程	储量	6	0.25	7	0.1
	方案设计	7	0.5		
	实施效果	8	0.25		
钻井工程	方案设计	9	0.4	8.4	0.1
	工程质量	8	0.3		
	综合效益	8	0.3		
采油工程	方案设计	7	0.6	7.4	0.1
	实施效果	8	0.4		
地面工程	工程设计	8	0.6	7.6	0.1
	工程质量	7	0.4		
生产运行	方案设计	8	0.6	7.6	0.2
	系统效率	7	0.4		
经济效益	投资	8	0.3	8.3	0.1
	成本	9	0.3		
	效益	8	0.4		
影响和持续性	社会影响	9	0.2	8.4	0.1
	环境影响	9	0.2		
	风险	8	0.3		
	持续性	8	0.3		

案例思考：

参照以上案例，根据专家评测得分数据，对该油田建设项目进行项目后评价。

资料来源：杨文升 . 开发项目后评价的方法及其应用：基于油田案例的研究 [J]. 求索，2009(5): 59-61.

拓展案例解析

拓展学习

中国大学慕课

《项目管理》

参考文献

[1]陈一君，卢明湘 . 工程技术经济学 [M]. 成都：西南交通大学出版社，2010.

[2]肖鹏 . 技术经济学 [M]. 北京：对外经济贸易大学出版社，2013.

[3]王群萍 . 技术经济学基础 [M]. 西安：西北大学出版社，2015.

[4]胡骥，胡万欣 . 技术经济学 [M]. 成都：西南交通大学出版社，2015.

[5]李志生，刘建龙，曾美玲 . 建筑技术经济学 [M]. 成都：西南交通大学出版社，2016.

[6]杨晴，王丽丽，钟淋涓，等 . 新能源技术经济学 [M]. 北京：中国水利水电出版社，2018.

[7]王永康，赵玉华，朱永恒 . 水工程经济：技术经济分析 [M]. 北京：机械工业出版社，2016.

[8]张振怀 . 建筑工程技术经济 [M]. 杭州：浙江大学出版社，1988.

[9]邝守仁，刘洪玉 . 建筑工程技术经济学 [M]. 北京：清华大学出版社，1991.

[10]张洪力 . 建筑工程技术经济分析 [M]. 武汉：武汉理工大学出版社，2005.

[11]石振武，谢颖，刘明贵 . 公路工程技术经济学 [M]. 哈尔滨：东北林业大学出版社，2001.

[12]傅家骥，仝允桓 . 工业技术经济学 [M]. 北京：清华大学出版社，1996.

[13]胡斌 . 工程经济学 [M]. 北京：清华大学出版社，2016.

[14]朱颖 . 工程经济与财务管理 [M]. 北京：北京理工大学出版社，2016.

[15]王少文，邵炜星 . 工程经济学 [M]. 北京：北京理工大学出版社，2016.

[16]童亮，陈劲 . 集知创新：企业复杂产品系统创新之路 [M]. 北京：知识产权出版社，2004.

[17]耿丽辉 . 浅谈自主创新与知识产权保护 [J]. 商场现代化，2008(32): 85-86.

[18]徐家力 . 我国知识产权司法保护目前存在的问题及对策 [J]. 法律适用，2006(3): 90-91.

[19]章礼强 . 对知识产权根本特征的体认 [J]. 法治论丛，2003(2): 35-40.

[20]刘颖琦，周菲，席锐 . 后疫情时期中国智能网联汽车产业技术研究与合作网络：国际专利视角 [J]. 中国科技论坛，2021(5): 32-45.

[21]廖佳佳，高菲，吕良．联合专利分类体系研究 [J]. 现代情报，2014,34(1): 64-68.

[22]华瑶，周雨．逻辑框架法在电网建设项目后评价中的应用 [J]. 工业技术经济，2011,30(1): 97-102.

[23]牛东晓，许聪．基于层次分析法和多级模糊综合评价的火电厂项目影响后评价研究 [J]. 华东电力，2010,38(9):1413-1416.

[24]安文，赵伟伟．光伏电站项目后评价实证研究：以中节能射阳光伏电站为例 [J]. 工程管理学报，2013,27(1):53-57.

[25]王悦．J 供电公司 K 配网改造项目后评价研究 [D]. 济南：山东大学，2020.

[26] Blank Leland，Tarquin Anthony. 工程经济学 [M]. 胡欣悦，李从东，汤勇力，译．北京：清华大学出版社，2010.

附录　复利系数表

i=1%

年限 n/年	一次支付终值系数 (F/P, i, n)	一次支付现值系数 (P/F, i, n)	等额系列终值系数 (F/A, i, n)	偿债基金系数 (A/F, i, n)	资金回收系数 (A/P, i, n)	等额系列现值系数 (P/A, i, n)
1	1.0100	0.9901	1.0000	1.0000	1.0100	0.9901
2	1.0201	0.9803	2.0100	0.4975	0.5075	1.9704
3	1.0303	0.9706	3.0301	0.3300	0.3400	2.9410
4	1.0406	0.9610	4.0604	0.2463	0.2563	3.9020
5	1.0510	0.9515	5.1010	0.1960	0.2060	4.8534
6	1.0615	0.9420	6.1520	0.1625	0.1725	5.7955
7	1.0721	0.9327	7.2135	0.1386	0.1486	6.7282
8	1.0829	0.9235	8.2857	0.1207	0.1307	7.6517
9	1.0937	0.9143	9.3685	0.1067	0.1167	8.5660
10	1.1046	0.9053	10.4622	0.0956	0.1056	9.4713
11	1.1157	0.8963	11.5668	0.0865	0.0965	10.3676
12	1.1268	0.8874	12.6825	0.0788	0.0888	11.2551
13	1.1381	0.8787	13.8093	0.0724	0.0824	12.1337
14	1.1495	0.8700	14.9474	0.0669	0.0769	13.0037
15	1.1610	0.8613	16.0969	0.0621	0.0721	13.8651
16	1.1726	0.8528	17.2579	0.0579	0.0679	14.7179
17	1.1843	0.8444	18.4304	0.0543	0.0643	15.5623
18	1.1961	0.8360	19.6147	0.0510	0.0610	16.3983
19	1.2081	0.8277	20.8109	0.0481	0.0581	17.2260
20	1.2202	0.8195	22.0190	0.0454	0.0554	18.0456
21	1.2324	0.8114	23.2392	0.0430	0.0530	18.8570
22	1.2447	0.8034	24.4716	0.0409	0.0509	19.6604
23	1.2572	0.7954	25.7163	0.0389	0.0489	20.4558
24	1.2697	0.7876	26.9735	0.0371	0.0471	21.2434
25	1.2824	0.7798	28.2432	0.0354	0.0454	22.0232
26	1.2953	0.7720	29.5256	0.0339	0.0439	22.7952
27	1.3082	0.7644	30.8209	0.0324	0.0424	23.5596
28	1.3213	0.7568	32.1291	0.0311	0.0411	24.3164
29	1.3345	0.7493	33.4504	0.0299	0.0399	25.0658
30	1.3478	0.7419	34.7849	0.0287	0.0387	25.8077

i=2%

年限 n/ 年	一次支付终值系数 (F/P, i, n)	一次支付现值系数 (P/F, i, n)	等额系列终值系数 (F/A, i, n)	偿债基金系数 (A/F, i, n)	资金回收系数 (A/P, i, n)	等额系列现值系数 (P/A, i, n)
1	1.0200	0.9804	1.0000	1.0000	1.0200	0.9804
2	1.0404	0.9612	2.0200	0.4950	0.5150	1.9416
3	1.0612	0.9423	3.0604	0.3268	0.3468	2.8839
4	1.0824	0.9238	4.1216	0.2426	0.2626	3.8077
5	1.1041	0.9057	5.2040	0.1922	0.2122	4.7135
6	1.1262	0.8880	6.3081	0.1585	0.1785	5.6014
7	1.1487	0.8706	7.4343	0.1345	0.1545	6.4720
8	1.1717	0.8535	8.5830	0.1165	0.1365	7.3255
9	1.1951	0.8368	9.7546	0.1025	0.1225	8.1622
10	1.2190	0.8203	10.9497	0.0913	0.1113	8.9826
11	1.2434	0.8043	12.1687	0.0822	0.1022	9.7868
12	1.2682	0.7885	13.4121	0.0746	0.0946	10.5753
13	1.2936	0.7730	14.6803	0.0681	0.0881	11.3484
14	1.3195	0.7579	15.9739	0.0626	0.0826	12.1062
15	1.3459	0.7430	17.2934	0.0587	0.0778	12.8493
16	1.3728	0.7284	18.6393	0.0537	0.0737	13.5777
17	1.4002	0.7142	20.0121	0.0500	0.0700	14.2919
18	1.4282	0.7002	21.4123	0.0467	0.0667	14.9920
19	1.4568	0.6864	22.8406	0.0438	0.0638	15.6785
20	1.4859	0.6730	24.2974	0.0412	0.0612	16.3514
21	1.5157	0.6598	25.7833	0.0388	0.0588	17.0112
22	1.5460	0.6468	27.2990	0.0366	0.0566	17.6580
23	1.5769	0.6342	28.8450	0.0347	0.0547	18.2922
24	1.6084	0.6217	30.4219	0.0329	0.0529	18.9139
25	1.6406	0.6095	32.0303	0.0312	0.0512	19.5235
26	1.6734	0.5976	33.6709	0.0297	0.0497	20.1210
27	1.7069	0.5859	35.3443	0.0283	0.0483	20.7069
28	1.7410	0.5744	37.0512	0.0270	0.0470	21.2813
29	1.7758	0.5631	38.7922	0.0258	0.0458	21.8444
30	1.8114	0.5521	40.5681	0.0246	0.0446	22.3965

i=3%

年限 n/ 年	一次支付终值系数 (F/P，i，n)	一次支付现值系数 (P/F，i，n)	等额系列终值系数 (F/A，i，n)	偿债基金系数 (A/F，i，n)	资金回收系数 (A/P，i，n)	等额系列现值系数 (P/A，i，n)
1	1.0300	0.9709	1.0000	1.0000	1.0300	0.9709
2	1.0609	0.9426	2.0300	0.4926	0.5226	1.9135
3	1.0927	0.9151	3.0909	0.3235	0.3535	2.8286
4	1.1255	0.8885	4.1836	0.2390	0.2690	3.7171
5	1.1593	0.8626	5.3091	0.1884	0.2184	4.5797
6	1.1941	0.8375	6.4684	0.1546	0.1846	5.4172
7	1.2299	0.8131	7.6625	0.1305	0.1605	6.2303
8	1.2668	0.7894	8.8923	0.1125	0.1425	7.0197
9	1.3048	0.7664	10.1591	0.0984	0.1284	7.7861
10	1.3439	0.7441	11.4639	0.0872	0.1172	8.5302
11	1.3842	0.7224	12.8078	0.0781	0.1081	9.2526
12	1.4258	0.7014	14.1920	0.0705	0.1005	9.9540
13	1.4685	0.6810	15.6178	0.0640	0.0940	10.6350
14	1.5126	0.6611	17.0863	0.0585	0.0885	11.2961
15	1.5580	0.6419	18.5989	0.0538	0.0838	11.9379
16	1.6047	0.6232	20.1569	0.0496	0.0796	12.5611
17	1.6528	0.6050	21.7616	0.0460	0.0760	13.1661
18	1.7024	0.5874	23.4144	0.0427	0.0727	13.7535
19	1.7535	0.5703	25.1169	0.0398	0.0698	14.3238
20	1.8061	0.5537	26.8704	0.0372	0.0672	14.8775
21	1.8603	0.5375	28.6765	0.0349	0.0649	15.4150
22	1.9161	0.5219	30.5368	0.0327	0.0627	15.9369
23	1.9736	0.5067	32.4529	0.0308	0.0608	16.4436
24	2.0328	0.4919	34.4265	0.0290	0.0590	16.9355
25	2.0938	0.4776	36.4593	0.0274	0.0574	17.4131
26	2.1566	0.4637	38.5530	0.0259	0.0559	17.8768
27	2.2213	0.4502	40.7096	0.0246	0.0546	18.3270
28	2.2879	0.4371	42.9309	0.0233	0.0533	18.7641
29	2.3566	0.4243	45.2189	0.0221	0.0521	19.1885
30	2.4273	0.4120	47.5754	0.0210	0.0510	19.6004

i=4%

年限 *n*/ 年	一次支付终值系数 (*F*/*P*，*i*，*n*)	一次支付现值系数 (*P*/*F*，*i*，*n*)	等额系列终值系数 (*F*/*A*，*i*，*n*)	偿债基金系数 (*A*/*F*，*i*，*n*)	资金回收系数 (*A*/*P*，*i*，*n*)	等额系列现值系数 (*P*/*A*，*i*，*n*)
1	1.0400	0.9615	1.0000	1.0000	1.0400	0.9615
2	1.0816	0.9246	2.0400	0.4902	0.5302	1.8861
3	1.1249	0.8890	3.1216	0.3203	0.3603	2.7751
4	1.1699	0.8548	4.2465	0.2355	0.2755	3.6299
5	1.2167	0.8219	5.4163	0.1846	0.2246	4.4518
6	1.2653	0.7903	6.6330	0.1508	0.1908	5.2421
7	1.3159	0.7599	7.8983	0.1266	0.1666	6.0021
8	1.3686	0.7307	9.2142	0.1085	0.1485	6.7327
9	1.4233	0.7026	10.5828	0.0945	0.1345	7.4353
10	1.4802	0.6756	12.0061	0.0833	0.1233	8.1109
11	1.5395	0.6496	13.4864	0.0741	0.1141	8.7605
12	1.6010	0.6246	15.0258	0.0666	0.1066	9.3851
13	1.6651	0.6006	16.6268	0.0601	0.1001	9.9856
14	1.7317	0.5775	18.2919	0.0547	0.0947	10.5631
15	1.8009	0.5553	20.0236	0.0499	0.0899	11.1184
16	1.8730	0.5339	21.8245	0.0458	0.0858	11.6523
17	1.9479	0.5134	23.6975	0.0422	0.0822	12.1657
18	2.0258	0.4936	25.6454	0.0390	0.0790	12.6593
19	2.1068	0.4746	27.6712	0.0361	0.0761	13.1339
20	2.1911	0.4564	29.7781	0.0336	0.0736	13.5903
21	2.2788	0.4388	31.9692	0.0313	0.0713	14.0292
22	2.3699	0.4220	34.2480	0.0292	0.0692	14.4511
23	2.4647	0.4057	36.6179	0.0273	0.0673	14.8568
24	2.5633	0.3901	39.0826	0.0256	0.0656	15.2470
25	2.6658	0.3751	41.6459	0.0240	0.0640	15.6221
26	2.7725	0.3607	44.3117	0.0226	0.0626	15.9828
27	2.8834	0.3468	47.0842	0.0212	0.0612	16.3296
28	2.9987	0.3335	49.9676	0.0200	0.0600	16.6631
29	3.1187	0.3207	52.9663	0.0189	0.0589	16.9837
30	3.2434	0.3083	56.0849	0.0178	0.0578	17.2920

i=5%

年限 n/年	一次支付终值系数 (F/P, i, n)	一次支付现值系数 (P/F, i, n)	等额系列终值系数 (F/A, i, n)	偿债基金系数 (A/F, i, n)	资金回收系数 (A/P, i, n)	等额系列现值系数 (P/A, i, n)
1	1.0500	0.9524	1.0000	1.0000	1.0500	0.9524
2	1.1025	0.9070	2.0500	0.4878	0.5378	1.8594
3	1.1576	0.8638	3.1525	0.3172	0.3672	2.7232
4	1.2155	0.8227	4.3101	0.2320	0.2820	3.5460
5	1.2763	0.7835	5.5256	0.1810	0.2310	4.3295
6	1.3401	0.7462	6.8019	0.1470	0.1970	5.0757
7	1.4071	0.7107	8.1420	0.1228	0.1728	5.7864
8	1.4775	0.6768	9.5491	0.1047	0.1547	6.4632
9	1.5513	0.6446	11.0266	0.0907	0.1407	7.1078
10	1.6289	0.6139	12.5779	0.0795	0.1295	7.7217
11	1.7103	0.5847	14.2068	0.0704	0.1204	8.3064
12	1.7959	0.5568	15.9171	0.0628	0.1128	8.8633
13	1.8856	0.5303	17.7130	0.0565	0.1065	9.3936
14	1.9799	0.5051	19.5986	0.0510	0.1010	9.8986
15	2.0789	0.4810	21.5786	0.0463	0.0963	10.3797
16	2.1829	0.4581	23.6575	0.0423	0.0923	10.8378
17	2.2920	0.4363	25.8404	0.0387	0.0887	11.2741
18	2.4066	0.4155	28.1324	0.0355	0.0855	11.6896
19	2.5270	0.3957	30.5390	0.0327	0.0827	12.0853
20	2.6533	0.3769	33.0660	0.0302	0.0802	12.4622
21	2.7860	0.3589	35.7193	0.0280	0.0780	12.8212
22	2.9253	0.3418	38.5052	0.0260	0.0760	13.1630
23	3.0715	0.3256	41.4305	0.0241	0.0741	13.4886
24	3.2251	0.3101	44.5020	0.0225	0.0725	13.7986
25	3.3864	0.2953	47.7271	0.0210	0.0710	14.0939
26	3.5557	0.2812	51.1135	0.0196	0.0696	14.3752
27	3.7335	0.2678	54.6691	0.0183	0.0683	14.6430
28	3.9201	0.2551	58.4026	0.0171	0.0671	14.8981
29	4.1161	0.2429	62.3227	0.0160	0.0660	15.1411
30	4.3219	0.2314	66.4388	0.0151	0.0651	15.3725

i=6%

年限 n/ 年	一次支付终值系数 (F/P, i, n)	一次支付现值系数 (P/F, i, n)	等额系列终值系数 (F/A, i, n)	偿债基金系数 (A/F, i, n)	资金回收系数 (A/P, i, n)	等额系列现值系数 (P/A, i, n)
1	1.0600	0.9434	1.0000	1.0000	1.0600	0.9434
2	1.1236	0.8900	2.0600	0.4854	0.5454	1.8334
3	1.1910	0.8396	3.1836	0.3141	0.3741	2.6730
4	1.2625	0.7921	4.3746	0.2286	0.2886	3.4651
5	1.3382	0.7473	5.6371	0.1774	0.2374	4.2124
6	1.4185	0.7050	6.9753	0.1434	0.2034	4.9173
7	1.5036	0.6651	8.3938	0.1191	0.1791	5.5824
8	1.5938	0.6274	9.8975	0.1010	0.1610	6.2098
9	1.6895	0.5919	11.4913	0.0870	0.1470	6.8017
10	1.7908	0.5584	13.1808	0.0759	0.1359	7.3601
11	1.8983	0.5268	14.9716	0.0668	0.1268	7.8869
12	2.0122	0.4970	16.8699	0.0593	0.1193	8.3838
13	2.1329	0.4688	18.8821	0.0530	0.1130	8.8527
14	2.2609	0.4423	21.0151	0.0476	0.1076	9.2950
15	2.3966	0.4173	23.2760	0.0430	0.1030	9.7122
16	2.5404	0.3936	25.6725	0.0390	0.0990	10.1059
17	2.6928	0.3714	28.2129	0.0354	0.0954	10.4773
18	2.8543	0.3503	30.9057	0.0324	0.0924	10.8276
19	3.0256	0.3305	33.7600	0.0296	0.0896	11.1581
20	3.2071	0.3118	36.7856	0.0272	0.0872	11.4699
21	3.3996	0.2942	39.9927	0.0250	0.0850	11.7641
22	3.6035	0.2775	43.3923	0.0230	0.0830	12.0416
23	3.8197	0.2618	46.9958	0.0213	0.0813	12.3034
24	4.0489	0.2470	50.8156	0.0197	0.0797	12.5504
25	4.2919	0.2330	54.8645	0.0182	0.0782	12.7834
26	4.5494	0.2198	59.1564	0.0169	0.0769	13.0032
27	4.8223	0.2074	63.7058	0.0157	0.0757	13.2105
28	5.1117	0.1956	68.5281	0.0146	0.0746	13.4062
29	5.4184	0.1846	73.6398	0.0136	0.0736	13.5907
30	5.7435	0.1741	79.0582	0.0126	0.0726	13.7648

i=7%

年限 *n*/ 年	一次支付终值系数 (*F*/*P*, *i*, *n*)	一次支付现值系数 (*P*/*F*, *i*, *n*)	等额系列终值系数 (*F*/*A*, *i*, *n*)	偿债基金系数 (*A*/*F*, *i*, *n*)	资金回收系数 (*A*/*P*, *i*, *n*)	等额系列现值系数 (*P*/*A*, *i*, *n*)
1	1.0700	0.9346	1.0000	1.0000	1.0700	0.9346
2	1.1449	0.8734	2.0700	0.4831	0.5531	1.8080
3	1.2250	0.8163	3.2149	0.3111	0.3811	2.6243
4	1.3108	0.7629	4.4399	0.2252	0.2952	3.3872
5	1.4026	0.7130	5.7507	0.1739	0.2439	4.1002
6	1.5007	0.6663	7.1533	0.1398	0.2098	4.7665
7	1.6058	0.6227	8.6540	0.1156	0.1856	5.3893
8	1.7182	0.5820	10.2598	0.0975	0.1675	5.9713
9	1.8385	0.5439	11.9780	0.0835	0.1535	6.5152
10	1.9672	0.5083	13.8164	0.0724	0.1424	7.0236
11	2.1049	0.4751	15.7836	0.0634	0.1334	7.4987
12	2.2522	0.4440	17.8885	0.0559	0.1259	7.9427
13	2.4098	0.4150	20.1406	0.0497	0.1197	8.3577
14	2.5785	0.3878	22.5505	0.0443	0.1143	8.7455
15	2.7590	0.3624	25.1290	0.0398	0.1098	9.1079
16	2.9522	0.3387	27.8881	0.0359	0.1059	9.4466
17	3.1588	0.3166	30.8402	0.0324	0.1024	9.7632
18	3.3799	0.2959	33.9990	0.0294	0.0994	10.0591
19	3.6165	0.2765	37.3790	0.0268	0.0968	10.3356
20	3.8697	0.2584	40.9955	0.0244	0.0944	10.5940
21	4.1406	0.2415	44.8652	0.0223	0.0923	10.8355
22	4.4304	0.2257	49.0057	0.0204	0.0904	11.0612
23	4.7405	0.2109	53.4361	0.0187	0.0887	11.2722
24	5.0724	0.1971	58.1767	0.0172	0.0872	11.4693
25	5.4274	0.1842	63.2490	0.0158	0.0858	11.6536
26	5.8074	0.1722	68.6765	0.0146	0.0846	11.8258
27	6.2139	0.1609	74.4838	0.0134	0.0834	11.9867
28	6.6488	0.1504	80.6977	0.0124	0.0824	12.1371
29	7.1143	0.1406	87.3465	0.0114	0.0814	12.2777
30	7.6123	0.1314	94.4608	0.0106	0.0806	12.4090

i=8%

年限 n/ 年	一次支付终值系数 (F/P，i，n)	一次支付现值系数 (P/F，i，n)	等额系列终值系数 (F/A，i，n)	偿债基金系数 (A/F，i，n)	资金回收系数 (A/P，i，n)	等额系列现值系数 (P/A，i，n)
1	1.0800	0.9259	1.0000	1.0000	1.0800	0.9259
2	1.1664	0.8573	2.0800	0.4808	0.5608	1.7833
3	1.2597	0.7938	3.2464	0.3080	0.3880	2.5771
4	1.3605	0.7350	4.5061	0.2219	0.3019	3.3121
5	1.4693	0.6806	5.8666	0.1705	0.2505	3.9927
6	1.5869	0.6302	7.3359	0.1363	0.2163	4.6229
7	1.7138	0.5835	8.9228	0.1121	0.1921	5.2064
8	1.8509	0.5403	10.6366	0.0940	0.1740	5.7466
9	1.9990	0.5002	12.4876	0.0801	0.1601	6.2469
10	2.1589	0.4632	14.4866	0.0690	0.1490	6.7101
11	2.3316	0.4289	16.6455	0.0601	0.1401	7.1390
12	2.5182	0.3971	18.9771	0.0527	0.1327	7.5361
13	2.7196	0.3677	21.4953	0.0465	0.1265	7.9038
14	2.9372	0.3405	24.2149	0.0413	0.1213	8.2442
15	3.1722	0.3152	27.1521	0.0368	0.1168	8.5595
16	3.4259	0.2919	30.3243	0.0330	0.1130	8.8514
17	3.7000	0.2703	33.7502	0.0296	0.1096	9.1216
18	3.9960	0.2502	37.4502	0.0267	0.1067	9.3719
19	4.3157	0.2317	41.4463	0.0241	0.1041	9.6036
20	4.6610	0.2145	45.7620	0.0219	0.1019	9.8181
21	5.0338	0.1987	50.4229	0.0198	0.0998	10.0168
22	5.4365	0.1839	55.4568	0.0180	0.0980	10.2007
23	5.8715	0.1703	60.8933	0.0164	0.0964	10.3711
24	6.3412	0.1577	66.7648	0.0150	0.0950	10.5288
25	6.8485	0.1460	73.1059	0.0137	0.0937	10.6748
26	7.3964	0.1352	79.9544	0.0125	0.0925	10.8100
27	7.9881	0.1252	87.3508	0.0114	0.0914	10.9352
28	8.6271	0.1159	95.3388	0.0105	0.0905	11.0511
29	9.3173	0.1073	103.9659	0.0096	0.0896	11.1584
30	10.0627	0.0994	113.2832	0.0088	0.0888	11.2578

i=9%

年限 n/ 年	一次支付终值系数 $(F/P, i, n)$	一次支付现值系数 $(P/F, i, n)$	等额系列终值系数 $(F/A, i, n)$	偿债基金系数 $(A/F, i, n)$	资金回收系数 $(A/P, i, n)$	等额系列现值系数 $(P/A, i, n)$
1	1.0900	0.9174	1.0000	1.0000	1.0900	0.9174
2	1.1881	0.8417	2.0900	0.4785	0.5685	1.7591
3	1.2950	0.7722	3.2781	0.3051	0.3951	2.5313
4	1.4116	0.7084	4.5731	0.2187	0.3087	3.2397
5	1.5386	0.6499	5.9847	0.1671	0.2571	3.8897
6	1.6771	0.5963	7.5233	0.1329	0.2229	4.4859
7	1.8280	0.5470	9.2004	0.1087	0.1987	5.0330
8	1.9926	0.5019	11.0285	0.0907	0.1807	5.5348
9	2.1719	0.4604	13.0210	0.0768	0.1668	5.9952
10	2.3674	0.4224	15.1929	0.0658	0.1558	6.4177
11	2.5804	0.3875	17.5603	0.0569	0.1469	6.8052
12	2.8127	0.3555	20.1407	0.0497	0.1397	7.1607
13	3.0658	0.3262	22.9534	0.0436	0.1336	7.4869
14	3.3417	0.2992	26.0192	0.0384	0.1284	7.7862
15	3.6425	0.2745	29.3609	0.0341	0.1241	8.0607
16	3.9703	0.2519	33.0034	0.0303	0.1203	8.3126
17	4.3276	0.2311	36.9737	0.0270	0.1170	8.5436
18	4.7171	0.2120	41.3013	0.0242	0.1142	8.7556
19	5.1417	0.1945	46.0185	0.0217	0.1117	8.9501
20	5.6044	0.1784	51.1610	0.0195	0.1095	9.1285
21	6.1088	0.1637	56.7645	0.0176	0.1076	9.2922
22	6.6586	0.1502	62.8733	0.0159	0.1059	9.4424
23	7.2579	0.1378	69.5319	0.0144	0.1044	9.5802
24	7.9111	0.1264	76.7898	0.0130	0.1030	9.7066
25	8.6231	0.1160	84.7009	0.0118	0.1018	9.8226
26	9.3992	0.1064	93.3240	0.0107	0.1007	9.9290
27	10.2451	0.0976	102.7231	0.0097	0.0997	10.0266
28	11.1671	0.0895	112.9682	0.0089	0.0989	10.1161
29	12.1722	0.0822	124.1354	0.0081	0.0981	10.1983
30	13.2677	0.0754	136.3075	0.0073	0.0973	10.2737

i=10%

年限 n/年	一次支付终值系数 $(F/P, i, n)$	一次支付现值系数 $(P/F, i, n)$	等额系列终值系数 $(F/A, i, n)$	偿债基金系数 $(A/F, i, n)$	资金回收系数 $(A/P, i, n)$	等额系列现值系数 $(P/A, i, n)$
1	1.1000	0.9091	1.0000	1.0000	1.1000	0.9091
2	1.2100	0.8264	2.1000	0.4762	0.5762	1.7355
3	1.3310	0.7513	3.3100	0.3021	0.4021	2.4869
4	1.4641	0.6830	4.6410	0.2155	0.3155	3.1699
5	1.6105	0.6209	6.1051	0.1638	0.2638	3.7908
6	1.7716	0.5645	7.7156	0.1296	0.2296	4.3553
7	1.9487	0.5132	9.4872	0.1054	0.2054	4.8684
8	2.1436	0.4665	11.4359	0.0874	0.1874	5.3349
9	2.3579	0.4241	13.5795	0.0736	0.1736	5.7590
10	2.5937	0.3855	15.9374	0.0627	0.1627	6.1446
11	2.8531	0.3505	18.5312	0.0540	0.1540	6.4951
12	3.1384	0.3186	21.3843	0.0468	0.1468	6.8137
13	3.4523	0.2897	24.5227	0.0408	0.1408	7.1034
14	3.7975	0.2633	27.9750	0.0357	0.1357	7.3667
15	4.1772	0.2394	31.7725	0.0315	0.1315	7.6061
16	4.5950	0.2176	35.9497	0.0278	0.1278	7.8237
17	5.0545	0.1978	40.5447	0.0247	0.1247	8.0216
18	5.5599	0.1799	45.5992	0.0219	0.1219	8.2014
19	6.1159	0.1635	51.1591	0.0195	0.1195	8.3649
20	6.7275	0.1486	57.2750	0.0175	0.1175	8.5136
21	7.4002	0.1351	64.0025	0.0156	0.1156	8.6487
22	8.1403	0.1228	71.4027	0.0140	0.1140	8.7715
23	8.9543	0.1117	79.5430	0.0126	0.1126	8.8832
24	9.8497	0.1015	88.4973	0.0113	0.1113	8.9847
25	10.8347	0.0923	98.3471	0.0102	0.1102	9.0770
26	11.9182	0.0839	109.1818	0.0092	0.1092	9.1609
27	13.1100	0.0763	121.0999	0.0083	0.1083	9.2372
28	14.4210	0.0693	134.2099	0.0075	0.1075	9.3066
29	15.8631	0.0630	148.6309	0.0067	0.1067	9.3696
30	17.4494	0.0573	164.4940	0.0061	0.1061	9.4269

i=12%

年限 n/ 年	一次支付终值系数 $(F/P, i, n)$	一次支付现值系数 $(P/F, i, n)$	等额系列终值系数 $(F/A, i, n)$	偿债基金系数 $(A/F, i, n)$	资金回收系数 $(A/P, i, n)$	等额系列现值系数 $(P/A, i, n)$
1	1.1200	0.8929	1.0000	1.0000	1.1200	0.8929
2	1.2544	0.7972	2.1200	0.4717	0.5917	1.6901
3	1.4049	0.7118	3.3744	0.2963	0.4163	2.4018
4	1.5735	0.6355	4.7793	0.2092	0.3292	3.0373
5	1.7623	0.5674	6.3528	0.1574	0.2774	3.6048
6	1.9738	0.5066	8.1152	0.1232	0.2432	4.1114
7	2.2107	0.4523	10.0890	0.0991	0.2191	4.5638
8	2.4760	0.4039	12.2997	0.0813	0.2013	4.9676
9	2.7731	0.3606	14.7757	0.0677	0.1877	5.3282
10	3.1058	0.3220	17.5487	0.0570	0.1770	5.6502
11	3.4785	0.2875	20.6546	0.0484	0.1684	5.9377
12	3.8960	0.2567	24.1331	0.0414	0.1614	6.1944
13	4.3635	0.2292	28.0291	0.0357	0.1557	6.4235
14	4.8871	0.2046	32.3926	0.0309	0.1509	6.6282
15	5.4736	0.1827	37.2797	0.0268	0.1468	6.8109
16	6.1304	0.1631	42.7533	0.0234	0.1434	6.9740
17	6.8660	0.1456	48.8837	0.0205	0.1405	7.1196
18	7.6900	0.1300	55.7497	0.0179	0.1379	7.2497
19	8.6128	0.1161	63.4397	0.0158	0.1358	7.3658
20	9.6463	0.1037	72.0524	0.0139	0.1339	7.4694
21	10.8038	0.0926	81.6987	0.0122	0.1322	7.5620
22	12.1003	0.0826	92.5026	0.0108	0.1308	7.6446
23	13.5523	0.0738	104.6029	0.0096	0.1296	7.7184
24	15.1786	0.0659	118.1552	0.0085	0.1285	7.7843
25	17.0001	0.0588	133.3339	0.0075	0.1275	7.8431
26	19.0401	0.0525	150.3339	0.0067	0.1267	7.8957
27	21.3249	0.0469	169.3740	0.0059	0.1259	7.9426
28	23.8839	0.0419	190.6989	0.0052	0.1252	7.9844
29	26.7499	0.0374	214.5828	0.0047	0.1247	8.0218
30	29.9599	0.0334	241.3327	0.0041	0.1241	8.0552

i=15%

年限 n/年	一次支付终值系数 $(F/P, i, n)$	一次支付现值系数 $(P/F, i, n)$	等额系列终值系数 $(F/A, i, n)$	偿债基金系数 $(A/F, i, n)$	资金回收系数 $(A/P, i, n)$	等额系列现值系数 $(P/A, i, n)$
1	1.1500	0.8696	1.0000	1.0000	1.1500	0.8696
2	1.3225	0.7561	2.1500	0.4651	0.6151	1.6257
3	1.5209	0.6575	3.4725	0.2880	0.4380	2.2832
4	1.7490	0.5718	4.9934	0.2003	0.3503	2.8550
5	2.0114	0.4972	6.7424	0.1483	0.2983	3.3522
6	2.3131	0.4323	8.7537	0.1142	0.2642	3.7845
7	2.6600	0.3759	11.0668	0.0904	0.2404	4.1604
8	3.0590	0.3269	13.7268	0.0729	0.2229	4.4873
9	3.5179	0.2843	16.7858	0.0596	0.2096	4.7716
10	4.0456	0.2472	20.3037	0.0493	0.1993	5.0188
11	4.6524	0.2149	24.3493	0.0411	0.1911	5.2337
12	5.3503	0.1869	29.0017	0.0345	0.1845	5.4206
13	6.1528	0.1625	34.3519	0.0291	0.1791	5.5831
14	7.0757	0.1413	40.5047	0.0247	0.1747	5.7245
15	8.1371	0.1229	47.5804	0.0210	0.1710	5.8474
16	9.3576	0.1069	55.7175	0.0179	0.1679	5.9542
17	10.7613	0.0929	65.0751	0.0154	0.1654	6.0472
18	12.3755	0.0808	75.8364	0.0132	0.1632	6.1280
19	14.2318	0.0703	88.2118	0.0113	0.1613	6.1982
20	16.3665	0.0611	102.4436	0.0098	0.1598	6.2593
21	18.8215	0.0531	118.8101	0.0084	0.1584	6.3125
22	21.6447	0.0462	137.6316	0.0073	0.1573	6.3587
23	24.8915	0.0402	159.2764	0.0063	0.1563	6.3988
24	28.6252	0.0349	184.1678	0.0054	0.1554	6.4338
25	32.9190	0.0304	212.7930	0.0047	0.1547	6.4641
26	37.8568	0.0264	245.7120	0.0041	0.1541	6.4906
27	43.5353	0.0230	283.5688	00035	0.1535	6.5135
28	50.0656	0.0200	327.1041	0.0031	0.1531	6.5335
29	57.5755	0.0174	377.1697	0.0027	0.1527	6.5509
30	66.2118	0.0151	434.7451	0.0023	0.1523	6.5660

i=18%

年限 n/年	一次支付终值系数 (F/P, i, n)	一次支付现值系数 (P/F, i, n)	等额系列终值系数 (F/A, i, n)	偿债基金系数 (A/F, i, n)	资金回收系数 (A/P, i, n)	等额系列现值系数 (P/A, i, n)
1	1.1800	0.8475	1.0000	1.0000	1.1800	0.8475
2	1.3924	0.7182	2.1800	0.4587	0.6387	1.5656
3	1.6430	0.6086	3.5724	0.2799	0.4599	2.1743
4	1.9388	0.5158	5.2154	0.1917	0.3717	2.6901
5	2.2878	0.4371	7.1542	0.1398	0.3198	3.1272
6	2.6996	0.3704	9.4420	0.1059	0.2859	3.4976
7	3.1855	0.3139	12.1415	0.0824	0.2624	3.8115
8	3.7589	0.2660	15.3270	0.0652	0.2452	4.0776
9	4.4355	0.2255	19.0859	0.0524	0.2324	4.3030
10	5.2338	0.1911	23.5213	0.0425	0.2225	4.4941
11	6.1759	0.1619	28.7551	0.0348	0.2148	4.6560
12	7.2876	0.1372	34.9311	0.0286	0.2086	4.7932
13	8.5994	0.1163	42.2187	0.0237	0.2037	4.9095
14	10.1472	0.0985	50.8180	0.0197	0.1997	5.0081
15	11.9737	0.0835	60.9653	0.0164	0.1964	5.0916
16	14.1290	0.0708	72.9390	0.0137	0.1937	5.1624
17	16.6722	0.0600	87.0680	0.0115	0.1915	5.2223
18	19.6733	0.0508	103.7403	0.0096	0.1896	5.2732
19	23.2144	0.0431	123.4135	0.0081	0.1881	5.3162
20	27.3930	0.0365	146.6280	0.0068	0.1868	5.3527
21	32.3238	0.0309	174.0210	0.0057	0.1857	5.3837
22	38.1421	0.0262	206.3448	0.0048	0.1848	5.4099
23	45.0076	0.0222	244.4868	0.0041	0.1841	5.4321
24	53.1090	0.0188	289.4945	0.0035	0.1835	5.4509
25	62.6686	0.0160	342.6035	0.0029	0.1829	5.4669
26	73.9490	0.0135	405.2721	0.0025	0.1825	5.4804
27	87.2598	0.0115	479.2211	0.0021	0.1821	5.4919
28	102.9666	0.0097	566.4809	0.0018	0.1818	5.5016
29	121.5005	0.0082	669.4475	0.0015	0.1815	5.5098
30	143.3706	0.0070	790.9480	0.0013	0.1813	5.5168

i=20%

年限 n/年	一次支付终值系数 (F/P，i，n)	一次支付现值系数 (P/F，i，n)	等额系列终值系数 (F/A，i，n)	偿债基金系数 (A/F，i，n)	资金回收系数 (A/P，i，n)	等额系列现值系数 (P/A，i，n)
1	1.2000	0.8333	1.0000	1.0000	1.2000	0.8333
2	1.4400	0.6944	2.2000	0.4545	0.6545	1.5278
3	1.7280	0.5787	3.6400	0.2747	0.4747	2.1065
4	2.0736	0.4823	5.3680	0.1863	0.3863	2.5887
5	2.4883	0.4019	7.4416	0.1344	0.3344	2.9906
6	2.9860	0.3349	9.9299	0.1007	0.3007	3.3255
7	3.5832	0.2791	12.9159	0.0774	0.2774	3.6046
8	4.2998	0.2326	16.4991	0.0606	0.2606	3.8372
9	5.1598	0.1938	20.7989	0.0481	0.2481	4.0310
10	6.1917	0.1615	25.9587	0.0385	0.2385	4.1925
11	7.4301	0.1346	32.1504	0.0311	0.2311	4.3271
12	8.9161	0.1122	39.5805	0.0253	0.2253	4.4392
13	10.6993	0.0935	48.4966	0.0206	0.2206	4.5327
14	12.8392	0.0779	59.1959	0.0169	0.2169	4.6106
15	15.4070	0.0649	72.0351	0.0139	0.2139	4.6755
16	18.4884	0.0541	87.4421	0.0114	0.2114	4.7296
17	22.1861	0.0451	105.9306	0.0094	0.2094	4.7746
18	26.6233	0.0376	128.1167	0.0078	0.2078	4.8122
19	31.9480	0.0313	154.7400	0.0065	0.2065	4.8435
20	38.3376	0.0261	186.6880	0.0054	0.2054	4.8696
21	46.0051	0.0217	225.0256	0.0044	0.2044	4.8913
22	55.2061	0.0181	271.0307	0.0037	0.2037	4.9094
23	66.2474	0.0151	326.2369	0.0031	0.2031	4.9245
24	79.4968	0.0126	392.4842	0.0025	0.2025	4.9371
25	95.3962	0.0105	471.9811	0.0021	0.2021	4.9476
26	114.4755	0.0087	567.3773	0.0018	0.2018	4.9563
27	137.3706	0.0073	681.8528	0.0015	0.2015	4.9636
28	164.8447	0.0061	819.2233	0.0012	0.2012	4.9697
29	197.8136	0.0051	984.0680	0.0010	0.2010	4.9747
30	237.3763	0.0042	1181.8816	0.0008	0.2008	4.9789

i=25%

年限 *n*/ 年	一次支付终值系数 (*F*/*P*，*i*，*n*)	一次支付现值系数 (*P*/*F*，*i*，*n*)	等额系列终值系数 (*F*/*A*，*i*，*n*)	偿债基金系数 (*A*/*F*，*i*，*n*)	资金回收系数 (*A*/*P*，*i*，*n*)	等额系列现值系数 (*P*/*A*，*i*，*n*)
1	1.2500	0.8000	1.0000	1.0000	1.2500	0.8000
2	1.5625	0.6400	2.2500	0.4444	0.6944	1.4400
3	1.9531	0.5120	3.8125	0.2623	0.5123	1.9520
4	2.4414	0.4096	5.7656	0.1734	0.4234	2.3616
5	3.0518	0.3277	8.2070	0.1218	0.3718	2.6893
6	3.8147	0.2621	11.2588	0.0888	0.3388	2.9514
7	4.7684	0.2097	15.0735	0.0663	0.3163	3.1611
8	5.9605	0.1678	19.8419	0.0504	0.3004	3.3289
9	7.4506	0.1342	25.8023	0.0388	0.2888	3.4631
10	9.3132	0.1074	33.2529	0.0301	0.2801	3.5705
11	11.6415	0.0859	42.5661	0.0235	0.2735	3.6564
12	14.5519	0.0687	54.2077	0.0184	0.2684	3.7251
13	18.1899	0.0550	68.7596	0.0145	0.2645	3.7801
14	22.7374	0.0440	86.9495	0.0115	0.2615	3.8241
15	28.4217	0.0352	109.6868	0.0091	0.2591	3.8593
16	35.5271	0.0281	138.1085	0.0072	0.2572	3.8874
17	44.4089	0.0225	173.6357	0.0058	0.2558	3.9099
18	55.5112	0.0180	218.0446	0.0046	0.2546	3.9279
19	69.3889	0.0144	273.5558	0.0037	0.2537	3.9424
20	86.7362	0.0115	342.9447	0.0029	0.2529	3.9539
21	108.4202	0.0092	429.6809	0.0023	0.2523	3.9631
22	135.5253	0.0074	538.1011	0.0019	0.2519	3.9705
23	169.4066	0.0059	673.6264	0.0015	0.2515	3.9764
24	211.7582	0.0047	843.0329	0.0012	0.2512	3.9811
25	264.6978	0.0038	1054.7912	0.0009	0.2509	3.9849
26	330.8722	0.0030	1319.4890	0.0008	0.2508	3.9879
27	413.5903	0.0024	1650.3612	0.0006	0.2506	3.9903
28	516.9879	0.0019	2063.9515	0.0005	0.2505	3.9923
29	646.2349	0.0015	2580.9394	0.0004	0.2504	3.9938
30	807.7936	0.0012	3227.1743	0.0003	0.2503	3.9950

i=30%

年限 *n*/ 年	一次支付 终值系数 (*F*/*P*，*i*，*n*)	一次支付 现值系数 (*P*/*F*，*i*，*n*)	等额系列 终值系数 (*F*/*A*，*i*，*n*)	偿债基金 系数 (*A*/*F*，*i*，*n*)	资金回收 系数 (*A*/*P*，*i*，*n*)	等额系列 现值系数 (*P*/*A*，*i*，*n*)
1	1.3000	0.7692	1.0000	1.0000	1.3000	0.7692
2	1.6900	0.5918	2.3000	0.4348	0.7348	1.3609
3	2.1970	0.4552	3.9900	0.2506	0.5506	1.8161
4	2.8561	0.3501	6.1870	0.1616	0.4616	2.1662
5	3.7129	0.2693	9.0431	0.1106	0.4106	2.4356
6	4.8268	0.2072	12.7560	0.0784	0.3784	2.6427
7	6.2749	0.1594	17.5828	0.0569	0.3569	2.8021
8	8.1573	0.1226	23.8577	0.0419	0.3419	2.9247
9	10.6045	0.0943	32.0150	0.0312	0.3312	3.0190
10	13.7858	0.0725	42.6195	0.0235	0.3235	3.0915
11	17.9216	0.0558	56.4053	0.0177	0.3177	3.1473
12	23.2981	0.0429	74.3270	0.0135	0.3135	3.1903
13	30.2875	0.0330	97.6250	0.0102	0.3102	3.2233
14	39.3738	0.0254	127.9125	0.0078	0.3078	3.2487
15	51.1859	0.0195	167.2863	0.0060	0.3060	3.2682
16	66.5417	0.0150	218.4722	0.0046	0.3046	3.2832
17	86.5042	0.0116	285.0139	0.0035	0.3035	3.2948
18	112.4554	0.0089	371.5180	0.0027	0.3027	3.3037
19	146.1920	0.0068	483.9734	0.0021	0.3021	3.3105
20	190.0496	0.0053	630.1655	0.0016	0.3016	3.3158
21	247.0645	0.0040	820.2151	0.0012	0.3012	3.3198
22	321.1839	0.0031	1067.2796	0.0009	0.3009	3.3230
23	417.5391	0.0024	1388.4635	0.0007	0.3007	3.3254
24	542.8008	0.0018	1806.0026	0.0006	0.3006	3.3272
25	705.6410	0.0014	2348.8033	0.0004	0.3004	3.3286
26	917.3333	0.0011	3054.4443	0.0003	0.3003	3.3297
27	1192.5333	0.0008	3971.7776	0.0003	0.3003	3.3305
28	1550.2933	0.0006	5164.3109	0.0002	0.3002	3.3312
29	2015.3813	0.0005	6714.6042	0.0001	0.3001	3.3317
30	2619.9956	0.0004	8729.9855	0.0001	0.3001	3.3321

i=40%

年限 n/ 年	一次支付终值系数 $(F/P, i, n)$	一次支付现值系数 $(P/F, i, n)$	等额系列终值系数 $(F/A, i, n)$	偿债基金系数 $(A/F, i, n)$	资金回收系数 $(A/P, i, n)$	等额系列现值系数 $(P/A, i, n)$
1	1.4000	0.7143	1.0000	1.0000	1.4000	0.7143
2	1.9600	0.5102	2.4000	0.4167	0.8167	1.2245
3	2.7440	0.3644	4.3600	0.2294	0.6294	1.5889
4	3.8416	0.2603	7.1040	0.1408	0.5408	1.8492
5	5.3782	0.1859	10.9456	0.0914	0.4914	2.0352
6	7.5295	0.1328	16.3238	0.0613	0.4613	2.1680
7	10.5414	0.0949	23.8534	0.0419	0.4419	2.2628
8	14.7579	0.0678	34.3947	0.0291	0.4291	2.3306
9	20.6610	0.0484	49.1526	0.0203	0.4203	2.3790
10	28.9255	0.0346	69.8137	0.0143	0.4143	2.4136
11	40.4957	0.0247	98.7391	0.0101	0.4101	2.4383
12	56.6939	0.0176	139.2348	0.0072	0.4072	2.4559
13	79.3715	0.0126	195.9287	0.0051	0.4051	2.4685
14	111.1201	0.0090	275.3002	0.0036	0.4036	2.4775
15	155.5681	0.0064	386.4202	0.0026	0.4026	2.4839
16	217.7953	0.0046	541.9883	0.0018	0.4018	2.4885
17	304.9135	0.0033	759.7837	0.0013	0.4013	2.4918
18	426.8789	0.0023	1064.6971	0.0009	0.4009	2.4941
19	597.6304	0.0017	1491.5760	0.0007	0.4007	2.4958
20	836.6826	0.0012	2089.2064	0.0005	0.4005	2.4970
21	1171.3556	0.0009	2925.8889	0.0003	0.4003	2.4979
22	1639.8978	0.0006	4097.2445	0.0002	0.4002	2.4985
23	2295.8569	0.0004	5737.1423	0.0002	0.4002	2.4989
24	3214.1997	0.0003	8032.9993	0.0001	0.4001	2.4992
25	4499.8796	0.0002	11247.1990	0.0001	0.4001	2.4994
26	6299.8314	0.0002	15747.0785	0.0001	0.4001	2.4996
27	8819.7640	0.0001	22046.9099	0.0000	0.4000	2.4997
28	12347.6696	0.0001	30866.6739	0.0000	0.4000	2.4998
29	17286.7374	0.0001	43214.3435	0.0000	0.4000	2.4999
30	24201.4324	0.0000	60501.0809	0.0000	0.4000	2.4999

教师服务

感谢您选用清华大学出版社的教材！为了更好地服务教学，我们为授课教师提供本书的教学辅助资源，以及本学科重点教材信息。请您扫码获取。

教辅获取

本书教辅资源，授课教师扫码获取

样书赠送

管理科学与工程类重点教材，教师扫码获取样书

清华大学出版社

E-mail: tupfuwu@163.com
电话：010-83470332 / 83470142
地址：北京市海淀区双清路学研大厦 B 座 509

网址：https://www.tup.com.cn/
传真：8610-83470107
邮编：100084